KB205402

구약에서 듣는 하나님의 말씀 1

창세기

박창환 지음

2008

비블리카 아카데미아

머리말

우리 개신교도들은 구약성경과 신약성경을 정경(正經)으로 가지고 있으며, 그것들을 유일한 권위로 삼고 신앙생활을 한다. 우리가 성경을 하나님의 말씀으로 알고 귀하게 여기면서도, 많은 경우 그 성경을 개인이나 가정이 한 개 이상 가지고 있을 뿐, 거기서 들려오는 하나님의 음성을 듣지 못하고 있다. 그 이유는 여러 가지일 것이다. 우선은 성경이 오랜 옛날에, 그리고 문화가 전혀 다른 곳에서 기록된 것이기 때문에 이해하기 어려운 점이 많다. 어떤 경우에는 우리가 읽는 성경 번역이 어려운 문구나 지난 시대의 언어로 되어 있기 때문에 이해하기 어렵다. 또는 우리가 성경을 열심을 가지고 공부하지 않기 때문에 이해되지 않는 경우도 있을 것이다. 그리고 성경을 알고 싶어도 참고서나 길잡이가 없어서, 마음은 있어도, 그리고 열심히 공부를 해도 이해하기 어려운 경우가 있을 것이다.

하나님은 인간에게 꼭 필요한 말씀을 하셨고, 그것을 성경에 수록하셨는데, 우리가 성경을 가지고만 있던가, 읽어도 이해할 수 없다면 매우 슬픈 일이 아닐 수 없다. 1980년대 초에 대한예수교장로회 총회교육부가 그때까지 적당한 성경교재를 가지고 있지 않았기 때문에, 그것을 만들기로 작정하고 필자에게 그 작업을 위촉한 일이 있다. 여러 가지 사유로 그 일이 지연되어 오다가 1990년에 “신약성경해설”이라는 이름으로 신약성경 교재가 먼저 출판되었다. 그러나 그 후에 계속 바쁜 스케줄 때문에 구약성경 교재 만들기를 연기해 오다가, 이제야 비로소 그 작업에 착수한 것이다.

이 교재를 펴내면서 몇 가지 독자들에게 일러둘 것이 있다. 우리는 사물을 판단하고 이해할 때, 직관을 가지고 또는 표면만을 보고 판단하기 쉽다. 그러나 사실을 검토하고 살펴보면 매우 깊고 복잡하고 신비스러운 것이 숨어 있는 것을 알게 된다. 우리가 성경을 이해하는 데 있어서도, 직관적으로 그리고 표면만 보고 판단하는 경우가 많다. 과거에 어떤 사람들이 직관적으로 성경에 대해서 말한 것이 하나의 전통이 되어 대대로 내려오면서, 그것이 절대적 진리인 양 취급되었다. 이러한 전통적 견해를 절대화하고, 그것과 다른 말을 하는 사람들을 단죄하는 예들이 비일비재했다. 다시 말해서 성경에 대한 학문적인 연구를 무시 내지는 적대시해 온 경향이 있다. 소위 고등비평이라는 역사적 연구를 배척하고, 과거의 전통적 견해를 고집하면서, 성경의 겉만을 핥고 있었다는 말이다. 그래서 필자는 성경학자들의 말을 전통적 견해보다 앞에 두려는 방침을 가지고 이 교재를 썼다. 다시 말해서 역사비평적인 연구의 결과를 토대로 하였으며, 그것을 바탕으로 하고, 겸손히 하나님의 음성을 듣는, 그러한 방법을 택했다.

그리고 이것은 필자가 앞에서 말한 역사비평의 결과를 전제로 하고, 기도하면서 주관적으로 듣는 하나님의 말씀을 정리한 것뿐이고, 많은 사람들이 듣고 적은 글과 나란히 또 하나의 책에 지나지 않는다는 것을 밝힌다. 그러므로 독자들은 이 책을 또 하나의 참고 자료로 삼고, 각각 자기 나름으로 하나님의 음성을 듣는 노력을 해야 할 것이다.

2008년 1월
지은이 박창환

선생님의 구약해설서를 펴내면서

이 책은 한평생 성서번역자로, 또 신약학교수로 성경을 읽으신 박창환 선생님이 구약성경을 공부하고 싶어 하는 사람들을 위해 팔순의 연세도 아랑곳하지 않고 집필하고 계시는 구약성경해설의 첫 권입니다.

2007년 5월에 『신약성경』(서울: 도서출판 코리아엠마오) 사역을 내신 선생님은 그전보다 계획하신 대로 히브리어 성경의 순서를 따라 창세기에서 시작하여 지금 이사야에 이르기까지 구약해설서를 집필하고 계십니다. 이 소식을 지난 해 12월초에 잠시 집안 일로 국내에 다니러 오신 선생님으로부터 듣고, 우선 써 놓으신 원고부터 출판하면 좋겠다는 생각이 들었습니다. 그리하여 맨 먼저 서론 부분과 창세기 부분을 한 권으로 책으로 묶기로 했습니다.

반세기가 넘는 오랜 동안 선생님께 헬라어와 신약학을 배운 숱한 사람들 가운데 지극히 작은 자인 저로서는 무엇보다도 신약학자이신 선생님이 구약성서를 어떻게 읽고 이해하시는지 궁금했습니다. 선생님은 1950년대에 미국에서 공부하실 때부터 신약학자로서는 보기 드물게 구약성경에 깊은 관심을 두시고 신약학과 아울러 기회 있는 대로 구약학도 공부하며 가르쳐 오신 것으로 알고 있습니다. 이리하여 선생님의 구약해설서는 우리 한국교회의 성서해석사의 한 부분을 차지합니다. 이 해설서를 통해서 후학들은 지난 120년 동안 한국교회에서 구약성서를 어떻게 읽고 이해하며 가르쳐 왔는지를 돌이켜볼 뿐만 아니라 앞으로는 구약성서를 어떤 식으로 읽어나가야 할지 그 길을 함께 찾는데 도움 받을 수 있으리라 생각합니다.

이 책은 무엇보다도 선생님의 초고를 최대로 존중하여 만든 책입니다. 그리하여 초고는 한글 맞춤법의 문제가 있는 경우를 비롯하여 다음 경우에만 다듬었습니다.

1. 선생님은 성경 본문을 히브리어 성경을 사역하여 인용하십니다. 선생님의 사역이 우리나라의 일반 그리스도인들에게 익숙한 개역성경과 많이 다를 경우에는, 읽는 이들을 위해서 엮은이가 각주에서 이 부분이 개역성경의 어느 부분에 상응한다는 점을 밝혀 놓았습니다. 그런 각주에 나오는 '개역성경'은 개역한글판과 개역개정판을 한데 묶어 부르는 이름입니다.

2. 또 선생님은 히브리 성경의 고유명사 표기도 될 수 있으면 원음에 가깝게 하려고 애쓰셨습니다. 따라서 선생님의 고유명사 표기가 개역성경과 다를 경우에는 그 고유명사 뒤에 *를 붙이고, 그에 상응하는 개역성경의 표기는 목차 뒤의 '고유명사 표기 대조표'에서 찾아보게 했습니다.

3. 히브리어나 헬라어나 다른 외국어의 한글 음역은 본문을 이해하는데 필요할 때만 < >안에 적어 넣었습니다.

미리 말해둘 것이 하나 더 있습니다. 선생님의 서론의 마지막 부분 곧 '일러두는 말'의 (2)와 (3)을 따라 창세기 11장부터는 각 단락에 적힌 것을 두 부분으로 나누어 앞부분과 뒷부분에 각각 '해설'과 '교훈'이라는 소제목을 붙였습니다. 창세기 1-10장의 경우에는 해설과 교훈을 엄격히 나누기가 힘들어 그리하지 않았습니다.

여러모로 어려운 가운데서도 이 책의 출판을 기꺼이 맡아주신 「비블리카 아카데미아」 원장 이영근 목사님과 초고를 읽고 한글 맞춤법을 다듬어주신 오주영 전도사님에게 깊이 감사드립니다. 이 구약해설서를 통해서 우리나라의 그리스도인들이 구약성경을 통해 말씀하시는 하나님의 목소리를 이전보다 더 잘 들을 수 있기를 바랍니다.

2008년 3월
장로회신학대학교 구약학교수
박동현 삼가 아룀

목 차

고유명사 표기 대조표

박창환	개역	히브리어
가탐	가담	גַּעְתָּם
갈에드	갈르엣	גַּלְעֵד
게르솜	게르솜	גֵּרְשֹׁם
그돌라오메르	그돌라오멜	כְּדָרְלָעֹמֶר
그무엘	그므엘	קְמוּאֵל
루즈	루스	לוּז
밋자	미사	מִזָּה
바스마트	바스맛	בָּשְׂמַת
바빌론	바벨론	בָּבֶל
벤야민	베냐민	בִּנְיָמִין
벤오니	베노니	בֶּן־אוֹנִי
브엘라하이로이	브엘라해로이	בְּאֵר לַחַי רֹאִי
브엘셰바	브엘세바	בְּאֵר שֶׁבַע
빈야민	베냐민	בִּנְיָמִין
사라이	사래	שָׂרַי
샴마	삼마	שַׁמָּה
쉬브아	세바	שִׁבְעָה
시트나	싯나	שִׂטְנָה
알론 바쿠트	알론바굿	אַלּוֹן בָּכוּת
앗사리아	아사랴	עֲזַרְיָה

앗시리아	앗수르	אַשּׁוּר
야훼이레	여호와이레	יְהוָה יִרְאֶה
에르	엘	עֵר
에브라트	에브랏	אֶפְרָת
엘리파즈	엘리바스	אֱלִיפַז
여갈사하두타	여갈사하두다	יְגַר שָׂהֲדוּתָא
우즈	우스	עוּץ
유디트	유딧	יְהוּדִית
이츠학	이삭	יִצְחָק
제라	세라	זֶרַח
제포	스보	צְפוֹ
즈불룬	스불론	זְבֻלוּן
질파	실바	זִלְפָּה
케나즈	그나스	קְנַז
코라	고라	קֹרַח
팀나	딤나	תִּמְנָה
팀나	딤나	תִּמְנַע
하조	하소	חֲזוֹ

서 론

1. 구약성경의 개론적 관찰

(1) 구성의 변동

우리가 성경을 귀하게 여기는 만큼, 우리 개신교도들이 사용하는 성경의 정체를 바로 아는 것이 필요하다. 구약성경에 국한하여 생각해 볼 때, 기독교는 우선 39권으로 된 지금의 성경을 처음부터 정경으로 삼은 것이 사실이지만, 그 책들의 배열 순서에 있어서는 원래의 히브리어 성경의 구조를 버리고, 70인역(LXX) 헬라어 성경과, 그리고 라틴어 번역 불가타(Vulgata)의 영향을 받아서 오늘의 모양을 가지게 되었다. 신약성경에 나타난 대로 볼 때, 예수와 바울은 구약성경을 "율법과 예언자들"(<호 노모스 카이 호이 프로페타이> ὁ νόμος καὶ οἱ προφήται) 이란 말로 불렀다(마 5:17; 7:12, 롬 3:21 등). 그러나 이미 예수 시대에도 구약 성경이 세 부분으로 되어 있었고(눅 24:44 참조), 그 첫째가 율법(<토라>תּוֹרָה)이고, 둘째가 예언자들(<느비임>נְבִיאִים)이고, 셋째가 성문서(聖文書, <크투빔> כְּתוּבִים)였다. 좀더 구체적으로 배열해 보면 아래와 같다.

율법 창세기, 출애굽기, 레위기, 민수기, 신명기.

예언자들의 글

전(前) 예언서: 여호수아, 사사기, 사무엘(1-2), 열왕기(1-2).

후(後) 예언서: 이사야, 예레미야, 에스겔,

12소예언서: 호세아, 요엘, 아모스, 오바댜, 요나, 미가, 나훔, 하박국, 스바냐, 학개, 스가랴, 말라기.

성문서 : 시편, 욥기, 잠언, 아가, 룻기, 애가, 전도서, 에스더, 다니엘, 에스라, 느헤미야, 역대기(1-2).

70인역 번역자들이 자기들의 견지에서 히브리어 성경의 순서를 오늘의 성경과 같이 바꾸어놓은 것이어서, 우리는 그 사실을 알아야 하고, 히브리어 성경의 배열 순서를 따라서 공부하는 것이 더 타당하다고 보는 것이 필자의 견해이다.

(2) 외경(Apocrypha)에 대한 인식

우리들 한국의 개신교 그리스도인들은 성경의 범위에 대하여 약간 모자라는 견해를 가지고 있다. 한국에 기독교를 소개한 선교사들의 극단적 보수성 때문이었는지는 몰라도, 신도들 일반이 외경에 대한 지식을 거의 가지고 있지 못한다. 초대 교회 때부터 교회에는 두 가지 견해가 있었다. 팔레스타인을 본거지로 하는 유대인들은 히브리어 성경에 들어 있는 39권만을 성경으로 생각하는데 반하여, 애굽의 알렉산드리아를 중심한 디아스포라(외지에 흩어져 사는) 유대인들은 39권 이외에 소위 외경(Apocrypha)이 들어 있는 성경을 선호하였다. 따라서 기독교회도 두 가지 경향으로 흘렀다. 히브리어성경의 39권만을 고집하는 교회가 있는가 하면 외경까지 용납하는 교회도 있었다. 4세기 말(A.D. 397) 카르타고(Carthage) 회의 이래, 외경이 정경은 아닐지라도 교회가 읽을 만한 책으로 인정되면서, 기독교회는 외경을 외경의 자격으로 인정하며 사용해온 것이다. 어쨌든 교회는 외경이 들어 있는 70인역 성경(LXX)의 배열 순서를 채택할 만큼의 영향을 받은 것이다. 그러다가 종교개혁 때 마틴 루터는 성경을 독일어로 번역하면서 외경도 번역하여 구약과 신약 중간에 삽입하였다. 그 후에 영어번역들도 그 전례를 따랐다. 그러다가 성경의 부피가 너무 크기 때문에 19세기 말부터는 외경을 별책으로 출판하기 시작했다. 1546년에 로마천주교회는 외경 열다섯 책 중에서 므낫세의 기도와 에스드라 1서와 2서를 제외한 12권을 정경으로 채택하는 일이 있었다. 정교회도 정경을 정비하는 과정에서 약간의 차이를 보이고 있지만, 외경을 제외하는 일은 없었다. 여기서 우리는 외경의 존재와 그 상대적인 가치를 무시하거나 배척해서는 안 될 것이다. 왜냐하면 개신교도 원래 외경을 가지고 있는 것이기 때문이다.

외경에 속한 책들의 이름과, 천주교와 정교회의 정경 구성을 소개하면 아래와 같다. ★표 붙은 것이 외경에 속한 책들이다.

로마천주교회의 구약성경은 아래와 같다.

창세기, 출애굽기, 레위기, 민수기, 신명기, 여호수아, 사사기, 룻기, 사무엘상, 사무엘하, 열왕기상, 열왕기하, 역대기상, 역대기하, 에스라, 느헤미야, ★토빗, ★유딧, 에스더(+★여섯 개의 부록), ★마카비1, ★마카비2, 욥기, 시편, 잠언, 전도서, 솔로몬의 아가, ★솔로몬의 지혜, ★집회서, 이사야, 예레미야, 애가, ★바룩(★바룩 6장=예레미야의 편지), 에스겔, 다니엘(★아사리아*의 기도와 3 성동[聖童][1]의 노래, ★수산나, ★벨과 용), 호세아, 요엘, 아모스, 오바댜, 요나, 미가, 나훔, 하박국, 스바냐, 학개, 스가랴, 말라기. (외경의 나머지 곧 ★에스드라3과 ★에스드라4와 ★므낫세의 기도는 라틴어 성경의 부록에 넣었다.)

그리고 정교회(Orthodox)의 구약성경 정경은 아래와 같다.

창세기, 출애굽기, 레위기, 민수기, 신명기, 여호수아, 사사기, 룻기, 열왕기1(=사무엘상), 열왕기2(=사무엘하), 열왕기3(=열왕기상), 열왕

---

1) 다니엘의 세 동무인 하나냐와 미사엘과 아사랴를 가리킨다.

기4(=열왕기하), ★에스드라1, 에스드라2(=에스라), 느헤미야, ★토빗, ★유딧, 에스더(+★여섯 개의 부록), ★마카비1, ★마카비2, ★마카비3, 시편(+★시편 151), 욥기, 잠언, 전도, 아가서, ★솔로몬의 지혜, ★시락의 지혜(=집회서), 호세아, 아모스, 미가, 요엘, 오바댜, 요나, 나훔, 하박국, 스바냐, 학개, 스가랴, 말라기, 이사야, 예레미야, ★바룩(★바룩 6장=예레미야의 편지), 예레미야의 애가, ★예레미야의 편지, 에스겔, 다니엘(+★앗사리아*의 기도와 3성동의 노래, ★수산나, ★벨과 용). (희랍정교회의 정경은 ★마카비4와 ★므낫세의 기도를 부록에 넣음. 슬라브 성경에는 ★에스드라3을 이 부록에 첨가함)

성공회(Anglican)의 외경에는 아래와 같은 책들이 들어 있다.

에스드라3, 에스드라4, 토빗, 유딧, 에스더서 부록, 솔로몬의 지혜, 시락서(=집회서), 바룩, 앗사리아*의 기도와 3성동의 노래, 수산나, 벨과 용, 므낫세의 기도, 마카비1, 마카비2.

(3) 구약성경 형성 약사

구약성경이 기록되고 정경이 되기까지는 긴 시간이 흘렀다. 구전(口傳) 시대를 거쳐서 그것들이 문서화하고 마침내 정경으로 낙착되는 데는 1000여 년이 걸렸을 것으로 추정된다. 히브리서 1:1-2에서 말하는 대로, 하나님은 옛적에 예언자들을 통하여 여러 부분과 여러 모양으로 말씀하셨다. 즉 구약성경은 하나님의 영의 감동을 받은 사람들(예언자들)이 기록한 여러 종류의 책들을 모은 것인데, 크게 나누어 율법과 예언서들과 기타의 거룩한 문서들이다. 히브리어 성경이 보여주는 세 종류의 글은 대개 연대순으로 되어진 것으로 보인다. 즉 율법서가 제일 먼저 형성되고, 다음에 예언서 그리고 맨 끝에 성(聖)문서가 기록되고 묶어진 것으로 보인다.

① 구약성경의 첫 부분인 율법서

구약성경의 첫 부분을 히브리어로는 <토라>(תּוֹרָה)라고 하는데, 그것을 70인역(LXX)에서 <노모스>(νόμος, law, 법)라고 불렀기 때문에 그 다섯 책을 율법이라고 이해하게 됐지만, 사실 토라라는 말은 "가르침", "교훈", "지시하는 말"(instruction) 등의 뜻이어서, 하나님께서 이스라엘 백성에게 가르침을 주신 말씀을 그 내용으로 하고 있는 것이다. 거기에는 물론 이스라엘 백성이 지켜야 할 법들이 많이 들어 있지만, 이스라엘 민족이 하나님의 선택을 받은 역사, 애굽의 노예 생활에서 해방되어 하나의 나라를 이루고, 약속의 땅을 향하여 나아간 길고도 파란만장한 긴 여정을 그려주고 있다. 요단강을 건너기 바로 전까지의 사건을 이야기하고 있다.

처음에는 그 이야기들이 구전으로 전해지고 있었을 것이다. 재미있는 족장들의 이야기들, 그리고 가슴 벅찬 출애굽 이야기들, 그리고 광야 40년의 쓰라린 우여곡절이 대대로 이스라엘 백성 가운데서 구전으로 전해지고 있었을 것이다. 동시에 어떤 부분은 단편적으로 문서화하여 있기도 했을 것이다. 그러다가 사사시대의 불안정 시대가 지나고 하나의 버젓한 군주국가(Monarchy)가 형성되고 안정을 이루게 되었을 때, 역사를 정리하는 단계가 왔을 것이 틀림없다. 자기들의 정체성을 찾는 운동이 벌어지고, 야훼 하나님을 모시는 특이성을 가진 민족으로서 과연 그 근원을 찾고 그 역사를 더듬어 정리하는 작업이 없을 수 없었을 것이다. 민족과 국가의 역사를 바로 세우고 고정하는 것이 국가통치의 묘책이기도 했을 것이다. 그때 왕실의 후원을 받으며 생겨난 문서를, 학계에서는 가칭 J 문서라고 한다. 유다(Judea) 지방에서, 특히 예루살렘(Jerusalem)을 중심하고, 야훼(J[Y]ahweh) 신앙을 토대로 하고 생겨난 문서이기 때문에 그렇게 명명한 것이다. 그러나 922 B.C.에 통일 국가가 깨져서 남북으로 분열되었고, 북쪽의 이스라엘 왕국도 자기들의 정체성을 확립하는 작업을 하지 않을 수 없었다. 단일 민족으로 단일 성소(聖所)를 예루살렘에 가지고 있던 민족이 남과 북으로 갈리자, 북쪽에서는 자기들의 예배처소를 벧엘과 단에다 만들고, 거기에 금송아지를 만들어 놓음으로써, 민심을 종교적으로 통일시키려는 작업을 한 것이다. 그리고 통일 시대의 경험을 토대로 해서 그들 나름의 역사를 편찬하여 자기들의 정체성을 확립하려고 노력했을 것이다. 그들이 만든 문서를 학자들은 E 문서라고 한다. 즉 에브라임(Ephraim, אֶפְרַיִם) 땅에서 <엘로힘>(Elohim, אֱלֹהִים, 하나님)을 섬기는 백성의 역사를 적은 것이기에 그런 명칭을 부여한 것이다.

그러나 북쪽의 이스라엘 왕국은 722 B.C.에 앗시리아*에게 패망하고, 거기에 이방인들이 식민(植民)됨으로써, 민족의 순수성을 잃고 말았다. 이런 슬픈 역사를 예견하는 사람들, 그리고 그 참담한 패망의 역사를 경험한 사람들은, 구전으로 전해져 오던 모세의 신명기적 정신을 회상하고 또는 동포들에게 그 정신을 환기시키면서, 그 정신을 고취하는 동시에 문서화하기도 했을 것이다. 특히 패망한 북쪽 왕국의 영향을 받아, 날로 타락해 가는 남쪽 왕국에서 백성들을 각성케 하는 운동을 벌였을 것이다. 그때까지 구전되어 오던 모세의 개혁정신을 담은 문서를 펴내었고, 그것을 신명기(Deuteronomy) 문서라고 하였기에, 학자들은 D라는 기호를 붙이고 있다. 그러나 그런 각성 운동이 별로 효과를 거두지 못하였고, 국가의 운명이 점점 기울어지고 있었다. 그때, 예언자 예레미야 등의 활동이 주효하여 요시야 왕의 종교개혁 운동이 발생하기에 이르렀다(621 B.C.). 그때 성전에서 발견된 율법서가 바로 그 신명기가 아닐까 하는 추측을 한다. 그러나 요시야 왕의 종교개혁도 일시적이었고, 마침내 유다 왕국은 바빌론* 제국에게 패망하고, 2차에 걸쳐서(598, 587 B.C.) 많은 지성인들과 제사장들과 귀족들이 바빌론으로 포로가 되어 잡혀가는 비운을 만나게 됐다.

바빌론으로 잡혀간 제사장들과 많은 뜻있는 사람들은, 하나님 앞에서 진심으로 과거를 회개하며, 민족과 국가의 장래를 걱정하였을 것이다. 예루살렘의 보이는 성전을 잃은 그들, 특히 제사장들은, 외형적인 제사의 예배를 드릴 수 없는 상황에서, 정신을 가다듬고 하나님과의 신령한 관계를 맺는 운동을 전개하였다. 그것이 바로 하나님의 말씀에 귀를 기울이는 운동이었다. 그들은 고국을 떠날 때 몰래 가지고 온 귀한 문서들을 애지중지 읽으며, 해석하며, 그 말씀에 매달리게 되었다. 특히 제사장들은 하나님의 섭리 속에서 광복의 날이 올 것을 희망하면서, 하나님을 진정으로 예배하는 의식과 생활을 재정비하며, 기도하면서 자기들의 꿈을 그려나갔을 것이다. 그들은 말과 글로써, 현재 포로 생활을 하는 동포들을 격려하는 동시에, 앞으로 고국으로 돌아가서 회복된 국가와 민족으로서 가져야 할 이상을 그려주기도 했던 것이다. 그들은 그 포로 생활 속에서 많은 것을 배우고, 더 깊이 사색하고, 하나님의 계시를 받으면서, 이스라엘에게 주시는 하나님의 지시와 교훈을 정리하기에 이르렀다. 5경(율법서)은 이렇게 포로 시대에, 과거의 자료들(J, E, D)과 바빌론에서 착상한 내용(제사장 문서=P)을 토대로 해서, 그리고 주로 제사장들에 의해서, 그 윤곽이 잡히게 되었다고 생각된다. 그러다가 539 B.C.에 바빌론 나라가 파사 왕 고레스에게 패망하고, 이스라엘 백성이 그리던 고국으로 돌아가서 살 자유가 생겼다. 우여곡절 끝에 예루살렘에 성전이 재건되고(515 B.C.), 느헤미야의 영도 하에 예루살렘 성곽이 조성된 후, 어느 정도 삶의 안정이 되었을 때, 에스라가 돌아와서 성경 편찬에 박차를 가하였다. 거기서 제일 먼저 정리된 것이 율법서(5경)였다고 생각된다. 이렇게 율법서가 나타나기까지의 긴 역사 배후에는 하나님의 영감과 계시 작용이 있었고, 하나님의 감동을 받은 사람들, 이를테면 하나님의 예언자들의 활동이 있었던 것이다.

그러나 유대인의 전통과 기독교의 전통은 오경을 흔히 모세의 글이라고 전하고 있다. 오경에서 가장 중요한 인물로 부각되는 것이 물론 하나님이지만, 그를 제외하면 모세가 가장 두각을 나타내는 인물이다. 그러기에 오경을 모세의 글이라고 부른 것은 어쩌면 당연하다고 할 수 있다. 그러나 그것은 표면만 보고 직관적으로 내린 판단이다. 태양이 지구를 돌고 있다는 말과 비슷한 표현이다.

② 구약성경의 둘째 부분인 예언서

70인역 헬라어 성경(LXX)의 영향을 받은 그리스도 교회는 여호수아기에서 에스더서까지를 역사서라고 인식하면서 내려왔다. 그 안에 있는 책들이 이스라엘의 역사를 담고 있는 것이 사실이지만, 그 책들의 원저자들의 생각은 역사를 그냥 역사로만 소개하려는 것이 아니었다. 히브리어 성경을 편찬한 사람들은 율법서 다음에다 "예언자들"(<느비임> נְבִיאִים)이라는 부분을 두었고, 먼저 여호수아, 사사기, 사무엘(상, 하), 열왕기(상, 하)의 네 책을 수록하며 예언자들의 책이라는 이름 아래 두었다. 그 네 책에서 이스라엘 백성이 가나안을 정복하는 역사에서 시작하여 유다 왕국이 망하여 바빌론에 잡혀가는 때까지의 역사를 다루지만, 예언자들이 그들의 신학적 견지에서 그 역사를 관찰하고 판단하며 시비를 가리고 있다. 그리하여 이스라엘 백성에게 하나님의 뜻을 가르치려는 것이었다. 학계에서는 소위 "신명기 역사"라는 말을 한다. 신명기적 정신을 척도하여 이스라엘의 역사를 판단하였다는 것이다. 야훼 하나님만을 섬기고 그의 법도를 따라야 한다는 척도에 비추어 이스라엘의 지도자들과 왕들과 백성을 평가한 것이다. 그러므로 그 네 책이 이스라엘의 역사를 다루기는 하지만, 예언자적 견지에서 본 역사이기 때문에 예언서라고 말하게 된 것이며, 따라서 구약성경 편집자들이 그것들을 예언서 편에 놓은 것이다. 그 책들의 저자를 아무도 알 수 없다. 아마도 학계에서 말하는 대로 신명기 역사가들의 업적이라고 생각된다.

그 네 책을 전(前) 예언서(Former Prophets)라고 부르는데 그 저자를 알 수 없다는 것이 그것들의 공통점이다. 그러나 후 예언서(Latter Prophets)라는 이름으로 뒤따라 나오는 네 개의 책은 저자의 이름들이 밝혀져 있다. 그 네 책은 이사야, 예레미야, 에스겔, 12 소예언서이다(이 책에는 열두 명의 예언자들의 짤막짤막한 예언의 말씀들이 한 책으로 수집되어 있다). 말로만 예언을 하고 만 것이 아니라, 그것을 글로 남긴 소위 문서예언자들이 있었고, 그것들이 네 개의 책으로 편찬된 것이다. 이렇게 해서 구약성경에는 예언서가 크게 여덟 개가 있는 셈이다. 히브리어 성경이 그것을 밝혀주고 있다.

율법서가 주전 5세기에 완성되기 이전부터, 예언서들이 산발적으로 존재하였고 백성들에게 읽혀지기도 했을 것이다. 그러나 그것이 정경이 되어 성경에 수록된 것은 율법서가 낙착된 이후일 것으로 추정된다. 왜냐하면 소예언서의 어떤 것들은 포로에서 귀환한 후의 사회상을 반영하고 있기 때문이다. 이렇게 볼 때 예언서 역시 긴 역사를 거쳐서 낙착된 책들이라는 것을 알아야 할 것이다.

③ 구약성경의 셋째 부분인 성문서

히브리어 성경의 셋째 부분 성(聖)문서(<크투빔> כְּתוּבִים, <하기오그라파> ἁγιόγραφα)는 이스라엘 민족의 다양한 문학서를 수집한 것으로서, 아주 오랜 옛날의 글이 있는가 하면, 어떤 것은 주전 2세기경의 글도 있다. 거기에는 시, 잠언, 드라마, 역사 소설, 묵시서, 역사 등등 다양한 유형과 내용의 글들이 포함되어 있으며, 이스라엘 백성의 신앙과 사상과 생활을 반영해주는 다양한 문학이 들어 있다. 이미 위해서 고 언급된 대로 예수님 시대에도 성경을 "율법과 예언자들"이라는 이름으로 부르고 있는 것으로 보아, 그 셋째 부분이 완전히 정경으로 채택된 것은 조금 후대의 일인 것으로 생각된다. A.D. 90년에 얌니아

(Jamnia 혹은 Jabneh)에 모였던 유대인 지도자들의 회의가 그 셋째 부분을 공식으로 채택함으로써, <토라>(תּוֹרָה)와 <느비임>(נְבִיאִים)과 <크투빔>(כְּתוּבִים)의 세 부분으로 구성된 히브리어 성경이 낙착되었을 것으로 추정된다.

2. 구약성경을 공부하는 올바른 태도

우리가 구약성경을 읽고 공부하려고 할 때, 우리가 지금까지 가지고 내려오는 편견들을 버리고, 진지한 학구적 태도를 가지고, 그리고 기도하는 마음으로 임해야 할 것이다.

(1) "성경은 하나님의 말씀이다."라는 명제를 믿고 있는 우리는 구약성경에서 만나는 모든 말씀을 하나님의 명령으로 오해하기 쉽다. 성경에 있으니까, 그 모든 것은 법이요, 오늘 내가 지켜야 하는 현행법이 되어야 한다고 착각하기 쉽다. 많은 성경 교사들이 그런 잘못된 인식을 가지고 교인들을 그릇되게 지도하는 경향이 있다. 예컨대 성경에 아브라함에게 할례를 행하라고 했으니, 우리도 할례를 행해야 한다고 하나님이 우리를 향하여 지금 명령하는 것인가? 아브라함과 족장들이 일부다처(一夫多妻)의 생활을 했고, 하나님이 그것을 방치했으니, 다시 말해서 성경이 그런 생활을 담고 있으니, 우리도 구약의 습관과 전례를 따라야 하는 것인가? 구약의 많은 제사법이 있는데, 오늘 우리가 그 법을 그대로 지켜야 한다고 생각할 수 있는가? 그러면 우리는 구약을 어떤 태도를 가지고 읽어야 하는 것인가? 구약이 하나님의 말씀이라는 것은 어떤 의미에서인가? 구약성경에 하나님이 나타나셨다. 하나님께서 이스라엘 백성 속에서 역사하신 이야기들이 거기에 있다. 우리는 구

약시대라는 다른 시대에, 중동(中東)이라고 하는 다른 장소에서, 이스라엘이라는 백성을 취급하신 사건을 구약성경에서 읽으면서, 하나님이 어떤 분이신지, 그 특정 상황에서 하나님이 어떻게 하셨는지, 이스라엘 백성이 그때 거기서 하나님께 어떤 반응을 나타냈는지, 그리고 그 결과가 어떠했는지 등등을 읽으면서, 소위 그 전례들을 놓고 오늘의 우리의 삶을 다듬어나가야 하는 것이다.

(2) 우리는 흔히 구약성경 전체를 꼭 같은 가치를 가진 불변의 법으로 보려는 경향이 있다. 그것이 말하는 것을 문자 그대로 전부 일률적으로 우리에게 적용시키고, 그것들을 다 복종해야 한다고 생각하는 경향이 있다. 그 다양성을 무시하는 경향도 있다. 여러 가지 문학 형태를 가지고 계시하신 하나님의 말씀인데, 거의 모든 것을 산문(散文)적으로 취급하기 쉽다. 시간과 장소가 달라졌지만 하나님은 불변하시는 분으로 살아 계신다. 그러나 사람은 많이 변하고 있다. 그러기에 우리는 구약성경에서 하나님의 불변하는 진리와 요소를 찾을 수 있어야 한다. 과거에 하나님께서 변하는 인간 역사 속에서, 특정 시대와 특정 상황에 맞는 가장 적절한 말씀을 하셨지만, 그 말씀이 그대로 오늘의 우리에게 적용될 수 없을 수도 있다. 따라서 우리는 구약성경에서 하나님의 불변하는 진리를 발견해야 하고, 가변(可變)적인 법과 교훈을 가려낼 줄 알아야 한다.

(3) 우리는 구약성경을 읽으면서, 문자적으로 표면에 나타난 것을 액면대로 알고 이해하려는 경향을 가지고 있다. 그러나 우리는 학문적 천착을 통해서 성경 깊은 곳에서 진리를 발견할 수 있다. 그러므로 우리는 너무도 쉽게, 표면만 훑고, 다 알았다고 판단하지 말고, 기도하면서, 성령을 도우심을 빌면서, 더 깊은 차원의 진리를 알려는 노력을 해야 한다.

(4) 우리가 여러 가지 역사적 방법론을 동원하여 성경에 대하여 학문적인 지식을 가지는 것이 물론 중요하지만, 거기서 끝나서는 안 된다. 하나님께서 우리에게 교훈을 주시고, 우리의 삶의 양식이 되게 하시려고 주신 것이기 때문에, 성경을 통해서 하나님이 우리에게 말씀하시는 것을 겸손히 들으려고 노력해야 한다. 하나님이 주시는 말씀에 순종하려고 노력해야 한다. 그런 노력이 없다면 공연히 시간을 허비하는 일이 될 것이다. 우리가 이 책에서 시도하는 것은, 이미 학자들이 여러 가지 방법으로 연구한 역사적 연구의 결과를 전제하고, 우리는 성경을 읽으면서, 그것을 통해서 들려오는 하나님의 음성을 듣는 일만 하려는 것이다. 기도하는 마음으로, "주여 말씀하여 주십시오. 듣겠나이다." 하는 태도로 임하여야 할 것이다. 하나님은 우리 손에 들려 있는 성경 속에서 우리와 가까운 곳에 다가와 계신다. 그를 만나고 그의 음성을 들으려고 노력해야 한다.

3. 성경과 이스라엘 그리고 교회

하나님은 인류 가운데서 우선 이스라엘을 택하시고 그들에게 당신 자신을 나타내셨고 또 말씀하셨다. 그것은 하나님이 죄 있는 인간을 구원하시고, 마침내 당신의 왕국을 완성하시려는 계획 때문이었다. 구약에 나타난 바에 의하면 하나님은 창조의 하나님이신 동시에 사람들과 말씀하시는 하나님이셨다. 에덴에서는 그가 인간의 시조들과 직접 말씀하셨고, 인간 타락 이후에는 사람의 모습으로 또는 천사의 모습으로 나타나셔서, 인간과 대화하신 것으로 되어 있다. 이스라엘 나라가 생긴 이후에는 예언자들을 통하여 말씀하셨다. 그렇게 해서 나타나신 하나님의 말씀이 이스라엘 백성 가운데 구전으로 전해졌고, 어떤 부분은 글로 적혀서 전해졌던 것이다. 그러나 이스라엘 백성이 보이는 성막과 솔로몬 왕 때 건립된 예루살렘의 성전과 그 예배 의식을 가지고 있는 동안에는, 주로 가견(可見)적인 성전 예배를 통해서 하나님과의 관계를 유지하며 종교 생활을 했었다. 그러나 그들의 예배가 형식화하고, 이방종교의 유혹과 침투로 말미암아, 야훼 종교가 변질되고, 따라서 윤리적으로 정로(正路)를 벗어나는 일이 많이 있을 때마다, 하나님은 예언자들을 통하여 경책(警責)하면서 그들을 인도하셨다. 그러나 이스라엘 백성이 예언자들을 통한 하나님의 말씀도 듣지 않는 반역적인 행동을 했을 때, 그들을 방치하시지 않고 크게 채찍을 드셨다. 곧 나라를 멸망시키고, 보이는 성전을 헐어버리신 것이다. 그리고 그들을 바빌론 포로생활이라는 혹독한 도가니에 넣어서 새로운 전기(轉機)를 가지게 하셨다. 곧 그들은 보이는 성전과 예배 의식을 초월하여 계시는 하나님을 가까이하며, 그의 말씀의 존귀성을 깨닫고, 문서화한 하나님의 말씀 곧 성경을 형성하고 편집하는 작업에 몰두한 것이다. 이것은 하나의 전화위복(轉禍爲福)의 사건이라고 할 수 있다. 보이는 성전과 그 의식은 사라졌어도 하나님의 말씀에 대한 동경과 보존과 정경화(正經化)의 결과를 가져왔다는 말이다.

이스라엘 백성이 하나님의 놀라운 은총과 능력으로 포로생활에서 해방을 받았지만(538 B.C.), 정치적으로 완전히 해방된 것은 아니었고, 143 B.C.부터 하스모니안 정부가 들어서면서 80년 간의 완전 독립을 누릴 수 있었지만, 이스라엘의 종교는 다시 의식화하고 제도화하여 생명력을 잃었다. 의식(儀式)적인 성전 제사로 만족하고 하나님의 말씀을 왜곡하고, 장로들이 만들어낸 많은 전통을 하나님의 말씀과 대치시키는 혼란에 빠져들었다. 그래서 하나님은 로마 군대를 통해서 다시 그 화려한 예루살렘 성전을 깡그리 부수고, 보이는 성전과 예배를 없애버리셨다. 거기서 다시 유대인들은 하나님의 말씀, 곧 성경으로 돌아가야 하는 전기가 마련되었다. 결국 히브리어 정경이 A.D. 90 경에 낙착되는 결과에 이르렀다. 이렇게 하나님은 타락한 인간을 당신의 말씀에로 돌아오게 하고 계신다.

예루살렘에서 시작된 그리스도 교회는 구약에 기록된 하나님의 말씀과 그 후에 사도들을 통해서 기록한 신약의 말씀을 정경으로 삼고 오늘까지 발전해 온다. 그러나 중세기의 교회가 또 다시 전통을 앞세워 하나님의 말씀을 가리고 혹은 무시하는 경향으로 나갔다. 그래서 하나님은 다시 마틴 루터 등 종교개혁자들을 통해서 하나님의 말씀에로 돌아가는 운동을 하게 하신 것이다. 오늘도 하나님은 우리에게 성경 속에서 말씀하고 계신다. 성경을 표준(정경)으로 삼고 참된 신앙생활을 하기를 바라신다. 그러기에 우리는 성경을 주신 하나님께 감사하며, 그 말씀에 귀를 기울여야 할 것이다.

4. 율법(<토라> תּוֹרָה)을 주신 하나님

하나님은 이스라엘 백성에게 다섯 권으로 구성된 율법서를 먼저 주셨다. 그것이 우리에게는 율법서라는 말로 되어 있지만, 원어인 히브리어로는 <토라>(תּוֹרָה)라고 하는 바, 그 뜻은 “가르침”, “지시하는 말”(instruction)이라는 것이다. 그것이 그리스어로 된 70인역(LXX)이 νόμος(nomos)라고 칭함으로써, 후대의 교회가 그 전통을 따라 “율법서”(Law)라고 부르게 된 것이다. 우리는 히브리어 원어의 뜻을 더욱 존중해야 할 것 같다. 왜냐하면 소위 율법서라고 하는 다섯 책의 내용은 법조문들만 있는 것이 아니고, 이스라엘 백성에게 우선 가장 필요하게 여겨지는 여러 가지 종류의 말씀이 들어 있기 때문이다. 한 마디로 말해서 하나님께서 이스라엘에게 주시는 중요한 교훈과 지시의 말씀들이 들어 있다는 말이다. 여기서 우리는 하나님의 관심사를 알 수 있다. 하나님은 인간을 버려두시지 않으시고, 우선 이스라엘과 대화를 하시며, 그들에게 여러 가지 방도로 나타나셔서, 말씀을 하시고, 지시하시고, 구체적으로 그들의 살길을 보여주시고, 가르쳐주셨고, 마침내 문서로 기록하여 주셨기 때문이다. 그러므로 우리는 오경 속에서 하나님을 만나야 하고, 그의 가르침을 들어야 하고, 그의 지시와 교훈을 순종하여, 하나님께서 목적하시는 지경에 도달하려고 노력해야 하는 것이다. 율법서는 창세기에서 시작하여, 출애굽기, 레위기, 민수기를 거쳐서, 신명기까지, 곧 약속의 땅 가나안 복지를 앞에 둔 이스라엘에게 간곡히 당부하시고 지시하시는 하나님의 말씀을 담고 있다. 그것은 표면상 모압 평원에서 가나안 땅을 바라보면서 모여 있는 이스라엘 백성을 앞에 놓고, 모세가 준 여러 개의 설교로 구성된 신명기로써 끝나지만, 사실 그 말씀은 바빌론 포로 생활을 청산하고 고국으로 돌아가서 새 생활을 해야 하는 이스라엘에게 주시는 지시의 말씀이었다. 동시에 날마다 하나님의 왕국을 사모하며 나아가는 모든 이스라엘 백성과 그리스도인들에게 주시는 교훈과 지시의 말씀이기도 하다.

5. 일러두는 말

필자는 이 교재를 사용하시는 분들에게 사용법을 일러두려고 한다. 소그룹이 모여서 성경공부를 하는 것을 전제로 한다. 매 책을 문단으로 나누어서 공부하려는 것이기 때문에, (1) 개인이든지 그룹이든지 우선은 해당 성경 단원을 먼저 한 두 번 읽어야 한다. (2) 다음은 필자가 매 단원에 대하여 붙인 해설을 같이 읽기 바란다. (3) 그리고 다음으로 필자가 그 단원에서 얻은 교훈, 혹은 거기서 들려오는 말씀을 몇 가지 정리해 놓았기 때문에, 그것을 음미하며 토론하기를 바란다. (4) 끝으로 필자가 밝히지 않은 혹은 못한 교훈을 회원들이 각각 찾아보고 보충하기 바란다.

창세기(創世記)

우리는, 그리고 중국과 일본에서는, 구약 성경의 첫 부분인 율법서의 첫 책을 창세기라는 이름으로 부르고 있는데, 그것은 중국인들이 그렇게 번역한 것이고, 매우 함축적인 훌륭한 표현이라고 생각된다. 그러나 히브리인들은 창세기의 첫 단어 <브레쉬트>(בְּרֵאשִׁית, In the beginning)를 가지고, 그 책의 이름을 붙였다. 오경의 다른 책들 역시 그런 식으로, 각 책의 첫 단어를 그 책명(冊名)으로 삼았다. 그런데 70인역 성경(LXX) 번역자들이 창 2:4a에 나오는 "이것들이 하늘과 땅의 <톨레도트>(תּוֹלְדוֹת)이다."라는 구절의 <톨레도트>를 "창조", "발생", "생성" 등의 의미로 보고 그리스어로 <게네시스>(Γένεσις)라고 번역하고, 그 책 이름을 그렇게 불렀다. 그 단어가 창세기에 여러 번 나오기 때문에 그럴 만도 했을 것이다(2:4; 5:1; 6:9; 6:9; 7:1; 9:12; 10:1; 15:16; 17:7, 9, 12, 등). 그 말을 따서 라틴어와 영어 성경이 Genesis라고 명명했다. 즉 창조에 관한 책이라는 말이다. 그러나 문외한은 창세기라는 이름 때문에 그 책이 전부 창조에 관한 내용일 것이라고 생각할 수 있을 것이다. 그런 오해를 일으킬 염려가 있는 이름이다. 창세기는 천지와 인간 창조의 이야기로 시작하여, 인간의 타락과, 그 사건으로 인한 인간의 운명과, 거기에 뒤따르는 선사(先史)시대의 몇 가지 사건들을 소개하였다. 그리고 이어서 아브라함과 이삭과 야곱과 요셉에 관한 이야기를 소개하며, 마침내 야곱의 가족 70인이 애굽으로 이주하게 되는 이야기로써 끝낸다.

I. 선사 시대 (1:1-9:17)

위에서도 암시한 대로 성경은 하나님의 여러 가지 모양의 말씀을 담고 있다. 하나님의 말씀이 하나님의 영의 감동으로 기록되고 수집되고 편집되었다는 통일성을 가지고 있지만, 말씀의 종류는 다양하다는 사실을 기억하는 것이 필요하다. 하나님은 주로 사건을 일으키시고, 그 사건을 통해서 말씀하셨다. 마지막 때 성육신 사건 곧 도(道=λόγος)가 육신이 되는 사건 그 자체가 하나님의 말씀이었다. 때로는 산문으로, 때로는 시로, 때로는 드라마로, 때로는 소설로, 때로는 신화로써 말씀하셨다.

창세기의 첫 부분 곧 1:1-9:17의 내용은 역사적 사건을 사실적으로 묘사한 것이 아니다. 천지와 인간 창조의 역사적 사건을 사실대로 묘사하려고 한다면, 그야말로 그 설계도만 해도 무한할 것이며, 어느 누구도 그 크고 놀랍고 복잡한 사실을 말로나 글로써 다 묘사할 수 없는 것이다. 그러나 인간은 그 신비하고 무한히 큰 사건들을 묘사하는 묘한 방법을 가지고 있다. 우리가 사용하는 방법 중에 시(詩)라는 것이 있다. 예수는 비유(比喩)라는 도구를 가지고 신령한 세계의 진리를 가르치시고 설명하셨다. 그와 비슷한 것이 상징(象徵)이다. 그리고 신화라는 것도 있다. 창세기 초반에 나오는 사건들은 너무도 크고 신비한 것이어서 사실적으로 말할 수 없는 것들이다. 따라서 시적으로, 상징적으로, 또는 신화적으로, 함축성 있는 표현을 가지고 기록하였다.

우리는 거기에 나오는 표현들을 문자적으로, 액면대로만 받고 이해한다면, 하나님께서 우리에게 말씀하시는 것의 겉만 핥는 것이 되며, 무진장 깊고 오묘한 뜻을 놓치게 될 것이다. 그러므로 우리는 이 부분을 공부하면서 언제나 신중해야 하며, 문자 배후에 있는 큰 진리를 발견하려는 노력을 해야 한다. 바다에 뜬 빙산은, 물위에 보이는 것만을 가지고 얕잡아서는 안 되는 것이다. 소위 빙산(氷山)의 일각(一角)이라는 말대로, 엄청난 크기의 진리와 사실을 시적으로, 상징적으로, 신화적으로 표현한 것임을 깨닫고, 언제나 문자에만 집착하지는 말자는 말이다.

엿새 동안의 창조와 안식(1:1-2:4a)

창세기 초두에 두 개의 창조 이야기가 나온다. 이스라엘 백성이 창조에 관한 두 개의 창조 이야기를 전승으로 가지고 있었고, 그것들이 일견 서로 잘 어울리지 않는 것 같이 보이지만, 그 어느 하나도 버릴 수 없으리만큼 중요하다고 생각되었고, 중요한 진리들을 담고 있다고 보았기 때문에, 그 둘을 다 성경에 게재했다고 보인다. 말할 수 없이 신비하고 복잡하고 기묘한 창조의 사건을 사실 그대로 묘사할 재간은 인간에게 없다. 그러나 그 사건에 담긴 중요한 진리가 두 개의 이야기 속에 상징적으로 표현되어 있다. 우선 그 첫째 이야기에서 하나님이 말씀하시는 진리를 들어보자.

1. "태초에"라는 말에서 우리는 시간의 시작을 깨닫게 된다. 우리가 사는 이 세상은 시작이 있고, 창조자의 창조에 의해서 그 시작이 생긴 것이다. 우리는 하나님께서 시작하신 그 시간이 종말을 향하여 흐르고 있으며, 그 끝이 있으리라는 것을 짐작할 수 있다. 성경은 그 종말이 있음을 말해주고 있다. 역사가 마냥 계속되거나 돌고 도는 것이 아니고 종말을 향하여 진행되고 있으며, 마침내 "태초" 이전의 상황에로 복구할 것이다.

2. 하나님이 존재하신다는 사실을 말해 준다. 만물과 인간이 생겨나기 이전부터, 그리고 시간이 시작되기 전부터 하나님이 존재하셨다. 인간은 보고 듣고 만질 수 있는 세계만이 존재한다고 생각하기 쉽지만, 그 만물이 생겨나기 전부터 하나님은 존재하셨다는 것을 이 이야기가 말해준다. 여기서는 하나님을 히브리어로 <엘로힘>(אֱלֹהִים)이라고 하는데, 그것이 외형적으로는 복수형이지만 뜻은 단수로 이를 문법에서는 장엄(莊嚴)을 나타내는 복수라고 풀이한다. 그러므로 태초에 많은 신이 있었다는 것이 아니라 유일하신 하나님이 계셨다는 말이다.

3. 하나님이 천지를 창조하시기 이전의 상태는, 마치 홍수로 말미암아 땅이 온통 물에 덮여서, 아무 것도 보이지 않고, 구름이 끼고 태양이 보이지 않아, 컴컴하고, 모든 것이 혼돈(chaos) 그 자체였다. 그런데 바람(<루아흐> רוּחַ)이 불고 물이 줄어들며 질서가 드러나듯, 하나님의 영(<루아흐> רוּחַ)[2]이 창조 사역의 입김을 불어대자 아름다운 질서의 세계가 드러나기 시작한 것이다.

4. 그 하나님은 창조의 능력을 가지시고 만물을 창조하셨다. 사람은 아무리 재간이 있고, 많은 연구를 하고, 힘을 써도 무(無)에서(ex nihilo) 무엇인가를 만들어 낼 수는 없다. 그러나 하나님은 창조(<바라> בָּרָא)의 능을 가지신 특이하신 분이시다. 과학자들은 하나님이 만들어 놓으신 자연법칙을 찾아내어 이용하는 데 불과하다.

5. 만물이 하나님에 의해서 창조되었다. 하늘도 땅도 하늘에 있는 별들과 땅에 있는 모든 것이, 그리고 인간까지도 그 하나님의 창조물이다. 만물을 창조하신 하나님의 지혜와 능력이 얼마나 큰가를 생각하면 할수록 우리는 감탄하며 그에게 굴복하고 찬미하게 된다.

---

2) 히브리 낱말 <루아흐>는 '바람'을 뜻하기도 하고 '영'을 뜻하기도 한다.

6. 하나님은 당신의 형상을 닮은 인간을 만드셨다. 인간은 다른 피조물과는 확실히 다른 존재라는 사실을 말해준다. 인간은 하나님의 형상을 가진 존귀한 존재이며, 따라서 특별한 목적을 가지고 창조하신 존재이기 때문에, 인간은 특이한 사명을 가지고 있다고 보아야 한다. "생육하고 번성하여 땅에 충만하여라. 땅을 정복하여라. 바다의 고기와 공중의 새와 땅 위에서 살아 움직이는 모든 생물을 다스려라!"고 사명을 주셨다.

그러나 그 명령은 땅에 있는 것들 위에 군림하여, 마구 파괴하거나, 학대하거나 혹사하거나 착취하여, 자연을 훼손하라는 말은 아닐 것이다. 자연과 우호관계를 가지고, 자연이 제구실을 하고, 그 본연의 기능을 발휘할 수 있도록 잘 가꾸고 보호하라는 말일 것이다. 자연을 선하게 "다스리라"는 것이지, 못살게 굴어도 된다는 말은 아닐 것이다. 우리는 하나님의 사역에 동역자가 되게 하시려고 하나님이 특별하게 창조하신 존재이기 때문에 긍지를 느끼는 동시에, 특이한 귀한 사명을 받은 자들이기에, 하나님의 뜻을 어기지 않는 충성된 일꾼이 되어야 할 것이다. 하나님의 창조의 질서를 어기지 않아야 한다. 사람이 조물주 하나님보다 위에 있어서는 안 되고, 사람이 다른 피조물 밑에 있거나 그것들을 섬겨도 안 된다.

7. 하나님은 사람(<아담> אָדָם)을 남자와 여자로 만드셨다. 그것은 남자도 <아담>이고 여자도 <아담>이라는 말이 된다. 남자와 여자가 꼭 같이 <아담>이라는 말이다. 여자를 인간 이하로 취급하고, 남자보다 못한 존재로 취급하는 인간의 전통과 사고는 잘못된 것이다.

8. 하나님은 모든 것을 창조하시면서, 그가 "보시기에 좋았다."는 것이다. 특히 여섯째 날 그의 창조가 끝나자 "참 좋다."고 찬탄하셨다.

그러므로 하나님께서 창조하신 세계는 좋은 세계이다. 염세주의자들과 이원론(二元論)자들이 물질세계를 악하다고 보지만, 하나님은 이 물질세계를 좋게 만들었기 때문에, 그것을 나쁘다고 말하는 것은 옳지 않다. 선하신 하나님은 아름답고 좋은 세상을 만드시고, 스스로 찬탄하시며 기뻐하셨다. 천지 창조의 목적은, 좋은 세상을 만들어 그 아름다운 세상에서 당신의 형상을 닮은 인간과 더불어 행복을 누리려는 것이다.

9. 전능하신 하나님께서 천지 창조를 엿새에 걸쳐서 하실 이유가 어디 있는가. 그가 하루에도 해낼 수 있는 것이다. 그리고 24시간을 단위로 하는 하루는 태양이 창조된 제 4 일 이후에야 생겼다고 보아야 할 것이다. 첫째 날로부터 셋째 날까지의 "하루"(<욤> יוֹם)는 24시간 단위의 날이라고 보기가 어렵다. 그런데도 창세기 저자가 그런 차별을 도외시하고, 전부 24시간 단위의 날로 취급하여 엿새로 잡은 것은, 안식일 제도의 유용성을 감안한 탓일 것이다. 즉 하나님께 안식일이 필요한 것이 아니라, 연약한 인간에게 안식일이 필요하기 때문에, 인간의 행복을 위하여 안식일 제도를 확립시키려고, 하나님의 안식을 그 모델로 삼게 한 것이다.

10. 하나님은 엿새 동안에 창조의 작업을 마치시고, 제7일은 거룩하게 하시고 안식하셨다는 것이다. 결국 하나님의 창조의 목적과 그 결과를 말한 것이다. 만물을 창조하시고, 참 좋다고 찬탄하시는 하나님은, 마침내 쉼을 가지셨다는 것이다. 하나님이 일을 많이 하셨기 때문에 피곤해져서 손을 멈추고 쉬셨다고 보아서는 안 될 것이다. 하나님이 쉬셨다는 것은 일종의 의인적(擬人的=anthropomorphic)인 표현에 불과하다. 아름다운 세계를 즐기고 기뻐하시며 행복을 느끼셨다는 말이다. 다시 말해서 천지 창조의 목적은 하나님께서 스스로 아름답게 만드신 것

들 속에서, 자신을 중심으로 하고 인간과 만물이 다 행복을 같이 누리자는 것이다. 창조된 천지는 어디까지나 하나님의 소유이며, 하나님의 목적과 뜻을 위한 존재이다.

둘째 창조의 이야기: 에덴 동산에서의 창조(2:4b-25)

둘째 창조 이야기는 여러 면에서 첫째와 다르다. 첫째 이야기에서는 창조자를 '하나님'을 뜻하는 보통명사 <엘로힘>(אֱלֹהִים)으로 나타냈지만, 여기서는 그를 '여호와 하나님' 곧 <야훼 엘로힘>(יהוה אֱלֹהִים)이라는 이름으로 지칭한다. 즉 시내산 밑에서 모세를 통하여 이스라엘 백성에게 가르쳐주신 고유의 이름을 가지고 나타냈다. 그 이름을 마구 부르는 것이 불경스러워서 이스라엘 사람들이 그 이름 대신 <아도나이>(אֲדֹנָי) 곧 "주"(主)라고 불렀기 때문에, 그 전례를 따라서 고금의 많은 번역성경이 יהוה라는 이름이 나올 때마다 "주"라는 의미의 명칭으로 대치하였다. 70인역이 <퀴리오스>(κύριος), 영어 번역들이 Lord로 번역했으며, 한글 표준새번역 역시 "주"로 나타냈다. 첫 이야기는 바빌론 같은 물이 많은 지대를 배경으로 하고 있지만, 둘째 이야기는 팔레스타인 같은 마른 땅을 전제로 하고 있다. 첫째에서는 천지 전체를 다루고 있지만, 둘째에서는 에덴이라는 제한된 곳에 초점을 두었다. 창조의 순서에 있어서도 둘째 이야기는 인간 창조를 서두에 두었다. 첫째에서는 하나님이 멀리서 명령하셔서 만물을 창조하신 것으로 되어 있지만, 둘째에서는 하나님이 가까이 오셔서 손수 만드시는 친근감을 보여준다.

1. 첫째 창조 이야기에 나타나신 <엘로힘>(אֱלֹהִים, '하나님')은 보

통명사이고, 그것은 <엘>(אֵל, '힘')이라는 말에서 왔다고 한다. 그가 능력자이기 때문에 천지를 창조하실 수 있었다고 할 수 있다. 그러나 둘째 이야기에서 등장하는 <야훼>(יהוה)라는 하나님은 이스라엘에게 특별히 자신을 나타내신 하나님으로서(출 3:13-15), 학자들의 추론에 의하면 히브리 이름 יהוה는 <야훼>라고 읽어야 한다는 것이다.

그것은 사역동사(causative verb)로서 ". . .을 존재케 한다"(He caused to be . . .)는 말이 된다. 결국 이스라엘의 하나님은 스스로 존재하시는 분(I am that I am, <에흐예 아셰르 에흐예> אֶהְיֶה אֲשֶׁר אֶהְיֶה 또는 I am, <에흐예> אֶהְיֶה)일 뿐 아니라 모든 존재를 존재케 하신 분이라는 말이다. 우리가 보통 그 이름을 '여호와'(Yehovah)라고 부르지만, 그것은 잘못된 읽기에서 유래했다는 것을 알아야 한다. A.D. 6세기 이후의 마소라(Masorah) 학자들이 고안한 것으로서, 하나님의 이름 יהוה가 나오면 무조건 그것을 <아도나이>(אֲדֹנָי, '주님')로 대치하여 읽으라는 뜻으로, 자음만으로 된 יהוה에다가 <아도나이>의 세 모음 부호 ְ (<쉬와> shewa), ֹ (<홀렘> holem), ָ (<카메츠> qameç)를 붙였다. 그 사실을 모르는 사람들이 눈에 보이는 대로 그 자음에 그 모음을 그대로 읽게 되니, 결국 '여호와'로 읽게 된 것이다. 그러므로 우리는 잘못된 것을 잘못으로 인정하고 시정할 필요가 있다.

2. 이 둘째 창조 이야기에서도 하나님이 인간 창조에 중점을 두신 것을 보여준다. 그만큼 하나님에게 있어서 인간의 존재가 특별한 의미를 가지고 있는 것이다. 첫째 이야기에서는 하나님의 형상으로 인간을 만들었다는 말로 인간의 중요성을 말했지만, 이 둘째 이야기에서는 어떤 것보다도 인간을 먼저 만드셨다는 사실로써, 인간에 대한 하나님의 특별한 관심을 나타냈다.

3. 하나님은 땅(<아다마> אֲדָמָה)의 흙을 빚어서 사람(<아담> אָדָם)을 만드셨다. 흙이라는 보잘것없는 것이 하나님의 손에 의하여 귀한 존재가 되었다. 하나님이 마치 조각가처럼 진흙을 개어서 사람을 빚었다고 하는 나이브한 표현을 했지만, 사실 인간의 신체 구조를 해부학적으로 따져볼 때, 얼마나 기기묘묘하고 복잡하고 신비스러운가 말이다. 그것을 인간의 힘으로는 도저히 묘사하거나 설명하거나 그려낼 도리가 없다. 그래서 아주 간단한 시적인 표현인 '빚었다'(<야차르> יָצַר)는 말을 가지고 그 사실을 묘사한 것이다. 인간의 신체를 만드신 하나님은 그의 코에다 생명의 기운을 불어넣었고, 따라서 생명체가 되었다는 것이다. 흙이라는 물질로 된 육체에다가 생기를 불어넣어 호흡하는 존재가 되게 했다는 것이다. 즉 인간이 숨을 쉰다는 것이 바로 하나님께로부터 온 생명을 숨쉬고 있다는 말이 된다. 인간 생명은 하나님께로부터 왔고, 하나님께 그 운명이 달려 있다는 것을 말하는 것이다. 그러나 인간이 "생명체"가 됐다는 것은 숨을 쉬는 존재가 되었다는 것만을 말하는 것이 아니라, 하나님의 영과 혼을 받은 존재, 곧 하나님의 형상을 닮은 자로서, 하나님과 대화할 수 있고, 하나님의 사역에 동참할 수 있는 지각과 영성을 가진 자라는 말이라고 보아야 할 것이다. 흙에 지나지 않는 자가 일약 하나님의 파트너로 둔갑하는 놀라운 사건이다.

4. 하나님께서 인간을 그렇게 귀하게 만드실 뿐 아니라, 그를 에덴(עֵדֶן)에 있는 동산에다 두셨다는 것이다. 에덴이 곧 낙원(paradise)이라는 말인데, 그 낙원 속에다 정원을 꾸미시고 거기에 아담을 두셨다는 것이다. 낙원 중에도 낙원을 만드셔서 인간을 살게 하셨다는 것이다. 천문학자의 말에 의하면 우주에는 1000억 x 1000억의 별이 있다고 한다. 하나님은 그 방대한 우주를 낙원으로 꾸미셨다는 말이다. 그리고 그 에덴 가운데서도 지구라는 곳을 인간이 사는 동산(<간> גַּן)으로 꾸

미셨다. 그 얼마나 큰 은혜인가! 하나님이 인간을 얼마나 귀하게 여기시고, 얼마나 행복하게 하셨는가를 말해 준다.

5. 그리고 하나님은 그 낙원에서 사는 인간에게 보기도 좋고 맛도 좋은 온갖 과일나무들을 심으시고 마음대로 따먹고 살 수 있게 하셨다는 것이다. 조금도 부족을 느끼지 않고 살 수 있는 환경을 만들어주셨다. 우리의 현실과는 완전히 대조가 되는 상태였다.

6. 동시에 그 동산 한가운데는 생명나무가 있었다는 것이다. 매일의 육체적 생명을 유지하기에 필요한 나무 열매들을 풍성하게 주신 것뿐 아니라, 진정한 생명, 영원한 생명을 하나님과 함께 누리게 하시려고, 동산 중앙에 생명나무를 두셨다는 것이다. 그것은 아마도 하나님 자신을 상징하는 것 같다. 그 낙원의 주인이 하나님이시고, 생명의 원천이 하나님이시고, 모든 인간이 그 하나님을 중심하고 생명을 누리도록 하려는 것이 하나님의 의도였다는 말일 것이다. 2:10-14에서는 그 생명이 강이라는 이미지(image)로 바뀌어 사방으로 흐르며, 메마른 땅들을 윤택하게 적셔준다. 비손, 기혼, 티그리스, 유프라테스가 네 방향으로 흘러간다고 되어 있다. 사실 기혼은 지금의 나일 강을 가리키는데, 그 강의 발원지는 아프리카 중부이다. 그러니까 창세기를 기록한 사람들이 지리적인 지식이 정확치 않은 까닭에 생긴 착오라고 할 수 있다. 그러나 의미상으로는, 그 당시의 네 개의 강이 인간 세상에 물을 풍성하게 대어주던 것과 같이, 에덴은 하나님의 생명의 풍성한 저수지가 된다는 말을 하려는 것이었던 것이다. 비손 강의 소재는 아무도 알 수 없다. 지금은 존재하지 않기 때문이다.

7. 하나님은 에덴에다 온갖 과일나무와 또 생명나무를 두신 것뿐 아니라, '선과 악을 알게 하는 나무'(<에츠 핫다앗 톱 와라으> עֵץ הַדַּעַת

טוֹב וָרָע)를 두셨다는 것이다. 이것은 에덴이 무법천지가 아니라 질서와 법의 세계였다는 것을 말하는 것이라고 본다. 사람이 에덴에서 자기 멋대로 마구 살 수 있는 것이 아니라, 하나님이 정해 주신 선한 길, 옳은 길, 곧 악하지 않은 길을 따라서만 살아야 하도록 되어 있다는 것을 의미한다고 본다. 인간은 본능적으로 살면 되는 다른 피조물과는 달리 윤리적이고 종교적인 책임 있는 존재로 살아야 하기 때문에 선과 악을 판단해야 하는 것이다. 선과 악의 표준은 하나님께 있다. 하나님이 정해주신 법과 질서를 따르는 것이 선이요, 그것을 어기는 것이 악일 것이다. 하나님은 인간을 인간답게 하기 위해서 법과 질서를 에덴에 두셨다는 말이다.

8. 첫째 이야기에서도 나온 바와 같이, 하나님은 인간을 에덴에 두시고 그 곳을 맡아서 돌보게 하셨다는 것이다(2:15). 인간은 에덴을 아름답게 가꾸고 낙원이 되게 하는 책임을 가지고 있다는 말이다. 오늘의 인간이 이 지구를 죽음에로 몰고 가는 사실을 놓고 볼 때, 우리가 얼마나 하나님께 반역하고 있는 인간이 되었는가를 알 수 있다.

9. 선악 지식의 나무 곧 법과 질서를 상징하는 나무를 두시고, 하나님은 인간에게 명령을 내리셨다. 법과 질서를 어기지 말라는 것이다. 우선 한 마디로 말해서 하나님의 말씀을 듣고 복종하라는 것이다. 그것을 크게 세 가지로 분류한다면, 하나님께만 복종하고 섬기라는 것과, 인간이 서로 사랑해야 한다는 것과, 자연을 사랑하고 바로 가꾸라는 말로 요약될 것이다. 이러한 내용의 법과 질서를 어기는 날에는 반드시 죽는다는 것이다. 하나님은 이렇게 법을 정하여 주심으로써 미리 경고하시고, 인간이 타락하지 않도록 하시려고 담을 치신 것이다. 하나님 편에서 하실 일을 다 하신 셈이다(2:17).

10. 하나님은 에덴에 결혼 제도를 두셨다. 사람이 한 성(sex)을 가진 존재로만 있으면 하나님의 계획을 이룰 수 없을 것이다. 하나님은 당신의 방대한 왕국의 일을 수행하시기 위해서, 동역자를 많이 필요로 하셨다. 따라서 인간이 생육하고 번성하여 하나님이 쓰시기에 알 맞는 수의 인간이 태어나야 하는 것이다. 그래서 남성과 여성이 필요하였다. 결혼은 하나님이 의도하신 제도이며, 하나님의 목적을 달성하기 위해 필요한 제도이다. 그러나 인간 자신에게도 유용한 제도이다. 독신으로 있는 것보다 결혼 생활 속에 더 기쁨이 있게 하신 것이다. 서로 의지하며 대화할 수 있는 상대를 가지는 기쁨, 성생활의 기쁨, 자식을 낳아서 기르는 기쁨, 목적을 세우고 협력하여 성취하는 기쁨 등을 가지게 하셨다(2:18).

11. 하나님께서 창조하신 땅과 하늘의 모든 동물들을 아담 앞에 두셨을 때, 아담은 그 기기묘묘한 동물들을 보면서 놀라고 즐거워하고 반겼을 것이다. 그리고 그것들을 종류대로 이름 지어주었을 것이다. 그것들이 다 짝이 있고, 생식을 하여 새끼를 거느리고 사는 것을 보았을 것이다. 특히 그 어린 새끼들의 귀여움을 눈여겨보았을 것이다. 이런 것을 관찰한 아담은 배필의 필요성과 쌍을 이룬 동물의 아름다움과 그 생활 방도와 양상을 배웠을 것이다. 그때 아담은 고독을 느꼈을 것이고, 자기에게도 짝이 있으면 좋겠다는 생각을 했을 것이다. 이런 과정을 거친 뒤에 하나님은 아담에게 짝을 만들어 주셨다. 즉 결혼 생활의 아름다움과 필요성을 실감하게 한 뒤에 짝을 만들어 주신 것이다.

12. 하나님은 아담을 깊은 잠을 자게 하셨다. 사람이 일반적으로 자는 보통 잠이 아니라, <타르데마>(תַּרְדֵּמָה)라는 특수한 잠을 자게 하셨다. 말하자면 큰 수술을 하기 전에 전신 마취를 하는 격이었다. 그리

고는 아담의 갈빗대 하나를 뽑아서, 그것으로 또 하나의 사람을 만드셨는데, 이번에는 여자를 만드신 것이다. 남자와 여자는 다 아담이고 둘 다 하나님의 창조물이다. 이 이야기는 남편과 아내의 밀접한 관계를 말해 준다. 자기와 자기 갈빗대의 관계처럼 밀접한 것이 부부의 관계라는 것이다.

13. 하나님께서 창조하신 여자를 남자에게로 데려다가 짝을 삼아주셨을 때, 우선 아담이 느낀 것은, 또 하나의 인간이 나타나 기쁘다는 것이다. 자기도 짝이 있기를 바라고 있었는데, 자기와 같은 인간이 나타난 것을 보고 "이제는 됐다."라는 탄성을 올린 것이다. 다음에 느낀 것은 그 상대가 자기의 뼈요 자기의 살이라는 것이었다. 남이 아니라 자기의 일부라고 느꼈다는 말이다. 이웃을 자기 몸처럼 사랑해야 하는 이유가 거기에 있다. 사람이 이웃 사람을 볼 때 남으로 보지 않고 자기 몸의 일부분으로 볼 수 있어야 한다는 말이다. 아담은 다음으로 자기는 남편(<이쉬> אִישׁ)이고 상대는 아내(<이쌰> אִשָּׁה)라는 것을 인정하였다. 즉 남편과 아내는 꼭 같은 인간이면서도, 기능이 약간 다르고, 역할을 분담할 파트너(partner)라는 것을 인정한 것이다.

14. 지금은 아담과 하와가 있을 뿐이지만, 앞으로 그들에게서 인류가 퍼져서, 자손들 남녀가 결혼하게 될 것을 내다본다(2:4-25). 부모가 있어서 남자를 낳고, 여자를 낳게 되는데, 한 남자와 여자는 각각 자기들의 부모 밑에서 낳고 자라지만, 때가 되면 부모를 버리다시피 떠나서 둘이 결합을 하여 한 가정을 이룬다. 특히 남자가 부모를 버리고 아내와 밀접하게 결합하여 가정을 이룬다. 그래서 둘이 한 덩어리가 된다. 그것이 당연한 것이고, 그렇게 되도록 만든 것이 결혼 제도이다. 중요한 것은 결혼한 부부가 한 몸이라는 사실을 언제나 의식하고 그 상태를

죽도록 견지해야 한다는 것이다. 그것이 하나님의 계획이며 그가 바라시는 일이다.

15. 인간 시조들이 벌거벗고 산 것이 사실이다. 자연스럽게 살았다는 말이다. 인간이 하나님이 만드신 질서와 법도 안에서 자연스럽게 살 때, 부끄러움이 없고, 어색함이 없고, 남의 눈치를 살필 필요가 없었다는 말이다.

이렇게 하나님은 아름다운 이상을 가지셨고, 인간은 하나님의 선택된 존재로서, 하나님의 낙원에서 하나님과 더불어 영원한 행복을 누릴 수 있는 특전을 받았다.

인간 시조의 타락과 실낙원(3:1-24)

아담과 하와가 하나님의 명령을 순종하고 사는 동안, 그들은 그 낙원의 행복을 만끽하면서 살 수 있었다. 그러나 인간의 오늘의 실존은 그 이상(理想)과는 다른 상태이다. 인간은 그 원인을 규명하고 싶어한다. 그 원인을 많은 사람들이 여러 가지로 설명하고 있으며, 많은 경우는 무신론적으로, 또는 자연스러운 현상이라고 해석해 버린다. 그러나 성경은 그 원인을 하나님과의 관계 속에서 찾고 있다. 하나님이 낙원을 만들었고, 인간을 만들어 거기에서 살도록 초대하셨다는 사실을 전제하고서, 인간의 실존 문제를 해석한다.

1. 행복하고 아름답고 이상적인 낙원 속에 침입자가 생겼다. 선하신 하나님을 대항하는 악한 존재가 뱀이라는 이름으로 그 낙원에 잠입하였다. 그 악마가 하나님을 대항하는 방법의 하나로, 하나님의 계획을

무너뜨리는 길을 택한 것이다. 하나님이 인간을 당신의 형상으로 만드셔서 그의 왕국 건설의 조역과 파트너를 삼으시려는 것을 아는 그 악마는, 인간을 타락시켜서 하나님을 배반하는 존재로 만들고, 자기의 졸개들로 삼음으로써 하나님의 계획을 망가뜨리려는 것이었다. 사탄의 "간교함"이 그 배후에서 작용한 것이다. 순진하고 천진한 인간은 사탄의 간교함에 속은 것이다.

2. 뱀이 말을 한다는 것은, 악마가 간교하게 사람을 유혹한다는 것을 상징한 것으로서, 소리도 안 내고 기어드는 뱀의 모습에서, 악마의 간교함을 비유적으로 간파할 수 있다. 뱀은 우선 한 몸을 이루어 있는 아담 가정의 한 쪽을 공격한 것이다. 하나를 유혹하면 자연히, 한 몸의 다른 반쪽이 반드시 따라올 것을 예상한 것이다. 자기 아내 하와를 사랑하고 한 몸을 이루고 있는 아담의 가정에서 하와를 먼저 공격하는 것이 유리하다는 것을 사탄이 모를 리가 없었다. 우선 하와의 마음에 회의심을 일으켰다. 하나님의 명령에 대한 의심을 하게 만들었다. 하나님의 명령을 어겨도 절대로 죽지 않는다는 거짓말로써 하와의 마음에 반역의 불씨를 심었다. 하나님의 명령을 어기는 것은 결국 하나님과 같아지는 것이라고 말하여 사람의 마음을 부추겨 사탄의 동조자를 만들었다. 결국 사탄에게 속아서 선악과를 따먹었다. 하나님의 명령을 어겼다. 죽지도 않고, 하나님처럼 지식이 생기고, 하나님 같아진다는 말이 얼마나 달콤하고 탐스러운가 말이다. 그래서 하나님의 명령을 어겼고, 또한 아담에게도 주어서 먹게 했다. 어리석게도 인간이 사탄의 간계에 말려들었다. 하나님의 명령과 법을 어긴 자들이 되었다. 에덴의 조건과는 정반대의 조건 속에 빠진 것이다.

3. 하나님께 범죄한 인간은 이미 그들의 천진함과 자연스러움과 순수함이라는 낙원의 상황을 박탈당할 수밖에 없었다. 세속적인 눈을 뜨

게 되었다. 벗은 몸을 의식하고, 수치심을 가지게 되고, 자연히 피차 몸을 가리는 부자연성을 지니게 되었다(3:7).

4. 범죄한 인간은 비록 전과 같이 동산에 남아 있으면서도, 하나님과의 관계가 달라지고 말았다. 이제는 하나님이 두려운 존재가 되었다. 전에는 하나님 앞에서 떳떳하게 살던 인간이 하나님의 낯을 보기가 두려워 숨어 있어야 하는 형편이 되었다(3:8).

5. 하나님이 두려워서 사람이 숨어있다고 해서, 하나님이 사람을 방치하시거나, 찾아내지 못하시는 분이 아니시다. 하나님은 반드시 인간을 찾아오셔서 죄를 물으신다. 인간이 하나님의 낯을 피할 도리는 없다. 반드시 찾아오셔서 책임과 그 죄과를 물으신다.

6. 하나님은 죄인을 심문하신다. 그런데 인간은 핑계를 댄다. 자기의 잘못을 남의 탓으로 돌린다. 아담은 하와에게 책임을 돌렸다. 하나님은 각 사람의 죄를 물으신다. 하와에게 하나님은 죄를 추궁하셨다. 하와도 핑계를 대고, 뱀에게 그 책임을 전가했다. 그러나 인간은 자기가 한 일에 대한 책임을 지도록 만들어진 존재이다. 인간은 하나님의 형상을 가진 존귀한 존재로서, 자기가 한 일에 대한 책임을 져야만 하는 존재이다.

하나님이 심판을 선고하심(3:14-21)

인간의 오늘의 실존은, 낙원의 행복을 누릴 수 있는 인간이 하나님의 명령을 불복하고 그의 법과 질서를 어김으로 인해서, 하나님의 마땅한 심판을 받은 상태에 있음을 말하는 것이다. "선악 지식의 나무를 따 먹는 날에는 정녕 죽으리라."는 하나님의 법대로 죄인들을 심판하셨기 때문에 생겨난 현상이다.

1. 하나님은 인간 범죄의 최고의 책임자인 뱀(사탄)에게 먼저 심판을 선고하셨다. 하나님의 계획을 계획적으로 망가뜨린 사탄은 하나님의 가장 큰 벌을 받아 마땅하다. 그는 하나님의 원수이어서 "저주를 받아야 한다." 사탄은 모든 인류의 원수이기도 하다. 사탄은 끝까지 그의 본성을 버리지 않고 여인의 후손 곧 그리스도를 여러 가지 모양으로 괴롭힐 것이다. 그래도 마침내 여인의 후손인 그리스도로 말미암아 사탄은 치명타를 입고야 만다. 그것이 하나님을 반역한 사탄의 운명이다(3:14-15).

2. 다음으로 여자에게 심판을 내리셨다. 여자가 여자로서의 자연적인 기능을 수행할 때 곧 해산의 숭고한 기능을 이행할 때 고통이 있을 리가 없을 것이다. 그러나 여성이 죄를 지었기에 해산이라는 자연적인 임무 수행에도 무서운 고통이 동반하게 되었다. 동시에 평등한 자격을 가지고 부부가 되어 행복을 누려야 할 자가, 그런 정상적인 관계가 깨져서, 체력적으로 강한 남편에게 지배를 받으며, 때로는 학대를 받고, 또는 종속적인 관계로 전락되어, 행복을 잃게 된다(3:16).

3. 정상적인 인간은 하는 일마다 하나님의 축복을 받아, 기대 이상의 열매를 맺음으로써 기쁨을 누리게 되어 있는데, 죄를 지은 인간은 그가 하는 모든 일이 순조롭지 않다. 생활 주변이 그를 맞선다. 땅이 인간의 죄 때문에 저주를 받아 바라는 만큼의 열매를 내지 않는다. 실망을 가져다준다. 평생 수고를 하면서 살아야 한다. 즐거워야 할 세상이

슬픔과 불안과 고통으로 가득한 것이 된다. 그리고 마침내 허무하게도 죽어서 한 줌의 흙이 되고 만다.

4. 결국 “정녕 죽으리라.”는 하나님의 예고는 그대로 이루어지고야 만다. 여기서 죽음이라는 것은, 선악과를 먹는 순간에 당장에 숨을 거두고 즉살한다는 말이 아니었다. 아담과 하와는 죄를 범한 후, 죽으리라는 하나님의 선고를 받은 후에도, 오랫동안 살아서 활동을 했다. 그러므로 죽음은 (1) 우선 생명이신 하나님 어전에서 쫓겨나서, 에덴 바깥에서 사는 상태, 곧 진정한 생명이 없는 상태에서의 삶을 가리킨 것이다. (2) 동시에 죄를 지은 인간은 많은 고난을 겪으면서 일생을 살아야 하는데, 죽지 못해 사는 그 고통의 삶을 죽음이라고 간주할 수 있다. (3) 그리고 마침내 자기가 가장 애지중지하는 육체가 생리적으로 노후하여 흙으로 돌아가는 사건을 말한 것이다.

5. 아담은 자기 아내를 <하와>(חַוָּה)라고 불렀다(3:20). <하와>는 ‘생명’을 뜻하는 히브리 말 <하이>에서 왔다. 비록 하나님께 죄를 지은 부부이지만, 하나님의 놀라운 자비와 은총으로 말미암아 생산의 능력은 제거되지 않았다. 아내는 생명을 잉태하여 사람을 생산하는 놀라운 기능을 그대로 수행한다. 그런 신비를 지닌 아내를, 생명의 어머니라고 보고, 하와라고 명명했다는 것이다. 하나님의 섭리에서 볼 때 여자의 존귀함은 생명을 번식하는 그릇이라는 점에 있다는 말이다. 여자가 없이는 하나님이 필요로 하는 인간이 생산될 수 없기 때문이다.

6. 하나님은 자기에게 죄를 지은 인간에게 심판을 선고했지만, 거기서 끝내려는 것이 아니었다. 인간의 어리석음과 사탄의 장난 때문에, 인간이 벌을 받아야 하는 지경에 이르렀지만, 하나님의 왕국 건설의 계

획은 그대로 남아 있으며, 그 실망스러운 상황을 극복하고 누구도 예측할 수 없는 기묘한 방법으로 자신의 계획을 성취하시려는 의도를 가지셨다. 따라서 하나님은 인간을 아주 버리시지 않고, 특별한 조치 아래 두셨다. 하나님이 손수 가죽옷을 만들어 아담과 하와를 입히셨다는 상징적 표현을 가지고, 하나님의 조치를 설명했다. 하찮은 나뭇잎을 가지고 임시로 몸을 가린 인간에게, 하나님은 보다 고등한 옷을 만들어 입히셨다. 가죽은 동물을 죽여야만 얻어지는 물건이다. 이것은 구약 시대의 동물 제사와 신약시대의 그리스도의 십자가의 희생을 연상시키는 대목이다. 인간을 보호하시고, 그들의 죄와 부끄러움을 덮어주시려는 하나님의 관심과 사랑을 상징적으로 나타내신 것이라고 보아야 할 것이다.

동산에서 쫓겨난 아담과 하와(3:22-24)

인간은 조물주 하나님의 주권과 왕권에 복종하며, 그가 세우신 질서와 법을 지키면서 살도록 명령을 받았는데, 그 명령에 불순종하였고, 하나님이 정하신 선과 악을 제멋대로 판단해 버리는, 스스로 지혜로운 자, 교만한 자, 믿지 못할 자들이 되었으니, 하나님은 그들을 그냥 둘 수가 없는 처지가 되었다. 하나님의 법과 질서를 지키고 하나님만을 섬길 때, 생명나무의 열매를 먹고 영생하게 하시려는 것이 하나님의 계획인데, 범죄한 악한 인간이, 제멋대로 마구 생명나무에 손을 뻗어 그 열매를 따먹으려고 할 것이기 때문에 하나님께서 미연에 조치를 취할 수밖에 없었다.

1. 우선 하나님은 아담과 하와를 에덴 동산에서 쫓아내셨다. 인간은

원래 이 아름다운 우주 가운데서도 동산이라고 할 수 있는 지구에서 태어났는데, 거기서 어디로 쫓겨났다는 말인가? 공간적으로 지구 밖으로 쫓겨난 것이 아니라, 인간이 본래 살던 동산이, 동산 아닌 상태가 되면서, 옛 동산을 잃은 상태가 된 것을 말한다. 사람들은 마음과 눈이 어두워져서, 거기 그대로 계시는 하나님을 볼 수 없이 되었고, 그의 음성을 들을 수 없는 상태가 되었다. 공간적으로는 거리가 없지만, 그 낙원의 상태와 그 실락원의 상태는 절대적인 거리를 가지고 있으며, 그 누구도 인간의 힘으로는 그 담을 넘을 수 없다. 사람의 힘과 지혜와 노력으로써 하나님을 만나거나 뵈올 수가 전혀 없다. 결국 고차원의 삶을 살던 인간이, 이제는 고작 3차원 내지 4차원의 세계에 갇혀서 살아야 하는 것이다. 즉 땅에 붙어서 땅을 갈아서 먹고살다가 땅으로 돌아가야 하는 운명에 처하게 된 것이다(3:23).

2. 인간의 실존은 하나님에 의해서 정해진 것이다. 하나님이 인간을 그 고차원의 존재 영역에서 몰아내어, 낮은 차원의 세계에 가두신 것이다. 절대로 넘을 수 없는 장벽을 여기서 시적으로 묘사했다. 그룹들(<크루빔> כְּרֻבִים)을 세우셨다는 것이다. 하나님의 천사들이 그 길을 막고 지키고 있다는 것이다. 사람이 천사를 당해 낼 수 없다. 빙빙 도는 불 칼을 그 경계선에 배치하셨다. 그것은 하나님의 비장의 무기로 그 길을 막았기 때문에 인간의 어떤 수단으로도 그 길을 열 도리가 없다는 말이다. 죄 있는 인간을 실존의 감옥에 가두시고, 그 열쇠를 친히 가지고 계시기 때문에, 하나님께서 그 길을 열어주시지 않는 한, 어느 누구도 그 감방을 벗어날 수 없다는 말이다. 이것이 바로 하나님께 범죄한 인간의 실존이다.

가인이 아벨을 죽이다(4:1-16)

4장부터 낙원에서 쫓겨난 이후의 인간의 삶을 묘사한다.

1. 하나님은 범죄한 인간을 멸종시키지 않으시고, 정상적으로 생식하는 생활을 허락하셨고, 따라서 아담과 하와는 가인과 아벨을 낳았다. 하와는 감탄하여 "야훼의 도우심으로, 내가 남자 아기를 얻었다."고 했다. 하나님의 심판을 받고 있는 아담과 하와는 자기 대에서 끊어지지나 않을까 하는 걱정을 했던 것 같다. 인간이 하나님을 배반했을지라도, 하나님은 당신의 원래의 계획을 포기하시거나 폐기하시지 않으셨다는 것을 보여준 것이다. 악마가 하나님의 계획을 방해하고, 인간이 실수를 해도, 하나님은 자비로우시며, 당신의 뜻을 이루시려는 의지를 가지시고, 오래 참으시며, 역사를 운전해 가신다.

2. 저자는 농경 시대를 배경으로 하고 아담과 하와의 가정 이야기를 그려 나간다. 인간의 제2세대인 가인과 아벨은 각각 다른 방식으로 생계를 꾸려나갔다. 가인은 농사를 하고 아벨은 목축을 했다. 그들이 다 죄인들이고 하나님의 벌 아래 있는 상태이지만, 농사를 한 가인도, 목축을 한 아벨도, 나름대로 수확이 있었다. 하나님의 은혜가 아닐 수 없다. 그들의 공통점은 하나님께 예물을 드리며 예배를 했다는 점이다. 아담과 하와의 가정적 전통의 영향을 자식들이 받았을 것이다.

3. 가인은 추수한 농작물을 하나님께 바치며 예배를 드렸다. 그런데 하나님은 가인과 그의 예물을 기쁘게 받으시지를 않으셨고, 반대로 아벨과 그의 예물을 받으셨다는 것이다. 그 이유가 어디에 있을까? 하나님이 식량이 모자라서 인간의 예물을 받으시는 것이 아니다. 하나님은 예배자의 마음과 행동거지를 보신다. 가인은 부모의 종교 생활과 가정

의 전통을 외형적으로 따를 뿐, 진심으로 하나님을 공경하는 마음이 없었던 것 같다. 전례와 형식을 따라서, 남이 하니까 자기도 하는 정도로 예물을 드리며 예배했다. 죄를 그대로 지으면서(4:7), 그리고 성의가 없이 예배할 때 하나님이 그 예배를 받으시지 않을 것이다. 아벨은, 반대로, 참회하는 마음으로, 그리고 정성을 다하여, 가장 좋은 것을 가지고 하나님께 나아가 예배를 드렸다. 하나님은 물질적인 예물을 원하시는 것이 아니라, 사람이 하나님 앞에서 참된 인간이 되어 나타나기를 원하신다.

4. 악마는 인간을 철저히 망가뜨리려고 한다. "죄가 너의 문에 도사리고 앉아서, 너를 지배하려고 한다"(4:7). 그러기 때문에 정신을 차리지 않으면 완전히 악한 자가 되고 만다. "너는 그 죄를 다스려야 한다."는 말씀을 귀담아 듣고 조심해야 한다. 사탄은 인간을 타락시켜서 에덴을 잃게 하였고, 계속 인간 사회 속에서 활동하며, 인간을 계속적으로, 그리고 결국 자기의 졸개를 삼고, 멸망의 자식을 만들려고 노력하고 있다.

5. 가인은 하나님께서 동생 아벨과 그의 예물을 받으시는 것을 보고, 질투하며 분노를 느꼈다. 남이 잘 되는 것을 배 아파 하는 것이 타락한 인간의 일반적인 심사이다. 마땅히 자기 자신을 반성하며, 자기도 하나님이 받으실 만한 사람이 되려고 노력하면 될 것인데, 가인은 동생 아벨을 들로 유인해 가지고 죽여 버렸다. 결국 가인은 악마의 편이 되어 악마의 계획을 이룬 것이다. 하나님은 그런 대로 선한 자, 곧 아벨과 같은 자를 택하여, 그 계열을 통해서 뜻을 이루시려고 하시는데, 가인이 악마의 하수인이 되어 아벨을 죽였으니, 하나님은 또 다시 악마에게 일격을 당한 셈이 됐다.

6. 하나님은 가인에게 나타나서 그의 범죄행위를 따지고 추궁하셨다. 하나님은 살인이라는 무서운 죄를 범한 가인을 결코 방치하시지 않았다. 인간은, 특히 형제는 서로 돌보고 지키며 살아가야 하는 것인데, 동생을 죽이고, 동생에 대한 책임을 조금도 지려고 하지 않았다. 어리석게도 남 몰래 숨어서 죽여 버리면 되는 줄 알았다. 그러나 하나님이 그 사실을 모르실 리가 없다. "네 아우의 피가 땅에서 나에게 울부짖는다." 사람의 눈을 속일 수 있을지 몰라도 하나님의 눈을 속이지는 못한다. 하나님은 죄에 대한 마땅한 보응을 하신다. "이제 네가 땅에서 저주를 받을 것이다." 하나님은 가인이 땅에서 받을 저주를 선포하셨다. 농부인 가인에게, 농사가 잘 안 되는 저주를 주셨다. 즉 (1) 죄인은 그가 어떤 일을 하든지, 그 결과가 바라는 만큼 나타나지 않는다. (2) 평안한 마음을 가질 수 없고 쉼이 없을 것이다. 정신적인 어려움을 당한다는 말이다. (3) 따라서 정들이고 살던 땅에 정착하지 못하고 방랑 생활을 하게 된다. (4) 결국 종교, 문화, 전통 습관이 다른 곳으로 옮겨감으로써, 이방 종교에 감염될 위험도 생긴다. 곧 하나님을 잃어버릴 위험도 다분히 있다. (5) 어디로 가나 낯선 사람이 됨으로써 사람들에게 공격을 받고, 살해될 위험에 빠지게 된다. 이런 것들은 낙원에서 살도록 창조된 인간들에게 정말로 감당하기 어려운 저주가 아닐 수 없다.

7. 그러나 하나님은 가인의 호소를 들으시고, 그의 안전을 보장해주셨다. 하나님은 죄인도 보호하신다. 악인에게도 해를 주시고 비를 내리신다. 가인은 살인자지만, 하나님의 섭리 속에서, 유용하게 사용되는 도구일 수 있다. 야훼를 떠나서 사는 족속도 살아남았으며, 하나님의 뜻을 이루는 그릇이 된다. 밤이 있기에 낮이 있고, 악이 있기에 선이 선으로 드러난다.

문명의 시작(4:17-24)

실낙원 상태에 있는 인간은, 비록 죄인들이지만 여전히 하나님의 자비 속에서 생존하며, 대를 이어나간다. 아벨이 죽고 악에 치우친 가인이 남았지만, 그 역시 자식을 낳고 생존하는 은총을 입었다. 그리고 대를 이어가면서 인간문명을 이룩해 나간다.

1. 가인은 에녹을 낳고, 하나의 도시를 형성하여, 그 도시 이름을 에녹이라고 불렀다. 개별적으로 가족 단위로 산재해서 살던 사람들이, 집단을 이루어 공동체 생활을 한다는 것은 상당한 발전이라고 보아야 한다. 통치자와 피(被)통치자가 생기고, 서로의 생산물을 교환하는 시장경제가 생겨나고, 가까운 곳에 모여서 상부상조하며 편리를 도모하는 공동체 생활이 생겼다는 것은 큰 공헌이 아닐 수 없다. 그러나 그것은 인간이 자기들을 중심으로 한 발상과, 자기 이익을 위한 구상이었지, 하나님의 뜻을 이루겠다는 거룩한 종교적인 발상은 아니었을 것이다.

2. 인간 문명이 발달해 가면서, 인간이 자기만족을 꾀하는 가운데, 결국은 강한 자가 득세하고, 욕심을 채우는 삶을 살게 된 것이다. 아담의 7대 손에 와서는 일부다처의 현상이 나타났다. 즉 라멕이 아다와 씰라를 아내로 삼았다. 이렇게 해서 일부일처라는 창조 질서를 깨버렸다. 역사가 흐르면서 죄가 다양화하고, 축적되어 갔다.

3. 아다의 아들 야발은 유목 생활을 하면서 목축의 기술을 발전시켰고, 아다의 둘째 아들 유발은 수금과 퉁소를 다루는 음악가가 되어, 음악이라는 문화의 조상이 되었다. 그리고 라멕의 둘째 아내 씰라는 두발가인을 낳았는데, 그는 구리와 쇠를 다루는 장인(匠人)이 되었다. 공업이 시작된 것이다.

4. 하나님은 죄인들을 낙원에서 쫓아내셨지만, 그들로 하여금 문명을 구축하여, 보다 편리하게, 보다 즐겁게 살 수 있는 방법을 가르치시고, 문명을 일으킬 힘과 열성을 허락해 주심으로써, 이 땅에서 가급적 행복하게 살 길을 열어 주셨다. 그러나 그 문명은 인간 중심적이었고, 자기중심적이었으며, 살인과 음행을 다반사로 여기고, 힘센 자가 교만에 빠져서 자기를 과시하며, 하나님을 아랑곳하지 않는 그러한 문명이었다.

셋과 에노스(4:25-26)

아담의 후손 중에 아벨과 같은 비교적 선한 사람이 있었지만, 가인 같은 악한 세력에게 밀려 그 자취가 사라지자, 인류 역사는 더욱 어두워질 수밖에 없었다.

그러나 하나님의 계획은 어두움의 세력만이 제멋대로 팽창하는 것을 방치하자는 것이 아니었다. 그것은 선하신 하나님의 패배를 의미하는 것이 될 것이다. 하나님은 선한 줄기, 의의 줄기, 택하신 자의 줄기를 세우셔서, 당신의 선을 이루시려는 것이어서, 아벨의 죽음에서 끝내지 않고, 또다시 선택한 계열을 세우셨다. 아담에게서 아벨 대신에, 셋(שֵׁת)이라는 또 하나의 아들을 낳게 하셨다. 악마의 장난 때문에 세상이 아무리 악해지고, 몽땅 멸망할 것만 같아도, 하나님은 당신의 능력에 의하여, 당신의 계획을 성공적으로 이루실 길을 열어 가신다. 그리고 셋은 아벨처럼 자기 대에서 끝나지 않고, 에노스(אֱנוֹשׁ)라는 아들로 이어진다. 그 계열은 야훼라는 이름을 부르며 예배하기 시작했다는 것이다. 가인의 계열이 하나님을 떠나고 잊어버리는 지경에 이르지만, 셋의 계열은 하나님을 야훼라고 부르면서 예배하기 시작했다는 것이니,

하나님은 당신의 계획을 이루시기 위해서 부단히 활동하신다는 것을 보여주신 것이다.

아담의 후손: 노아와 그의 아들들의 대까지(5:1-32)

이미 4:17-26에서 족보가 나타났는데, 그것은 가인 계열의 족보였다. 그러나 4:25-26에서 저자는 죽은 아벨의 계열을 대치하는 새 싹을 소개했다. 그리고 이어서 가인의 족보와 대조가 되는 다른 족보를 소개한다. 그 족보가 주는 여러 가지 교훈이 있다.

1. 족보는 자기의 정체성을 알 수 있는 중요한 자료이다. 족보는 자기가 어떤 사람의 후손인가를 알려준다. 훌륭한 조상을 가지고 있는 사람은 긍지를 가지게 되고, 그 가문의 명예를 지키려고 노력할 수 있다. 만일 가인의 족보에 속했다면, 창피함을 느낄 것이다. 그러나 하나님이 선택하시고 관심을 두시는 계열의 족보에 속했다면, 자랑스럽고 영광스러울 것이다. 창세기에는 이렇게 두 가지 족보를 대조하여 소개하고 있다. 저자는 이스라엘 백성에게, 자기들이 스스로 어떤 족보에 속한 사람들인가를 알게 하려는 것이다. 하나님이 택하신 훌륭한 가문에 속해 있는 자들로서의 긍지와 자부심을 가지게 하려는 것이라고 본다.

2. 10대에 걸친 족보를 소개하면서, 거의 매 대가 900세 이상을 산 역사를 일률적으로 소개했다. 홍수 이전의 인간이 그렇게 장수했다는 사실을 말하려는 것 같다. 하나님의 원래의 창조 계획은 인간으로 하여금 생명나무 열매를 따먹으며 영생하게 하려는 것이었다. 그러나 인간이 범죄하고 타락함으로써 죽음이라는 벌을 받아야만 했기 때문에 수

명에 제약이 생겼다고 보아야 할 것이다. 그런 제약 속에서도, 사람들이 1,000년 가까이 살 수 있었다는 것은, 하나님의 은총의 조치였다고 볼 수 있다. 그러나 6장에 나타나는 대로 인간이 너무도 악해지고, 정말 참을 수 없는 정도에 이르렀을 때 하나님은 또 다른 조치를 취하신 것을 볼 수 있다.

3. 셋 계열의 족보에는 특출한 사람 셋이 있다.

(1) 아담은 비록 범죄하기는 했지만, 하나님의 형상을 완전히 가졌던 자이고, 하나님의 축복을 받은 사람이고, 아담이라는 이름을 받은 첫 사람으로서, 하나님과 함께 낙원을 차지하고 살던 인간이었다는 점에서, 어느 누구도 그를 능가할 수 없다.

(2) 아담의 7대 손 에녹은 하나님과 동행하다가 사라진 사람이고, 하나님이 그를 데려가셨다는 것이다(5:24). 죄가 판을 치는 세상이지만, 에녹은 죄를 떠나 하나님을 가까이 하였고, 마침내 하나님께서 그를 하늘로 데려가셨다는 것이다. 하나님은 그런 자를 찾고 계신다는 것을 말해 준다. 에녹이 자기 재간으로 그 막혀 있는 에덴의 길을 뚫은 것이 아니라, 하나님을 사모하고 그를 가까이하는 자를 찾으시는 하나님께서, 은총의 손을 뻗어 에녹을 옮겨가셨다고 보아야 할 것이다. 물론 에녹도 완전한 사람일 수 없다. 그도 아담의 후예였으니까 말이다. 그러나 하나님은 은총을 베풀 자에게 은총을 베푸셔서 생명의 세계로 옮겨가실 수 있다는 것을 보여주신 것이다.

(3) 라멕이 노아(נֹחַ)를 낳았는데, 하나님은 그를 통해서 인간에게 위로를 주시기로 하셨다는 것이다(5:29). 아담의 후예가 다 죄인이고, 따라서 라멕이나 노아도 예외일 수 없지만, 하나님은 노아를 통하여 인간에게 새 희망을 주시려는 계획을 가지고 활동하셨던 것이다. 인간의 죄는 홍수로 말미암은 멸망을 초래했지만, 하나님은 노아를 통해서, 인

간 역사의 신기원을 이루어 가신 것이다. 인간은 멸망의 자식들인데도 불구하고, 하나님은 솔선적인 은총과 능력으로 자신의 뜻을 이루어 가시는 것을 보여준다. 성경 역사의 주인공은 언제나 하나님이신 것을 알아야 한다.

인류가 극도로 타락함(6:1-8)

대홍수로 말미암아 인류가 멸망을 당하는 사건이 7장 이하에 나오는데, 그렇게 되는 원인을 말할 수밖에 없다. 하나님이 인간을 낙원에 두시고 같이 행복을 누리려고 하셨는데, 그 인간을 홍수로 멸망시킬 수밖에 없었으니, 그래야 할 이유가 있어야 하지 않겠는가 말이다. 아담과 하와가 타락하였으므로, 그들을 낙원에서 쫓아내시는 반응을 보이셨지만, 하나님은 인간에 대한 관심과 자비를 계속 베풀어주셨다. 그런데도 인간은 계속 악해지고, 하나님의 법과 질서를 어기면서 더 깊은 구렁으로 빠져들었다. 그 사실을 간단하게 요약한 부분이 바로 이 대목이다.

1. 인간은 범죄한 연고로 하나님의 벌 아래 있는 자들이지만, 하나님의 은총으로, 계속 생육하고 번성하여 온 지면에 편만하게 되었다. 그러나 그들이 하나님의 은혜를 깨닫고 하나님께로 돌아가는 것이 아니라, 하나님을 떠난 상태에서 계속 죄인들이 번식한 것이다.

2. 인간이 번식하는 가운데 자연히 여자들도 인구의 절반을 차지하게 됐을 것이다. 하나님의 창조 질서를 따라서, 일남 일녀가 가정을 이

루고 살아야 하는데, 그 질서가 깨졌다. 소위 "하나님의 아들들"(בְּנֵי אֱלֹהִים)이라는 자들이 사람의 딸들과 결혼을 했다는 것이다. 그들 사이에 태어난 자들이 네피림(נְפִלִים)이라고 하는 거인들이었다는 것이다. 아마도 보통 사람보다 체구가 크고 힘을 쓰는 장수들이 횡포를 부리며 사람에게 군림하던 시대에, 그들을 영웅으로 동경하고, 존경하고 숭배하는 풍조가 있었고, 그들을 "하나님의 아들들"이라고 일컬으면서 일종의 영웅숭배라는 종교심으로 발전됐던 것으로 보인다. 거기서 힘 있고 권세 가진 자들이 많은 후궁을 두게 되고, 여자들은 그런 권세자들을 사모하게 됨으로써, 인간의 정상적인 가정관계가 깨어지는 무질서가 생겼을 것이다. 이렇게 일부다처의 풍속이 생기고, 따라서 한편에는 남자와 여자의 수의 균형이 깨지면서, 여성을 돈으로 사고팔고, 겁탈하고, 납치 또는 도둑질을 하는 등, 많은 죄악이 생겨난 것이다.

3. 이렇게 이간의 죄가 점점 관영(貫盈)하여, 참아 두고 볼 수 없을 정도가 되었을 때, 본래 인간을 영원히 살게 하시려던 하나님께서, 그리고 타락한 인간일지라도 거의 1000년을 살도록 하셨던 하나님께서, 이제는 더 이상 그 악한 꼴을 오래 두고 볼 수가 없어서, 120세로 그 수명을 줄이셨다는 것이다. 그것 역시 하나님의 은총이라고 해야 할 것이다. 당장에 아주 없앨 수도 있었을 터인데 그 만큼이라도 수명을 주셨으니 말이다. 사람이 생존하는 것은, 하나님께서 흙으로 만드신 육체속에, 하나님의 생영(生靈)을 불어 넣어주셨기 때문이다. 인간이 한 시간을 살아도 하나님이 주신 생명을 사는 것이다. 그런데 120년이라는 귀한 생명을 살게 하신 것도 하나님의 자비의 조치라 아니할 수 없다.

4. 이제 그 다음 단계로 들어섰다. 사람들의 죄가 극도에 도달한 단계이다. "사람의 죄악이 세상에 가득 찼다", "마음의 생각하는 모든 계

획이 언제나 악한 것뿐이었다"(6:5). 하나님이 아무리 자비를 베풀고 싶어도 그럴 수 없을 정도로, 인간이 철두철미 악해졌다는 것이다. 결국 의인적(anthropomorphic) 표현으로, 인간 창조를 후회하셨다고까지 하시며, 인간과 아울러 짐승과 새까지 모두 멸망시키겠다는 결단을 내리셨다. 우리는 여기서 죄의 값은 사망이라는 진리를 다시 보게 된다.

5. 그러나 노아만은 야훼의 은혜를 입었다. 하나님께서 영원한 계획을 가지시고 자기의 형상으로 인간을 창조하셨는데, 그 인간을 모두 다 멸망시켜 버린다면, 하나님은 결국 실패자라는 말을 들을 것이 아닌가? 사탄이 박수를 칠 것이 아닌가? 사탄은 자기가 승리했다고 생각하며 기고만장할 것이 아닌가? 그러나 하나님은 그렇게 패배하실 분이 아니다. 악은 망하고야 만다는 진리를 깨닫지 못하는 어리석은 모든 인간에게, 보편적인 그리고 극적인 큰 사건을 통하여, 깨닫게 하시고, 오고 오는 세대에게 경고를 주시기 위해서, 대홍수의 심판을 마련하신 것이다. 그러나 하나님의 궁극적인 목적을 달성하시기 위해서는, 인간이 부분적으로 살아남아야만 하는 것이었다. 하나님은 노아와 그의 식구들을 택하셔서 살아남게 하신 것이다. 노아의 식구가 어찌 죄가 없겠는가. 그들도 아담의 후손이요, 주변이 온통 죄로 차 있는데 말이다. 그럼에도 불구하고 하나님은 그들에게 은총을 베푸신 것이다. 그것이 은혜이다. 죄인인데도 불구하고 그들을 택하시고, 그들을 살려주신 것이 바로 하나님의 은혜의 소치라는 말이다.

하나님께서 노아를 기쁘게 여기셨다(6:9-22)

하나님은 죄로 가득한 인류를 멸망시키고, 동물까지 다 죽여 버리기로 결심하셨지만, 거기서 끝나서는 안 되는 것이기에, 노아와 그의 식구에게 은총을 베풀어 그들만은 살리기로 작정하셨다.

1. 왜 하필 노아와 그의 식구를 택하여 멸망에서 제외하셨을까? 그들도 아담의 후손이요 죄가 없는 사람들이 아니었을 터인데 말이다. 하나님의 완전성의 견지에서 볼 때, 그들은 틀림없이 죄인들이었지만, 타락한 인간의 표준에서 볼 때 노아는 다른 사람들과는 달랐다. 사람들은 보통 공자(孔子)나 석가(釋迦)나 소크라테스 같은 사람(죄 있는 존재)을 성자(聖者)라고 불러준다. 그들이 죄가 없어서 그런 것이 아니다. 사람의 수준에서 상대적으로 거룩하고 의롭기 때문이다. 노아가 완전하기 때문에 그것을 보시고 하나님께서 그와 가족을 택하신 것이 아니라, 그들이 죄인인데도 불구하고, 그들의 상대적 의를 감안하시고, 그 위에 은총을 베푸신 것이다. 결국 하나님의 은총의 소치라는 말이다. 노아의 가장 큰 장점은 하나님과 동행한 데 있다. 모두가 하나님을 버리고, 잊어버리고, 하나님 없는 삶을 살면서 죄를 계속 짓고, 더 깊은 수렁으로 빠져들고 있는데, 노아는 유독 하나님께 복종하며, 하나님의 말씀을 따르는 삶을 살았다는 것이다.

2. 노아의 다른 식구들은 노아만큼 의롭거나 결백하지는 못했을 것이다. 그러나 하나님은 노아를 보시고 그의 식구들에게도 은총을 베푸셨다고 보인다. 하나님과 동행하며 옳은 생활을 하는 사람에게 주시는 축복은 당대뿐 아니라 그 후손에게까지 미친다는 것을 여기서 알 수 있다.

3. 하나님은 노아에게 나타나 말씀하셨고, 노아는 하나님의 말씀을 경청했다. 하나님께서 세상 사람들을 다 멸망시키겠다는 계획을 노아에게 말씀하시면서, 방주를 건조하라고 명령을 내리셨고, 그 세밀한 척

도와 모양을 자세히 설명해 주셨다. 홍수를 일으켜서 모든 사람과 동물을 죽이겠다는 것을 예고하셨다. 그러면서 방주를 만든 다음에 노아의 식구들이 그리로 들어가고, 짐승과 새들을 한 쌍씩 거기에 들여보내고, 홍수 기간에 먹을 것을 준비하여 방주에 실어놓으라고 명령을 내리셨다. 상상도 할 수 없는 어마어마한 사건을 예고하시는 하나님의 말씀을 들을 때, 그리고 엄청난 큰 배를 만들라고 명령했을 때, 믿어지지 않는 말씀이기에, 믿지를 않거나, 그 명령을 거절할 수도 있었을 것이다. 그런데 노아는 하나님의 명하신 대로 하였고, 꼭 그대로 했다는 것이다. 하나님의 말씀을 따르되 대충 하거나, 부분적으로 하기가 쉽다. 그러나 노아는 철저하게 하나님의 뜻을 따랐다는 점을 우리도 명심해야 할 것이다. 여기서 노아의 믿음을 볼 수 있고, 그의 복종의 미덕을 볼 수 있다. 여타의 사람이 다 죄로 치닫고 있는 때 노아만이 하나님의 말씀을 순종하고, 어김없이 말씀대로 하였다는 것은, 기특한 일이고, 하나님의 총애를 받아 마땅하다고 생각된다.

4. 죄 있는 인간과 또한 짐승까지도 멸망시킬 작정을 하신 하나님께서 노아와는 계약을 맺겠다는 약속을 하셨다(6:18). 9:1-17에 그 계약을 맺는 이야기가 나오지만, 하나님의 은총으로 살아남는 노아와 그의 후예들은(우리까지 포함해서), 하나님과의 특별한 계약 관계 속에 있다는 사실을 기억해야 한다. 우선은 이스라엘 백성에게 그 사실을 상기시키려는 목적이 있었겠지만, 오늘 우리도 그 연속선상에서 자신을 생각해야 한다.

5. 홍수를 일으켜서 인류를 멸망하시는 사건은, 하나님의 공의(公義)를 보여주는 일이지만, 그 사건은 멸망을 위한 멸망의 사건이 아니라, 새로운 인간 세대를 일으켜서, 하나님의 그 공의의 원칙과 그의 선

한 법칙 위에, 보다 나은 인간 사회를 구축하려는 것이 목적이었다. 그래서 인간을 아주 다 멸망시키지 않았으며, 동물도 완전히 다 멸종시키지 않기 위해서, 즉 새 세대를 위해서 한 쌍씩의 동물을 살려두게 하신 것이다. 결국 하나님은 실패하시지 않는다는 것이며, 전능자 하나님은 자신의 기묘한 방법으로 자기의 뜻을 이루신다는 것을 보여준다.

대 홍수(7:1-24)

7장에서는 6장의 내용을 거의 중복하면서, 노아더러 식구를 데리고 방주로 들어가라고 명령하신다. 그러나 7:2-3에서는, 6:19-20의 내용과는 달리 정결한 짐승을 일곱 쌍씩, 공중의 새들을 일곱 쌍씩, 그러나 부정한 짐승은 한 쌍씩, 데리고 들어가라고 했는가 하면, 다시 7:8-9, 15-16에서는 차별을 두지 않고 다 한 쌍씩을 데리고 들어간 것으로 되어 있다. 그리고 7:4에는 밤낮 40일 간의 비를 내려 홍수를 이루겠다 했는데, 7:24에는 150일 간의 홍수로 나타나 있다. 이런 차이점들은, 성경 기록자들(편집자들)이, 이스라엘 민족의 초기 문서(J)와 후기 문서(P)를 자료로 하여 편집하면서, 그 둘을 다 존중하는 의미에서, 엮어 놓았기 때문이라고 생각된다. 그 상세한 수치(數値)의 차이가 있고, 역사 재료를 정직하게 전달하는 의미에서 두 가지를 다 소개한 것이지만, 그것들이 말하려는 뜻에는 변함이 없다. 40일이든 150일이든, 하늘에서 쏟아진 물과 아래에서 솟아오른 물이 합쳐진 그 물은, 사람들과 동물들을 다 죽이고도 남는 큰 재앙의 물이었다.

1. 하나님은 노아에게 홍수를 예고하시고, 방주를 지으라는 명령을 내리셨는데, 노아는 하나님의 말씀을 복종하고 방주를 건조하는 그 거

대한 작업을 꾸준히 실시하여 완료했다. 과거에 본 적이 없는 어마어마하고도 이상한 모양의 큰 배를 만드는 노아의 주변 사람들이 얼마나 그를 놀려댔겠는가! 그런 가운데서도 작업을 마친 노아의 모습을 지켜보신 하나님은, 더더욱 감탄하셨을 것이다. 하나님은 비를 내리기 7일 전에, "내가 보니, 이 세상에 의로운 사람이라고는 너밖에 없구나!" 하시면서, 노아더러 식구를 데리고 방주로 들어가라고 지시하셨다. 예언하시고 약속하신 것을 단행하시는 하나님을 볼 수 있다.

2. 하나님의 계획은 죄인들을 멸망시키려는 것이지만, 그 배후에는 새로운 세상을 만드시려는 목적을 가지고 하시는 것이기에, 사람의 종자와 동물의 종자들을 남겨두어야 하는 것이었다. 그리고 홍수를 거쳐서 살아남은 인간은 노아처럼 하나님과 동행하는 인간, 하나님을 예배하며 섬기는 인간이 되기를 바라시기 때문에, 희생 제사를 위해서 정결한 짐승들을 더 많이(일곱 쌍) 데리고 들어가도록 하셨다. 정상적인 인간의 정상적인 생활양식, 곧 하나님을 예배하면서 사는 삶의 필요성을 암시해 주고 있다. 홍수가 지난 후에 하나님께 감사의 제사를 드려야 하기에, 제물을 준비시킨 것이다.

3. 하나님은 마치 드라마 연출자(PD)가 하듯이 이 홍수 사건을 세밀하게 연출하셨다. 예언하시고, 배역을 마련하시고, 그를 통하여 배를 만들게 하시고, 다음은 노아와 그의 식구를 방주로 들어가라고 명령하시고, 모든 짐승과 새를 들여보내시고, 문을 손수 닫아주시고, 다음에는 비를 내리셔서, 모든 호흡 있는 존재를 죽게 하셨다. 자기의 계획을 철저히 이루시는 하나님을 여기서 발견하게 된다.

4. 하나님은 원래 아름답고 좋게 창조하신 자연을 폐기하시려는 것

이 아니라, 홍수 후에도 그대로 보존하시고, 그것을 창조하신 목적을 달성하시려고 하신다. 인간이 하나님의 그 뜻을 어겨서는 안 된다. 현대 문명이, 지질오염, 공기오염, 수질오염, 또는 파괴와 남획(濫獲) 등의 몰지각한 행동을 통해서 동물 또는 식물을 멸종시키는 죄를 짓고 있는 사실을 우리는 슬프게 생각해야 한다. 그것은 하나님의 뜻을 어기는 일이기 때문이다.

5. 이 홍수 이야기를 역사적으로 규명하려고 해서는 안 된다. 터키의 아라랏 산정에 있는 어떤 나무배를 노아의 방주라고 주장하려는 노력이 그렇게 필요한 것이 아니다. 홍수의 범위가 온 천하라고 생각하는 사람도 있고, 국지적인 홍수라고 하는 사람도 있지만, 이 홍수 이야기는 역사적 사실을 사실대로 기록하려는 데 목적이 있는 것이 아니다. 100만 종(種)이 훨씬 넘는 동물을 노아의 방주에 어떻게 다 수용했겠는가 하는 실제적 문제를 풀어보려고 할 필요도 없다. 옛날부터 내려오는 고담(古談)이라고 해도 상관없다. 다만 인간의 심각한 문제를 이 이야기를 통해서 가르치려는 신학적 목적이 있는 것이다. 역사의 주인으로 계시는 하나님을 깨닫게 하려는 것이다. 인간이 얼마나 악하다는 것을 말해 준다. 죄가 쌓이고 쌓이면 결국 개인뿐 아니라 사회와 국가가 통째로 심판을 받는다. 하나님은 오래 참으시는 분이시지만, 악을 철저히 미워하시는 분이시다. 하나님은, 인간이 상상도 할 수 없는 무서운 심판을 통해서 죄를 응징하시는 분이시다. 그러나 하나님은 인간이 이해할 수 없는 신비한 자비와 은총의 원리를 가지고 당신의 계획을 이루어 나가신다. 따라서 인간은 노아처럼 하나님과 동행하며, 의롭고, 결백한 자가 되려고 노력해야 할 것이다. 하나님은 노아 같은 의인을 택하셨고, 그에게 은총을 내리셨으니 말이다.

홍수가 그치다(8:1-19)

태초에 하나님이 천지를 창조하실 때, 땅이 혼돈하고 공허하고, 물천지였고, 하나님의 바람(רוּחַ)이 불기 시작하면서, 질서가 잡히기 시작한 것처럼, 홍수로 말미암아 온 땅이 물로 덮이고 혼돈하여졌을 때, 하나님은 땅 위에 바람(רוּחַ)을 일으키셨다(8:1). 그때부터 물을 쏟아 붓던 하늘의 문이 닫히고, 땅 속의 깊은 샘물의 문들이 닫히고, 하늘에서 내리던 비가 그치면서, 물은 빠지고 마른 땅이 드러나면서, 질서가 잡혀갔다.

1. 첫 창조와 재창조의 역사가 둘 다 하나님의 바람으로 말미암은 것이다. 어디까지나 하나님의 능력으로 말미암은 것이라는 말이다. 하나님은 홍수로 인하여 멸망한 죄인들과 동물들에게 더 이상 관심을 두지 않으시고, 노아와 그의 식구들과 같이 살아남은 동물들에게 관심을 두셨다. 8:1에 의하면 하나님께서 그들을 "돌보실 생각을 하셨다"(וַיִּזְכֹּר). 하나님은 약속을 잊지 않으시고(기억하시고), 이제는 보다 적극적으로, 그 살아남은 사람들과 동물들을 돌보셔야만 하는 것이었다. 그러시기 위해서 하나님은 솔선적으로 바람을 일으키셨다.

2. 방주 안에서의 삶은 매우 답답하고, 지루하고 때로는 불안하기도 했을 것이다. 기약할 수 없는 것이었기 때문이다. 오랜 시간이 지나서, 비 소리가 그치고, 배가 땅에 닿는 것을 느꼈고, 창문을 통해서 바깥의 광경을 내다보면서, 얼마나 조바심을 하면서 땅에 내리기를 기다렸겠는가! 그러나 노아는 하나님의 음성을 기다렸다. 하나님의 명령이 떨어지자 그때 비로소 행동을 하기 시작했다.

3. 하나님은 모든 동물들에게 생육하고 번성하라는 명령과 복을 내리셨다. 인간도 생육하고 번성하고, 동시에 동물들도 그렇게 되는 것이 하나님의 뜻이다. 홍수로 인해서 죄 있는 과거의 사람이, 그리고 아울러 동물이 멸망을 당했지만, 하나님은 당신의 원래의 목적을 접으시지 않고, 적극적으로 이루시려는 것이었다. 하나님은 만물이 풍성한 삶, 자연스러운 삶, 행복한 삶을 살기를 원하시며, 그것을 목표로 삼고 계신다. 그 목적이 완전히 이루어지기 위해서는 아직 많은 단계와 고비를 거쳐야 하겠지만 말이다.

4. 이스라엘 백성이 지금은 바빌론 포로, 파사(Persia)국의 학정 등의 혼란 속에 빠져 있지만(5경이 완전히 편찬되기 이전), 하나님은 그의 바람을 보내어, 무서운 물을 말리고, 방주와 같은 구원의 도구를 통해서, 해방시켜주실 것이라는 희망을 주신 것이다. 그 희망은 마지막 때 그리스도의 교회를 통해서 이루어지고 있다.

노아에게 주신 하나님의 약속(8:20-22)

모두가 죽고 자기와 자기의 가족만 살아남은 것을 실제로 경험한 노아의 심정을 생각해 보라. 야훼 하나님의 능력과 자비에 대한 감격으로 가득했을 것이다. 절대로 살아남을 수 없는 상황에서 살아남은 노아는, 자기를 살려주신 하나님께 대한 경외와 감사와 복종의 표시로, 또는 미래의 삶을 의탁하는 마음과, 또는 자기의 죄를 회상하며 속죄를 부탁하는 의미에서, 각종 정결한 짐승들과 새들을 잡아서 제단에 올려놓고 태움으로써 예배를 드렸다. 하나님은 그 제사를 받으시고 노아에게 중대한 약속을 하셨다.

1. 야훼는 능력의 하나님이신 동시에 자비와 은혜의 하나님이시다. 노아와 그의 식구가 살아남은 것은 오직 야훼 하나님 때문이었다. 그 사실을 깨닫는 것이 필요하다. 노아처럼 그 능력과 은혜를 깨닫는 동시에, 그 하나님께 마땅한 태도를 가져야 한다. 하나님께 번제를 드리는 일이다. 자기 자신을 드리는 마음으로 정결한 짐승과 새들을 죽여서 살라 바친 것이다. 바울이 말한 대로 "몸을 산 제물로 바치는"(롬 12:1) 행동이 필요하다.

2. 구원받은 노아가 하나님의 은혜를 깨닫지 못하고, 번제를 드리는 예배가 없었다면, 하나님은 매우 크게 한탄하셨을 것이다. 노아의 제사를 하나님은 기쁘게 여기셨다는 것이다. 하나님은 인간들이 진심으로 드리는 예배와 감사를 기쁘게 받으신다는 사실을 여기서 알 수 있다.

3. 하나님은 인간의 심성을 잘 아신다. 아담 이래 인간은 죄의 근성을 가지고 있으며, 계속 죄를 지으면서 산다. 그리고 인간이 사는 땅은 인간의 죄 때문에 하나님의 저주를 받았고, 인간이 살기가 버거운 지경에 있다. 앞으로 다시 홍수를 가지고 인간을 멸망시켜야 할 지경으로 인간이 악해질 가능성도 얼마든지 있다. 그러나 하나님은 여기서 새로운 계획을 발표하셨다. 인간이 악한 것이 사실이고, 앞으로 더 악해질 가능성도 배제할 수 없지만, 그렇다고 땅을 저주하고, 인간에게 홍수를 보내어 멸망시키는 따위 일은 다시 않겠다는 것이다. 여기에 하나님의 또 하나의 은총이 나타난 것이다. 땅이 존재하는 한 자연의 계절의 법칙은 변함없이 진행되어, 인간의 생활에 격변이 일어나지는 않을 것이라는 약속이다. 홍수로써 인류를 멸망시키신 그 한 번의 심판 사건으로써, 하나님의 능력과, 그의 엄위하심을 넉넉히 나타내셨기 때문이다. 앞으로는 하나님께서 당신의 목적 달성을 위하여 새로운 방법을 쓰기

로 계획을 품으신 것이다. 그 계획의 실시가 바로 구약성경과 신약성경의 역사 속에서 나타난 것이다. 하나님의 일종의 궤도(軌道) 수정 사건이라고 할 수 있다.

노아와 맺으신 계약(9:1-17)

하나님은 죄로 가득한 세계를 홍수로 심판하심으로써, 자신의 뜻을 나타내 보이셨다. 그러면 홍수 이후 세계에 대한 하나님의 뜻은 어떤 것이었을까? 하나님은 당신이 좋게 만드신 세계를 포기하시거나 방치하시지 않고, 새롭게 다시 계약을 맺고, 지극한 관심 아래 두셨다. 오늘의 우리의 삶은 하나님의 이 둘째 계약관계 속에 있는 것이다.

1. 하나님은 첫째 창조 때와 마찬가지로, 홍수 이후의 사람들을 축복하셨다. 하나님의 축복이 있는 세계, 곧 그의 축복 속에서 우리는 살고 있다. 생육하고 번성할 수 있는 축복을 주셨다. 모든 동물을 지배하는 영장의 자격을 계속 가지게 하셨다. 홍수 이전에는 채소만을 먹거리로 주셨는데, 이제는 동물을 먹을 수 있는 권한을 주셨다. 다양한 먹거리를 주셔서 식생활이 더욱 풍성하게 하셨다. 홍수 이후 인간에게 더 큰 축복을 주신 것을 생각하며, 우리는 하나님께 더욱 고마움을 느껴야 할 것이다.

2. 거기에 하나님의 경고가 달려 있다.

(1) 고기를 먹을 때, 피까지 먹어서는 안 된다는 것이다. 옛 사람들의 생각에는 피에 생명이 있다고 보았기 때문이다. 칼에 찔려서 피를 토하거나 흘리고 나면 죽는 것을 보는 사람들이, 피에 생명이 있다고

본 것은 당연하다. 그러나 사실 의학적으로 볼 때, 생명이 피에 있는 것이 아니기에, 현대인들이 피를 그렇게 중요시하지 않지만, 하나님의 뜻은 사람으로 하여금 생명을 존중하도록 하시려는 것이었다. 생명은 하나님이 내시는 것으로서, 가장 귀한 것이기 때문에, 그것을 존중하라는 것이다.

(2) 특히 사람의 피를 흘려서는 안 된다는 것이다. 즉 사람을 죽여서는 안 된다는 것이다. 사람은 하나님의 형상을 가진 독특하고 귀한 존재이고, 생육하고 번성하도록 하나님이 축복하신 존재인데, 그런 사람을 죽이는 것은 하나님의 뜻에 역행하는 것으로서, 죽음이라는 엄벌을 받아야 한다는 것이다. 하나님께서 인간의 생명을 지극히 사랑하신다는 증거이다.

3. 하나님은 홍수 이후에 사람과 또 모든 동물과 계약을 맺으셨다. 다시는 홍수로써 생명을 말살하는 그러한 심판은 내리시지 않겠다는 것을 엄숙히 약속하셨다. 그러면서 무지개를 그의 계약의 표로 삼으시겠다고 말씀하셨다. 자연 현상으로 일어나는 무지개가 노아 시대 이전에도 물론 있었지만, 그것이 특별한 의미를 가지지는 않았었다. 그러나 홍수 이후에는 무지개(<케셰트> קֶשֶׁת)가 하늘에 나타날 때마다, 하나님께서 그것을 보시면서 그 계약을 상기하시겠다는 것이다. 13절에 "나의 무지개"(קַשְׁתִּי)를 두시겠다고 했는데, 원래 <케셰트>는 무기로 사용되는 활(弓)을 가리키는 것이어서, 하나님께서 무기로 상용하시던 활을 하늘에 걸어놓으시고, 더 이상 싸움을 하시지 않겠다는 의사를 표시한 것으로 해석할 수 있다. 죽음이라는 무서움을 연상시키는 활이 이제는 하늘에 아롱진 무지개로 나타나 모두가 찬탄하는 대상이 되었다. 하나님은 이렇게 계약의 표까지 주시면서 우리에게 단단히 약속 하시고, 복을 주셨다.

4. 인류를 창조하실 때 하나님은 인류와 처음으로 계약을 맺으셨다. 하나님은 노아 시대에 그 두 번째 계약을 맺으셨고, 셋째 계약은 아브라함과(창 17:1-27), 그리고 넷째 계약은 시내 산에서 이스라엘 백성과 맺으셨다(출 31:12-17). 하나님은 인간을 당신과 밀접한 계약관계 속에 두시고, 보호하시며 사랑하신다. 언제나 이렇게 하나님이 솔선하셔서 인간에게 다가오시는데, 인간은 번번이 하나님을 떠나고, 그 계약을 무시하고 살려고 한다.

II. 역사 속에 떠오른 아브라함의 계보(9:18-50:26)

노아와 그의 아들들(9:18-29)

홍수로 말미암아 인류가 멸망한 후에, 인류는 노아와 그 식구들을 통해서 다시 번식하였다. 9:17까지에서 선사시대를 여러 가지 이야기로써 묘사했고, 18절부터는 노아를 전환점으로 하여, 희미하게나마 인류의 실 역사를 이야기하기 시작한 것이다. 노아의 아들 셈과 함과 야벳은 각각 인류의 세 가지 지파를 이루며 번성해 나갔다고 보는 것이다. 셈의 후손으로 자처하는 이스라엘 백성은, 가나안 땅에서 살면서 그 본토인들(가나안 사람들)과 적대 관계를 가지고 살았다. 그래서 이스라엘 백성은 그들의 전승을 정리하는 단계에서, 자기들의 정체성을 선사(先史) 시대의 이야기와 연결하여 정립하고 있다. 그리고 가나안 사람들과의 마찰 관계는 그 원인이 있다는 것이다.

1. 하나님은 인간을 축복하셔서 다시 생육하고 번성하여, 온 땅에 퍼져나가게 하셨다. 셈, 함, 야벳이로 대표하는 세 줄기의 사람들이 세상에 퍼져 살고 있다. 같은 조상에서 나왔지만, 각각 조금씩 다르고, 저마다 특색을 가지고 산다. 모두가 같아야 하는 것이 아니다.

2. 노아로 표시되는 옛 사람들은 농경 사회를 이루고 살았다. 우선은 과일을 따먹고 살았을 것이다. 그 중에도 포도를 수확하여 그 과일과 또는 즙을 짜서 마셨고, 그것을 오래 보관하다보니 포도주가 되었고, 그것이 사람의 중요한 음료로 발전하고, 삶의 활력소가 되기도 했다. 그 알코올 성분은 상처를 소독하는 작용도 하는 것이어서, 인간에

게 여러 가지로 이득을 주는 것이었다. 이것은 하나님께서 인간에게 주신 일종의 은혜라고 할 수 있다.

3. 그러나 포도주라는 좋은 것이, 그것을 과음하는 사람에게는 정신의 혼미를 가져오게 하고, 때로는 사람을 망신시키는 물건이 되기도 한다. 노아의 경우가 바로 그런 것이었다.

4. 노아가 포도주를 마시고 혼수상태에서 알몸을 드러내놓고 잠을 자고 있었다. 아들, 며느리, 손자 손녀들이 같이 사는 공동생활에 있어서, 가장으로서의 체통을 가누지 못한 행동이었다. 인간의 예의범절의 문제이다. 특히 가장과 어른들의 책임이 중하다.

5. 벌거벗은 노아의 모습을 처음으로 본 자는 노아의 작은 아들 함이었다. 그리고 그 사실을 다른 두 형제에게 알렸다. 이때 함이 마땅히 했어야 하는 것은, 아버지의 벌거벗음을 형제에게 알릴 필요도 없이, 빨리 그 몸을 가려드리는 것이다. 망신스러운 아버지의 꼴을 숨겨두지 않고, 다른 사람에게 알려주면서, 다른 사람들도 그 꼴을 볼 기회를 만들어 준 셈이다. 그 사이에 며느리나 손자 손녀들이 그 꼴을 볼 가능성도 있었을 것이다. 다른 두 아들이 함의 보고를 듣고 뒤늦게, 그 나체를 가려드리기는 했지만, 잠에서 깨어난 노아는, 그 전 순간에 일어난 사실을 보고 받자, 그 세 아들을 예언적으로 축복하거나 저주했다. 결국 함을 나무라고, 다른 두 아들을 축복했다.

6. 잘못이 함에게 있었는데, 노아는 함의 아들 가나안을 저주했다. 하나님은 노아의 입을 빌려서 축복과 저주를 내리신 것이다. 여기서 역시 우리는 하나님의 자비를 발견한다. 함을 저주한 것이 아니라, 극히

제한하여 그의 아들 중 하나인 가나안을 저주하는 데서 그쳤다. 이스라엘 역사에 있어서 가나안 족속들이 이스라엘 백성의 종으로 산 사실을, 이러한 노아 사건에서 그 유래를 찾고 있는 셈이다. 후대의 그리스도인들이 노아가 함(흑인종)을 저주했다고 오해하는 가운데, 흑인을 노예로 삼는 일을 정당시한 때가 있었다. 그것은 성경을 바로 해석한 것이 아니다.

7. 셈에게는 야훼(יהוה)가 바로 그들의 하나님이 되고, 가나안을 종으로 부리면서 살 것이라는 축복을 내렸다. 그 이상 큰 축복이 어디 있겠는가? 창조주이신 야훼 하나님이 그 백성의 하나님이라는 사실이 가장 큰 축복이다. 여기서 우리는 다시 하나님의 은총을 발견한다. 셈이 남보다 잘나거나, 남들보다 결백하거나, 하나님께 특별한 일을 한 것이 있어서가 아니다. 하나님께서 당신만이 아시는 계획과 뜻 가운데서, 셈을 택하시고 축복을 주시기로 결정하신 것이다. 그것이 은총이 아니고 무엇인가? 우리의 구원 역시 하나님의 불가사의의 은총으로 말미암아 주어지는 것이다.

8. 야벳을 백인종이라고 보는 견해가 있다. 하나님은 그들도 축복하셨다는 것이다. 하나님은 축복의 하나님이시다. 법을 어기는 자들을 부득불 저주하시기도 하지만, 하나님은 모든 인간의 안락과 행복을 원하시는 선하신 분이시다.

9. 하나님은 아담의 후손 중에서 가인을 버리고 아벨을, 그리고 셋의 계열을 택하셨다. 이제 홍수로 말미암아 인류가 다 멸망하고, 노아를 통하여 새로운 인간 사회가 나타났을 때도, 하나님은 역시 인간을 취사선택하신 것을 볼 수 있다. 구원이 모두에게 있는 것은 아니라는

사실을 알 수 있다. 하나님의 은총을 받은 계열이 축복을 받고 구원을 받게 되어 있다는 말이다.

노아의 후예(10:1-32)

옛날 사람들, 특히 오경을 저술하던 시대 사람들의 지식에 근거하여, 그 당시 세계의 국가와 민족과 언어의 분포를 그려주고 있다. 노아의 아들들 셈, 함, 야벳에게 뿌리를 둔 세 갈래의 족속들이 지면에 흩어졌다는 것이다. 우선 야벳의 후손을 언급했는데(10:2-5), 그들은 이스라엘 북쪽과 북서쪽의 나라들을 이루었다. 터키와 그리스와 구브로에 있는 나라들이다. 함에게 뿌리를 둔 족속들은 주로 이스라엘 남쪽과 남서쪽의 나라들을 이루었다(10:6-20). 오늘의 애굽, 사우디아라비아, 에티오피아, 수단, 리비아 지방의 나라들이고, 그리고 메소포타미아 등에 있는 나라들도 포함되어 있다. 셈족은 시리아, 앗시리아, 이란, 그리고 아라비아 반도 일부에 있는 나라들을 이루었다(10:21-32).

1. 여기에 도합 70개의 나라가 언급되었는데, 그것은 결국 그 당시의 세계를 의미하는 것이다. 홍수 이후에 노아의 후손을 통해서, 그리고 하나님의 약속대로, 그의 축복에 의해서, 인간이 생육하고 번성하여 지면을 채웠다는 말이다. 아무리 나라와 민족과 언어가 많아도, 그리고 그들이 장소를 달리하고, 생김새와 특징과 기질이 다 다르더라도 그들이 다 하나의 조상을 가진 형제요 자매들이라는 말이다. 모두가 하나님의 관심의 대상이다. 다양성 속에 통일성을 가지게 한 것이 하나님의 뜻이다. 그러므로 각 나라와 민족과 거기에 속한 개인 하나하나는 하나님 안에서 존재의 가치를 가지고 있다.

2. 함 족속 가운데서 니므롯 같은 장사도 나오고, 훌륭한 사냥꾼도 나왔고, 그런 인간적인 그리고 외형적인 특이성을 가지고, 사람들의 이목을 끌 수 있었지만, 인간의 특징이나 그들의 업적이 자기들을 하나님의 선민으로 만드는 조건이 되는 것이 아니었다. 하나님은 셈족을 택하시고 거기서 이스라엘 백성을 배출하셨다. 거기에 하나님의 선택의 원리가 숨어 있는 것이다. 하나님의 신비한 섭리와 의도가 작용한 것이다. 하나님은 당신의 뜻을 이루시기 위한 도구로 셈족을 택하셨고, 그 중에서도 이스라엘 백성이 선발된 것이라고 보아야 할 것이다. 그렇다고 하나님께서 야벳과 함을 제외하거나 도외시하거나 무시한 것이 아니라는 것을 우리는 알아두어야 할 것이다.

바벨 탑(11:1-9)

해설

10장에서는 노아의 후손을 통해서 온 땅에 많은 나라와 민족과 언어가 생겨난 것을 말했다. 그러나 소위 학자들이 말하는 J 문서에 속하는 이 부분에서는 바벨 탑 사건을 통해서 그 사실을 설명하고 있다. 다시 말해서 10장에서는, 홍수 후에 나타난 인류와 국가의 분포도를, 아는 대로 그려 놓았다. 그러나 여기서는 그 사실을 바벨 탑 사건을 통하여 원인(原因)론적으로 설명하고 있다. 과거에 이 사건을 해석할 때, 인간의 교만에 대한 하나님의 징벌을 보여주는 이야기로 보았지만, 보다 더 올바른 해석은, 인간이 동질성(homogeneity)을 추구하는 데 반하여 하나님의 계획은 인류의 다양성에 있다는 것을 말한다는 것이다.

교훈

1. 하나님은 인간을 그의 형상대로 만들었기 때문에 인간이 하나님을 닮은 인간으로 남아 있어야 한다. 그리고 인간은 누구나 하나님의 형상을 가졌다는 점에서 하나님 앞에서 동등하고 꼭 같은 가치를 가지고 있다. 그러나 하나님은 모든 사람이 꼭 같은 모양을 가지거나, 꼭 같은 생각과 행동을 하도록 내신 것은 아니다. 원래는 인류가 한 가족이어서 한 언어를 가지고 있었겠지만, 하나님은 홍수 이후에 노아의 가족에게 생육하고 번성하는 축복을 주셔서 많은 민족과 나라와 언어를 이루도록 하셨다. 그것이 하나님의 뜻이었다. 인간이 이렇게 여러 곳에 나뉘어서 자기들의 언어를 가지고 고유한 문화를 이루고 사는 것이 하나님의 뜻이며, 하나님의 축복이다. 하나님의 꽃밭에는 한 가지 꽃만 있는 것이 아니다. 다양성의 아름다움을 하나님께서는 원하시는 것이다.

2. 그런데 인간은 하나님의 이 뜻을 깨닫지 못하고, 혹은 그 뜻을 거슬러서 전체주의적 경향으로 흐르고 있다. 모두가 통일하여 한 국가를 이루고 뭉쳐서 큰 힘을 가지고 살고자 하는 생각을 가지고 행동한다. 과거의 인간 역사는 바로 이러한 전체주의, 제국주의 운동의 역사였다. 한 나라가 이웃 나라들을 점령하여 보다 더 큰 나라를 이루려는 욕심을 가지고 끝없이 노력하는 역사였다. 하나님은 흑인도 내시고, 백인도 내시고, 황인종도 내셨다. 그들 나름의 긍지를 가지고 살도록 하셨는데, 다른 인종을 자기 인종과 같아지라고 할 수 없는 것이 아닌가. 하나님께서 모두가 황인종이기를 바라셨다면 무엇 때문에 흑인과 백인을 내셨는가 말이다.

3. 사람들이 자기들의 꾀를 다하여 자기들 식의 국가와 생활양식을 만들어서 자기들끼리 살려고 한다. 즉 조물주를 몰아내고, 인본주의로

자기들만의 세상을 만들어 하나님을 대항하고 있다. 그러나 하나님은 인간이 다 개성을 가지고 자기의 꽃을 피우고 자기의 열매를 만끽하며 사는 기쁨을 가지게 하시려는 것이다. 그래서 하나님은 제국을 이루려는 시도를 분쇄하셨다. 인본주의적 제국주의는 하나님의 뜻이 아니기 때문이다. 바벨론 나라를 망하게 하셨고, 알렉산더의 나라와 로마 제국, 나치 독일, 군국주의 일본, 공산 독재 국가 등도 망하게 하시고 부수신 것이다.

4. 사도행전 2장에 나타난 성령강림과 방언 사건은 많은 방언을 하나로 통일시키는 사건이 아니라, 각 나라 사람들이 자기들의 모국 방언으로 하나님의 말씀을 들을 수 있게 한 사건이다. 베드로와 다른 사도들이 자기들의 말인 아람어로 말을 했지만, 많은 나라 출신의 청중이 모두 자기들의 나라 방언으로 들을 수 있었던 것이다. 그것이 하나님이 의도하시는 바이다.

5. 그런 의미에서 볼 때, 에큐메니칼 운동은 삼위일체 하나님을 믿고 받드는 사람들의 연합운동일 뿐이지, 모든 교단을 다 부수고 하나의 교파가 되게 하는 운동은 아니다.

셈의 족보(11:10-26)

해설

10장에서는 홍수 이후 노아의 세 아들, 셈, 함, 야벳을 통하여 세 줄기의 인종이 온 땅에 퍼진 이야기를 했는데, 여기서는 그 중의 하나 셈의 족보만을 정리해 놓았다. 지금까지 선사시대의 광범하고 보편적이고 막연한 사실들을 이야기로 표시했지만, 이제는 역사 시대로 접어드는 징검다리라고 할 수 있는 대목에서, 셈의 족보를 제시하여 자연스럽게 이스라엘 역사에로 이어가게 한 것이다. 5:1-32에는 아담으로부터 노아까지 10대에 걸친 족보가 제시되었고, 여기에는 그와 대등하게 노아로부터 아브라함까지의 10대의 족보가 제시되었다.

교훈

1. 통일 왕국 시대 또는 바벨론 포로 시대에 이스라엘의 역사를 편찬하는 사람들이, 자기 민족의 정체성을 확립하여, 자기 백성들을 가르치고 확신과 희망을 주기 위해서, 족보를 정리해 준 것은 매우 훌륭한 공적이었다. 결국 소급하면 그들의 근본은 노아이고 그 위는 아담이고, 더 위는 하나님이라는 사실을 알게 하는 족보이니 말이다.

2. 홍수 이전에 인간의 수명을 120세로 줄이겠다는 예고를 한 것으로 되어 있지만(6:3), 노아는 950세를 살았고, 셈도 600세를 살았으며, 그 다음 세대들도 상당히 장수한 것으로 되어 있다. 그들의 수명이 점진적으로 줄어든 것으로 나타났다. 여기서 역시 하나님의 인내와 자비와 관대하심을 발견하게 된다. 우리는 죄에 대한 하나님의 급격한 벌을 기대하지만, “정녕 죽으리라.”(מוֹת תָּמוּת)고 하신 하나님께서 아담과 그의 후손을 상당 기간 동안 900 세 이상 살게 하시며, 그들을 통하여 하시려는 당신의 뜻을 다 이루신 것을 볼 수 있다. 하나님의 척도와 인간의 척도가 그렇게 다르다는 것을 알 수 있다. 아브라함의 대에서부터 수명이 200세 이하로 떨어졌다. 결국 하나님은 그의 약속을 지키시는 분으로 나타나셨다.

3. 하나님이 셈을 택하시고 그 중에서도 아브라함을 택하셨는데, 그것은 그들을 세상과 분리시키는 데 목적이 있는 것이 아니고, 그들이 하나님의 창조하신 모든 인간 사회의 일원으로서, 하나님을 위하여, 그리고 인간 공동체 안에서 그들의 특수한 임무를 수행하게 하시려는 것이다. 이스라엘이 그 사실을 망각해서는 안 될 것이다.

데라의 후손(11:27-32)

해설

이스라엘 백성의 근원을 밝히기 위해서, 5:1-32에서 아담으로부터 노아까지 이르는 10대의 족보를 소개했고, 11:10-26에서 노아로부터 데라와 그의 세 아들까지 이르는 10대의 족보를 소개했다. 하나님은 아브람(אַבְרָם)을 특별히 부르셔서 그 후손을 통하여 큰 뜻을 이루시려고 하셨기 때문에, 이제는 아브람의 근친(近親)에다 특별한 조명을 던져야만 하는 것이었다. 아브람의 아버지는 데라, 아브람은 데라의 맏아들이었다. 그들의 고향은 갈대아 우르, 곧 유브라데 강과 티그리스 강의 하류 지대, 곧 고대 문명의 발상지의 하나인 메소포타미아(‘강’=<포타미아>, ‘사이’=<메소>) 한가운데였다. 아브람의 막내 동생 하란은 아들 롯을 남기고 고향에서 죽고 말았다. 물론 아브람과 나홀도 결혼을 하였는데 아브람의 아내는 사라이*(שָׂרַי)이고 나홀의 아내는 밀가였다. 그러나 맏아들 아브람에게는 기대하는 소생이 태어나지를 않았다. 그것은 그의 아내 사라이*가 석녀(石女)였기 때문이었다.

이런 가정에 격변이 일어났다. 데라가 그 당시 고도의 문명 지대인 메소포타미아, 물 많고 살기 좋고, 정든 땅, 우르(אוּר)를 떠나, 척박하고 산이 많고, 물이 없고 살기 어려운 가나안을 향하여 이민(移民)을 결심한 것이다. 나홀과 그의 아내 밀가는 남겨둔 채, 데라와 아브람과 사라이*와 조카 롯이 같이 떠났다. 많은 가축을 먹여가면서 유브라데 강줄기를 따라서 서북쪽을 향하여 올라가, 일단 그 상류에 있는 하란에 이르렀다. 늙은 데라가 더 이상 여행을 못할 지경이었는지 모른다. 거기서 정착하는 수밖에 없었다. 마침내 데라가 하란에서 향년 205세로 죽고 말았다. 하란은 이제 아브람의 제 2의 고향이 되었다.

교훈

1. 인간 문명이 발달한다는 것은 많은 사람이 같이 모여서 살기에 알맞는 환경이 전제된다. 기후가 따스해야 하고, 물이 많아야 하고, 공간이 넓어야 한다. 메소포타미아가 바로 그런 곳이다. 데라의 가정이 그런 문명 지대에서 문화생활을 하고 있었을 것이다. 그런데 느닷없이 그 곳을 떠나서 가나안으로 이민을 갈 마음을 어째서 가졌을까? 본문이 말해주지 않기 때문에 단언할 수 없지만, 어떤 미지의 강력한 힘이 그에게 그런 결단을 하게 만들었던 것이 틀림없다. 12:1에 야훼가 아브람에게 말씀하신 것으로 나와 있는데, 그것으로 미루어 야훼 신앙이 셈족 가정 속에 흐르고 있었던 것으로 보인다. 결국 야훼의 음성과 명령이 그 원인이었던 것으로 보인다.

2. 가족회의를 열고 데라가 계획을 발표했을 때, 나홀의 부부는 반대하고 아브람과 사라이*는 찬성한 것 같다. 미지의 세계를 향하여 이동하는 데는 우선 전능자에 대한 복종심과 믿음이 필요하였을 것이고, 용기와 개척정신이 있어야 하는 것이었다.

3. 고향을 떠나는 아픔도 있었겠고, 먼 여행을 하는 고통과 불편과

피곤함이 겹치고 겹쳤을 것이다. 목적지에 도달하지도 못한 채 중도에 데라가 죽는 쓰라림도 겪어야만 했다. 즉 낙심케 하는 요소들이 많이 있었다. 나홀의 경우와 같이 가족원들이 반대하고 나설 수도 있다. 석녀 사라이*를 데리고 떠나는 아브람은, 아무리 좋은 땅에 가더라도 희망이 없다는 생각에 좌절감을 가질 수도 있었을 것이다. 아득한 먼 나라, 그리고 미지의 세계를 향하여 떠난다는 것은, 그야말로 모험이고, 온갖 위험이 도사리고 있는 것이어서, 특별한 결단과, 아니 하나님의 불가항력적인 끌어당김과 밀어댐이 없이는 가능하지 않는 일이다. 결국 하나님이 불가능한 일을 가능케 하셨다고 생각된다.

4. 롯이 태어난 후 그의 아비 하란은 죽고, 그의 어미는 재가를 한 모양이다. 불쌍한 고아가 되어버린 손자 롯을 데리고 떠나는 할아버지 데라의 마음은 괴로웠을 것이다. 결국 롯을 책임질 사람은 아브람이었다. 짐이 아닐 수 없다. 그러나 롯을 나홀에게 남겨두지 않고 자기가 떠맡기로 하고 데리고 떠나는 아브람과 숙모 사라이*의 너그럽고 따스한 마음은 복받을 만한 것이었다.

아브람을 부르시다(12:1-9)

해설

아브람의 가족이 하란에서 얼마 동안 사는 중 아버지 데라가 죽고 거기에 매장을 하고 나니, 하란은 그의 제 2의 고향이 되어버렸다. 그러나 야훼 하나님은 아브람을 거기에 더 이상 머물러 있게 하시지 않았다. 어떻게 나타나셨는지 알 수 없지만 야훼는 그에게 나타나셔서 지시를 내리셨다. “(1) 네 나라와 (2) 네 친척과 (3) 네 아비 집을 떠나서 내가 보여주는 땅으로 가거라." 그리고 약속을 주셨다. (1) "내가 너로 하여금 큰 나라가 되게 하겠다." (2) "내가 너를 축복하겠다." (3) "내가 네 이름을 훌륭하게 만들어 주겠다." "그리하여 남들의 축복이 되게 하겠다." (4) "너를 축복하는 자들을 축복해 주겠고, 너를 저주하는 자를 저주하겠다." (5) "땅에 있는 모든 족속이 너로 말미암아 축복을 받겠다."

야훼의 이런 지시와 명령을 받은 아브람은 순종하였다. 75세의 아브람이 조카 롯을 데리고 사라이*와 함께, 그리고 노비들과 함께, 모든 소유를 가지고 가나안을 향하여 이주(移住)의 길을 떠났다. 가나안 땅을 북에서 남으로 통과하여, 거의 그 중간 지대인 세겜에 이르렀다. 거기는 가나안 사람들이 이미 정착하여 살고 있는 곳이었다. 그러나 야훼께서 아브람에게 나타나셔서, "내가 이 땅을 네 자손에게 주겠다."고 약속하셨다. 그러자 아브람은 야훼 하나님께 제단을 쌓고 예배를 드렸다. 거기서 다시 떠나 조금 더 내려가, 벧엘과 아이 중간 지점에 이르러, 거기에 역시 제단을 쌓고 야훼의 이름을 부르면서 예배를 드렸다. 그리고 다시 남쪽으로 남쪽으로 이주를 계속하여 헤브론 남쪽 네게브(נֶגֶב '광야')까지 이르렀다. 결국 가나안 땅을 전부 훑어 내려갔다.

교훈

1. 인류를 구원하시고 그의 왕국을 건설하시기 위해서 셈을 택하시고, 아브람의 가정을 택하신 것은 야훼 하나님이시다. 하나님이 계획하시고 시작하시고 집행하시는 것이었다. 아브람은 하나님의 지시와 명령에 복종할 따름이었다.

2. 하나님의 명령을 복종한다는 것은 매우 어려운 일이다. 자기 나라를 버려야 하는 경우도 있다. 친척을 떠나고 혹은 그들을 등져야 하는

경우도 있다. 정든 가족을 버리거나 떠나야 하는 경우도 있다. 그리고 하나님이 보여주시는 땅과 상황과 상태를 향하여 과감히 나가야 한다.

3. 하나님이 사람을 부르실 때는 반드시 거기에 귀중한 목적이 있다. 그것이 사람의 눈에는 뚜렷이 보이지 않을 수 있다. 그러나 명심할 것은, 하나님은 반드시 선을 이루신다는 사실이다. 인간의 이익을 위해서, 그리고 마침내 하나님 자신의 뜻을 이루시기 위해서 활동하시는 하나님이시다. 택한 백성을 좋게 해 주시려는 것이다. 이스라엘의 경우에는 큰 나라가 되게 하시겠다는 것이다. 하나님께서 축복을 하시겠다는 것이다. 이름을 떨치게 하시고, 만인의 칭찬을 받는 백성이 되게 하시겠다는 것이다. 그리고 인류에게 이익을 주고 축복이 되는 백성이 되게 하시겠다는 것이다. 지금까지의 이스라엘 백성의 역사가 이 말을 입증하고 있지 않는가.

4. 하나님은 보장을 하신다. 이스라엘을 지키시고, 편이 되어주셔서, 결국 만민이 이스라엘로 말미암아 혜택을 받게 되리라고 보장하신다. 한 마디로 말해서 이스라엘에게서 율법이 나오고, 마침내 그리스도가 나타나심으로써, 만인이 절대적 혜택을 입게 된 것이다.

5. 아브람이 하나님의 명령을 순종하여 가나안에 도달하고 그리로 진입했지만, 거기는 진공상태가 아니었다. 가나안 족속이 꽉 들어차 있었다. 누구도 자리를 내주지 않았다. 아브람이 가나안 땅을 차지하고 산다는 것은 불가능한 일로 보였을 것이다. 그러나 아브람은 하나님의 약속을 믿었기 때문에, 이르는 곳마다, 소망 가운데, 제단을 쌓고 예배를 드렸다. 어디에도 정착할 수가 없어서 가나안 땅의 남단 네게브까지 내려가야 했던 것이다. 그러면서도 야훼에 대한 신앙을 견지했다.

6. 아브람이 모레(מוֹרֶה)의 상수리나무 숲이 있는 세겜에서 제사를 드렸다고 했는데, <모레>라는 말이 "가르침", "지시하심"이라는 뜻을 가지고 있는 것으로 미루어 볼 때, 아브람이 상수리나무 숲에서 기도하고 명상할 때 하나님께서 나타나셔서 그와 그의 일행을 격려하시며 지시하셨던 것이 아닐까 생각된다. 즉 아브람은 하나님과 동행하며 계속 하나님과의 영적 대화를 하는 중에, 힘을 얻고, 또 지시를 받으면서 행동한 사람으로 보인다. 하나님의 약속이 아직 손에 잡히지 않았지만, 약속을 이루어 주실 것이라는 확실한 믿음을 가지고 그것을 바라고 나갔다.

애굽으로 내려간 아브람과 사라이*(12:10-20)

해설

아브람과 사라이*가 하나님의 명령에 따라 그가 약속하신 땅에 도착하였지만, 그가 약속하신 것들이 쉽게 이루어지지는 않았다. 아직 가나안에서 한 치의 땅도 차지할 수 없어서 방황해야만 했고, 물질적 축복을 받거나, 자식을 낳거나 하는 등의 희망의 싹이 보이지 않고, 고생만 하는 형편이었다. 이제 설상가상으로 가나안 땅에 큰 기근이 들어서, 곡식이 있는 애굽 땅으로 이주를 해야만 하는 형편이 됐다. 결국 약속의 땅을 버리고 떠나야만 했다는 말이다.

게다가 애굽에 도착한 다음에는 아브람의 목숨이 위태로운 상태에 빠졌다. 그래서 그는 자기 목숨을 보존하기 위하여, 사라이*를 자기 누이 동생이라고 속이는 꾀를 부림으로써, 목숨은 부지했고, 많은 재물도 얻었다. 그러나 자칫하면 사라이*가 애굽 바로의 후궁이 될 뻔했다. 그러나 하나님이 바로에게 징벌을 내리는 일을 통해서 그 위기를 면하게 됐다. 아브람은 무사히 기근 문제를 해결하고, 애굽에서 빠져 나왔다.

교훈

1. 이런 사건이 구약성경에 세 번이나 나온다(창 12:10-20; 20:1-18; 26:1-11). 이것들은 이스라엘 백성이 애굽에서 종살이 하다가 해방된 큰 사건의 축소판이라고도 할 수 있다. 하나님의 약속의 백성이 위기일발의 상황에서 구출되는 이야기는 성경 전체의 이야기를 축약한 것이라고 볼 수도 있다.

2. 우리는 이 사건들 가운데서, 하나님은 결국 그의 원대한 이상과 약속을 이루시고야 마는 분이라는 것을 알 수 있다. 그리고 인간은 하나님의 간섭이 아니고는 별로 할 수 있는 것이 없다는 사실을 알게 된다. 아브람이 무슨 힘으로 가나안 원주민을 쫓아내고, 자기 땅을 만들 수 있는가. 석녀인 아내 사라이*에게서 어떻게 자식을 얻어, 큰 나라를 이룰 수 있는가. 어떻게 사람의 힘으로 기근을 극복할 수 있는가. 어떻게 고대 사회에서, 소위 천자(天子)라고 하는 왕의 뜻을 거스르고 자기 목숨과 가정을 마음대로 보존할 수 있는가. 그것이 다 인간으로서는 불가능한 일이다.

3. 전능자 하나님의 보호와 간섭이 아니었더라면, 아브람은 사라이*를 빼앗겼을 것이고, 하나님의 약속이 결코 이루어지지 않았을 것이다. 바로를 놀라게 하고, 그를 협박하여 사라이*를 돌려주게 하여, 아브람 가정의 순결성을 보존하게 한 것은 하나님의 놀라운 능력의 소치이다. 이런 식으로 해서 아브람에게 하나님께서 주셨던 약속은 서서히 다 이루어졌다.

4. 이스라엘 백성은 줄곧 그 입지적인 조건과 상황이 평탄치 않았다. 자기들의 힘을 믿는다면 별로 희망이 없었다. 그러나 이 대목의 이야기

는 여러 시대의 역경에 처한 이스라엘 백성에게 큰 격려가 된 것이었다고 생각된다. 저자가 이 대목을 취급하고 삽입한 목적이 바로, 이스라엘을 격려하고 가르치기 위한 것이었다고 본다.

아브람과 롯의 분가(分家)(13:1-18)

해설

아브람과 사라이*와 롯은 애굽에서 위기일발의 상황을 모면하고 무사히 빠져 나왔다. 그러나 당장에 그들을 맞아주는 사람들은 없었다. 그래서 사람들이 살지 않는 광야 네게브, 곧 가나안 땅 남단(南端), 풀이 돋지 않는 땅에, 우선 정착했다. 아마도 기근은 사라지고, 가나안 땅에도 다시 경작(耕作)이 이루어지고 있었을 것이다. 아브람은 애굽 왕 바로에게서 많은 우양과 은과 금을 받아 가지고 일약 부자가 되었다. 그것은 일종의 횡재이면서, 역시 하나님의 축복의 소치라고 할 수밖에 없다. 광야 네게브에서는 도저히 살 수 없었기 때문에 아브람은, 목축을 할 수 있고 경작을 할 수 있는 땅으로 올라가야만 했다.

헤브론에서부터 북쪽으로 가면서 풀이 돋기 때문에, 유목생활을 하면서 서서히 북쪽을 향해서 옮아갔다. 마침내 벧엘에까지 올라와서 천막을 쳤다. 그 곳은 아브람이 전에 이미 거기를 지나서 남하하면서 제단을 쌓고 야훼 하나님께 예배했던 곳이다. 아브람과 롯이 같이 목축을 하는데, 그들의 우양(牛羊)이 자꾸만 늘어났다. 아마도 고아인 조카 롯을 불쌍히 여기고, 그를 격려하는 의미에서 롯에게 한 몫을 듬뿍 떼어주며, "이것은 네 몫이니, 마음껏 잘 키워 보거라!" 하였을지 모른다. 그러니까 크게 두 떼의 우양으로 나뉘어졌다.

날이 가면서 우양의 수가 너무도 많이 늘어나다 보니, 그것들을 돌보는 여러 사람의 목동들이 필요하게 되었다. 가나안 본토인들은 선망의 눈으로 아브람과 롯의 부(富)를 바라보며, 자연적으로 위축감을 가지고 아브람과 롯을 섬기는 처지가 되었을 것이다. 이것이 다 하나님의 축복이 아니고 무엇인가. 이제 벧엘이라는 산골은 그 많은 우양을 먹일 만한 목초가 모자라게 되었다. 목초가 모자라다 보니, 그 두 떼의 우양을 치는 목동들 사이에도 다툼이 생길 수밖에 없었다. 거기는 가나안 족과 브리스 족의 고장이었기 때문에, 본토인들과의 관계도 악화될 수밖에 없는 처지였을 것이다.

아브람은 이런 여러 가지 상황을 주시하면서, 보다 나은 방향을 모색했다. 우선 평화를 도모해야 한다는 생각을 가졌다. 싸우지 않고 살 수 있는 길을 모색했다. 그것은 우선 롯을 분가시켜서 더 넓은 땅을 찾아가게 하여, 자기의 목장과 분리시키면 되겠다는 것이었다. 사방이 내다보이는 벧엘 고지(高地)에서 아브람은 롯더러 어느 방향이든지 좋은 곳을 택하라고 제안했다. 선택의 여지는 둘 중의 하나였다. 산골이냐 아니면 강이 흐르는 요단 계곡이냐 하는 것이다. 벧엘 서쪽은 삼림이고, 서쪽으로 더 가면 해안지대로서 강력한 원수들이 있었다. 롯은 물이 풍부한 요단 계곡을 택했다. 요단강이 흐르는 요단 계곡은, 마치 유브라데 강과 티그리스 강이 흐르는 메소포타미아, 속칭 야훼의 동산이 있던 곳과 비슷하고, 물이 풍성한 나일 강 유역을 연상시키는 것이어서, 인간의 안목에는 매우 매력적인 곳이었다. 그래서 롯은 그 곳을 택하여 동쪽으로 이주하여 소돔 땅에 정착하였다. 거기가 그렇게 외견상 좋은 땅이었지만, 거기 주민들은 악하고 야훼를 대항하는 죄인들이 득실거리는 곳이었다.

롯이 떠난 후에 야훼 하나님이 아브람에게 나타나셔서 약속하셨다. 동서남북 사방에 보이는 모든 땅을 아브람과 그의 후손에게 주시겠다는 것이었다. 땅의 먼지 같이 무수한 자손을 주시겠다고 약속하셨다.

아브람은 다시 헤브론으로 내려와서 마므레 상수리나무들이 있는 곳에 정착하고 야훼께 제단을 쌓았다.

교훈

1. 이스라엘 백성은 장차 암몬 족과 모압 족과 요단강을 접경으로 하고 밀접한 관계를 가지고 살게 된다. 저자는 그 암몬 족과 모압 족의 근원을 알려주려는 목적으로 그들 조상 롯을 여기서 소개한다.

2. 이 이야기는 하나님께서 택하신 아브람과 그렇지 않은 자 롯을 대조하여, 그 둘의 생각과 태도의 차이를 잘 보여준다.

(1) 아브람은 어디까지나 경건한 마음을 가지고 생각하며 행동했다. 하나님의 뜻을 추구하며, 그의 지시를 따르며, 하나님 중심의 생활을 한다. 거기에 하나님의 축복이 따랐고, 물질적으로도 풍부한 자가 되었다. 아브람에게 주신 축복은 그와 동행하는 롯에게까지 미쳐서, 롯 역시 부자가 되었다. 아브람은 현실 문제를 현명하게 대처했다. 크건 작건 인간 사회에는 마찰과 분쟁이 있게 마련인데, 아브람은 어른답게 현명한 판단을 내려서, 평화를 이루는 최선의 길을 모색했다. 하나님의 뜻은 어디까지나 인간이 <샬롬>(שָׁלוֹם, 평화)의 상태에서 행복하게 살게 하려는 것이기에, 아브람이 평화를 도모한 것은 하나님의 뜻에 부합한 행동이었다. 아브람은 하나님의 약속을 믿었기 때문에, 조카 롯에게 제일 좋은 땅을 선뜻 택하게 하였다. 자기 눈앞에 보이는 것은 척박하고 메마르고, 좁은 산골뿐이었지만, 그는 하나님의 약속을 믿었다. 그 믿음을 보신 하나님은 롯이 떠나간 후에, 아브람에게 어마어마한 약속을 주셨다.

(2) 롯은 삼촌 아브람의 보호와 인도를 받으며 큰 혜택을 받았지만,

아브람의 심성을 별로 배우지 못했고 닮지도 못했다. 아브람의 경건을 배우지 못했고, 인간의 예의도 갖추지 못했다. 어른을 존경하고 받드는 마음이 없었다. 다만 자기의 이익을 도모하고 자기가 좋으면 그만이었다. 그래서 눈에 좋게 보이는 요단 계곡을 택하고, 물질적 번영과 향락을 택했다. 즉 야훼 하나님을 배제하는 무신적 유물주의로 흘렀다. 아브람에게서 분리한 롯은 결국 하나님의 축복으로부터 끊어지는 결과를 가지게 된다.

3 이 대조는 나라를 잃고 포로 생활을 하던 이스라엘 백성들, 그리고 고국에 돌아오기는 했지만 계속 페르시아 제국의 속국 백성으로 신음하는 이스라엘 백성들에게, 큰 경각심을 일으킬 수 있는 것이었으리라. 아브람을 본받게 하고, 롯의 경솔과 세속적인 행동을 배격하게 하려는 것이었다고 본다.

롯이 사로잡혔다가 구출됨(14:1-16)

해설

메소포타미아의 네 왕이 동맹을 하여 가나안 동쪽을 정벌(征伐)하는 사건이 벌어졌다. 그 동맹군과 맞서 싸운 것은 요단 계곡 동쪽 고원지대의 여섯 왕들이었다. 그 여섯 왕을 무찌른 동맹군은 여세를 몰아서 요단 계곡에 있는 다섯 왕의 연합군을 공격하여 그들을 무참히 짓밟았다. 이 전쟁에서 소돔과 고모라가 점령되고 모든 것이 약탈되었다. 그 바람에 거기에 살던 롯이 사로잡혀 끌려갔고, 그의 소유도 몽땅 털리고 말았다.

그 소식을 전해들은 아브람은 사병(私兵) 318명을 거느리고, 메소포타미아 동맹군을 다메섹까지 추격한 끝에, 승리하고, 조카 롯과 그의 재물을 다 찾아 가지고, 무사히 돌아왔다.

교훈

1. 롯은 아브람을 떠나고, 야훼 하나님을 떠남으로 인해서 큰 어려움을 겪어야만 했다. 죄악의 고장 소돔에서 살면서 이방 종교와 생활에 휩쓸려 살던 롯과 그의 가족은 결국 처참한 운명을 당해야만 했다. 약탈자들이 롯을 사로잡고 그의 가족과 재물을 노획하여, 자기들의 고향으로 끌어가고 있었다는 것은, 롯이 소돔 지방에서 무시할 수 없는 인물이었고, 그가 가지고 있던 재물이 보통 것들이 아니었기 때문이었을 것이다. 롯이 세속적으로 출세했다고 볼 수 있다. 그러나 그 출세가 하루아침에 무너지고 말았다.

2. 헤브론에 살고 있던 아브람은 하나님의 축복을 받아 점점 더 부자가 되었다. 원주민들 사이에 끼어서 살면서, 부를 누린다는 것은 그리 쉬운 일이 아니었을 것이다. 결국 실력을 길러야만 했던 것 같다. 무시할 수 없는 실력자라는 인식을 주어야만 했던 것이다. 즉 사병을 길러서 유사시에 대비하는 슬기를 가졌던 것이다. 그리고 그 배후에는 하나님의 보호와 축복이 물론 있었던 것이다. 동시에 아브람은 이웃과의 밀접한 우호관계를 맺고 있었던 것이다. 거의 혈맹(血盟)을 맺고 있었다. 그래서 아브람은 그의 이웃 아넬, 에스골, 마므레의 도움을 청할 수 있었고, 같이 싸워서 승리를 거둘 수 있었던 것이다. 이웃과 평화의 관계를 구축하고 산 아브람의 슬기를 우리는 배워야 할 것이다.

3. 롯이 사로잡혀간다는 소식을 들은 아브람이 그 막대한 수의 동맹

군에게 복수하고 롯을 찾아오겠다고 마음먹고 출정했다는 것은, 결코 예사가 아니다. 어떻게 300여 명의 군인을 가지고 그 많은 동맹군을 무찌를 수 있다고 생각할 수 있었는가 말이다. 거기에 아브람의 야훼 신앙을 엿볼 수 있다. 하나님이 같이 하시면 얼마든지 이길 수 있다는 신념을 가지고 출발한 것이다. 그리고 그의 조카를 살려야 한다는 의리와 정의감이 그를 재촉했을 것이다. 그의 믿음대로 그는 승리하고 그의 뜻을 이룰 수 있었다.

4. 롯은 아브람 때문에 죽을 뻔하다가 살아났다. 아브람을 떠난 것이 롯의 잘못이었고, 이제 아브람을 통해서 그 큰 재난에서 구출된 것이다. 그러나 롯은 여전히 자기의 고집대로 살았고, 아브람의 길로 돌아서지 않았다. 그 책임은 롯 자신에게 있다.

멜기세덱에게 축복을 받은 아브람(14:17-24)

해설

아브람이 그돌라오메르* 연합군을 부수고, 롯을 구출하는 데 성공하고 돌아올 때, 그를 영접한 두 사람이 있었다. 그들은 소돔 왕 베라와 살렘 왕 멜기세덱이었다. 소돔 왕은 아브람의 전공(戰功)에 대한 보답으로, 아브람이 원수에게서 빼앗아 온 것 전부를 주겠다고 했다. 그러나 아브람이 그 제안을 뿌리치고, 자기 군인들과, 목숨을 내걸고 자기를 도와 준 세 이웃에게 돌아갈 몫만을 챙겨주었다. 한편 살렘 왕 멜기세덱은 수고하고 돌아오는 군인들에게 빵과 포도주를 제공했다. 멜기세덱은 왕이면서 동시에 '지극히 높으신 하나님'(<엘 엘욘> אֵל עֶלְיוֹן) 의 제사장이었다. 그가 아브람을 축복해 주었다. 아브람은 노획물의 십

분의 하나를 멜기세덱에게 바쳤다. 히브리서 저자는 멜기세덱을 예수와 그의 제사장 직분의 모형으로 여기고 있다(히 6:19-20; 7:9-25).

교훈

1. 패전한 자기들을 대신하여 그 원수들과 싸워서 이기고 돌아오는 아브람을 환영하러 나온 살렘 왕 멜기세덱은 빵과 포도주를 준비했다가 내놓았다. 굶주리고 기진맥진한 장병들에게 그 이상 더 좋은 것이 어디 있겠는가! 제사장이기도 했던 멜기세덱은 그 사건에서 다른 요소를 인식할 수밖에 없었다. 즉 그 전쟁은 사람과 사람의 싸움이 아니라, '지극히 높으신 하나님'(<엘 엘욘>)이 개입하심으로 승리할 수 있었던 사건이라는 사실을 깊이 깨달았다. 천지를 창조하신 그 전능자, 그 지극히 높으신 분이 아니고서는 승리할 수 없는 사건이었다고 믿고, 그 하나님을 찬미하면서, 아브람에게 그 하나님의 축복이 있기를 빌었다. 그 이상 더 큰 축복이 어디 있겠는가?

2. 아브람은 그런 자리에서, 보통 사람과는 다른 생각과 태도를 가졌다. 승전 장군으로서 뽐내고, 으스대고, 자기를 내세우려는 생각을 할 법한데, 그는 그렇지를 않았다. 하나님을 믿고 싸워서, 하나님의 힘으로 이겼다는 것을 생각하면서, 그 하나님이 고마울 뿐이었다. 그래서 그 하나님을 섬기는 제사장에게 십일조를 바친 것이다. 살렘의 군사적, 정치적 왕에게 바친 것이 아니라, 하나님의 제사장, 의(義, <체덱> צֶדֶק)의 왕(<멜렉> מֶלֶךְ)에게 바친 것이다. 그것은 곧 하나님께 드리는 감사의 표시였다. 이렇게 아브람은 언제나 하나님을 의식하는 영성을 지닌 사람이었다.

3. 아브람의 하나님 야훼(יהוה)는 곧 '지극히 높으신 하나님'(<엘 엘욘>)이시고, 천지를 지으신 창조자이시다. 그 하나님께 맹세한 것을 그대로 지킨 아브람은 참으로 위대하다. 승전자가 많은 것을 요구하고 차지할 권리가 있을 것이다. 그러나 그는 하나님께 맹세한 바가 있고 그것을 지키기로 결심하고 단행했다. 전리품에 절대로 손을 대지 않겠다는 맹세를 그대로 지켰다. 그러면서도 사람을 부린 지휘관으로서 부하들에게 할 도리를 결코 소홀히 하지 않은 정의롭고, 믿을 만하고, 존경받을 만한 지도자였다.

아브람과 맺은 하나님의 언약(15:1-21)

해설

아브람이 하나님의 지시를 따라 그리고 그의 축복의 약속을 믿고 고향을 떠나 여기까지 이르는 동안 많은 어려움을 겪었지만, 하나님의 약속은 가시적으로 이루어진 것이 없었다. 다만 그 하나님이 그와 같이 계셨고 그를 도우신다는 사실을 믿음 안에서 실감하면서 살고 있는 것뿐이었다.

그러던 어느 날 야훼께서 환상 가운데 아브람에게 나타나셔서 말씀하셨다. 헤브론 마므레 상수리나무 숲 속에 천막을 치고 살던 아브람이 고요히 묵상을 하면서 하나님과 교제하는 시간이었던 것 같다. 야훼께서 그에게 나타나 말씀을 거신 것이다. 아브람이 하나님의 임재를 의식하면서 살았지만, 하나님께서 이렇게 직접 말씀을 걸어오실 때, 하나님이 자기를 잊지 않으셨구나, 하나님은 가까이 계시는구나 하는 생각을 하면서, 비상한 기대를 가지고 그의 말씀에 귀를 기울였을 것이다. 하나님은 "두려워하지 말라. 내가 너의 방패이다. 네가 받을 보상이 매우 크다."는 막연한 약속을 다시 해 주셨다(15:1).

그 말씀에 대해서 아브람은 항의 조로 그의 진심을 토로했다. 일반적으로 인간은 자신이 장수하는 것과 또 길이길이 대를 이어가는 것을 축복으로 생각하는데, 아브람은 자식이 없고, 그럴 희망이 없는 상태이니, 어떻게 하겠다는 것이냐고 하나님께 따지는 것이었다. 많은 재물이 생겼지만, 그것을 물려줄 후손이 없고, 죽은 후에 자기의 유골을 챙기거나 가문의 계통을 이어갈 자가 없는 마당에, 하나님의 약속은 공수표가 아니냐고 하는 항의였다. 그러면서 아브람이 아내 사라이*와 함께 만들어놓은 계획을 토로했다. 자식을 낳을 희망이 전무하니 어쩔 수 없이 자기들의 충복(忠僕)인 엘리에셀을 상속자로 삼겠다는 것이었다. 하나님은 아브람의 그런 발언에 대해서, 좀 더 구체적인 약속을 주셨다. 종 엘리에셀이 아니라 아브람의 직계 아들이 상속자가 될 것과, 그를 통하여 하늘의 별처럼 많은 후손이 생기는 축복을 받을 것을 약속하셨다. 그러나 그것은 아직 약속에 불과했다. 그렇지만 야훼의 그 약속의 말씀을 들은 아브람은, 야훼를 믿었다. 그리고 야훼는 아브람의 그 믿음을 보시고 그를 의로운 자로 인정하셨다(15:6).

그런 후에 이제는 가나안 땅을 아브람의 소유로 주시겠다는 약속을 주셨다. 아브람은 고향을 떠날 때부터 막연하게 그런 희망을 가지고 거기에 왔지만, 아직은 단 한 조각의 땅도 그의 손에 들어오지 않은 상태였다. 그러니 아브람이 항의할 수밖에 없었다. 가나안 땅을 차지한다는 약속을 어떻게 믿을 수 있느냐 하는 것이었다. 그래서 야훼 하나님은 그 옛 사람들이 하던 상징적 계약 예식을 가지고 아브람과 언약을 맺으셨다. 즉 소, 염소, 양, 비둘기 등을 잡아서 그것들을 두 쪽으로 갈라 가지고, 양 편에 놓고, 그 한 가운데를 계약 당사자들이 지나가는 예식이다. 그것은 계약 당사자 중 누구든지 그 계약을 어기는 경우에 그 짐승들처럼 죽어야 한다는 것을 암시하는 것이었다. 하나님이 지시하신 대로 아브람은 짐승들을 잡아서 두 쪽을 갈라 가지고 양쪽에 배열하였다. 독수리들은 죽은 그 동물들의 고기를 먹으려고 달려들었다. 그러나 그것들은 하나님과 아브람이 엄숙하게 계약을 맺기 위한 신성한 것들이어서, 어느 누구도 먼저 범접해서는 안 되는 것들이었다.

하늘을 나는 독수리들이 끈질기게 그 주검들을 먹으려고 달려들었을 것이고, 아브람은 해가 져서 어두워질 때까지 새들을 쫓았을 것이다. 아브람은 하나님이 다시 나타나셔서 자기와 함께 그 죽은 짐승들 사이를 지나가는 의식을 행하실 것으로 기대하고 있었을 것이다. 그러나 하나님은 아브람을 깊은 잠에 빠지게 하셨고, 무서울 정도로 깊은 어두움이 아브람을 사로잡게 하셨다. 그런 상태에서 야훼께서 일방적으로 아브람에게 말씀하셨다. 그러니 그것은 하나님께서 마련하신 신비하고도 비상한 상황이었다. 우선 아브람의 후손의 미래를 예고하시며 약속해 주셨다. 즉 그들이 장차 400년 동안 애굽에서 종살이를 할 것과, 하나님이 그 나라를 심판하시고, 그들을 구출하여 거기서 나오게 하실 것이며, 조상들의 뼈가 무사히 고향에 돌아와 안장되며, 가나안 땅에 사는 아모리 족들은 그들의 죄 때문에 망하게 될 것이라고 약속하셨다.

그런 약속을 하신 후에 하나님은 홀로 연기 나는 화로와 불타는 횃불의 모습으로 그 나열된 짐승 주검들 한가운데를 통과하셨다. 계약 당사자의 하나인 아브람은 제외되고 하나님만이 그 의식에 참여한 셈이다. 다시 말해서 일방적인 계약이었다는 말이다. 아브람은 아무 것도 할 능력이 없고, 하나님께서 홀로 하실 수 있는 것을 엄숙하게 이 예식 속에서 약속하신 것이다. 가나안 땅을 아브람의 후손들에게 주시겠다는 하나님의 약속이었다. 거기에 제시된 영토의 범위는 통일왕국 시대의 영토와 맞먹는 것이다. 결국 이스라엘의 역사를 편찬하는 사람들이, 그 당시의 그 넓은 영토가 다 하나님의 약속에 따른 것이며, 하나님의 축복으로 말미암은 것이라는 사실을, 백성들에게 알리고, 긍지를 느끼게 하려는 것이었다고 본다.

교훈

1. 하나님은 그의 뜻을 이루시기 위해서 긴 시간과 과정을 필요로 하신다. 그러나 사람은 조급하게 생각하고, 당장에 무언가가 가시적으로 이루어지기를 바란다. 야훼 하나님은 적시(適時)에 아브람에게 나타나셔서 말씀하셨다. 꼭 필요한 때, 가장 필요하고 유용한 말씀으로, 자기 백성을 격려하시고 위로하시고 확신을 가지게 하신다. 아브람이 초조해 하고, 마음이 약해지려고 하는 때, 하나님이 말씀하신 것이다.

2. 하나님은 그의 택한 백성의 방패가 되시고 산성이 되셔서 보호하시기 때문에, 두려워할 필요가 없다. 하나님이 그런 분이시라는 것을 믿고 기다리는 사람에게 축복을 내리시고 보상을 주시는데, 그것은 인간의 상상을 초월하는 어마어마한 것이다.

3. 아브람의 아내는 원래 석녀이었기 때문에, 하나님이 그들을 불러 가나안으로 보내며, 복을 받게 하겠다고 약속하셨지만, 인간적으로 판단할 때는 도무지 희망이 없는 일이었다. 그래서 아브람과 사라이*는 인간적인 방법을 모색하였고, 충복 엘리에셀을 대용하려던 것이다. 그러나 하나님은 인간의 불가능을 가능케 하시는 창조자이시기 때문에, 무에서부터 무한히 많은 자녀를 낼 수 있다고 하는, 믿기 어려운 약속을 주셨던 것이다.

4. 아브람의 아내가 석녀인데도 그의 자손이 하늘의 별처럼 많이 생

기겠다는 하나님의 약속에 대한 아브람의 태도, 곧 그의 확신은 정말 놀라운 것이다. 하나님은 그 믿음을 가장 기쁘게 생각하셨고, 아브람을 의로운 자로 여기셨다는 것이다. 아브람이 지금 석녀인 사라이*를 아내로 가지고 있어서, 인간적으로는 희망이 없는 상태였다. 그럼에도 불구하고, 그가 하늘의 별처럼 많은 후손을 가질 수 있다는 신념을 가졌다는 것은, 오직 하나님의 전능성을 인정하고 확신하였기 때문이었다.

그러한 아브람의 태도를 하나님은 의(<츠다카> צְדָקָה)로 취급하셨다. 사도 바울은 법정적(forensic) 용어인 <디카이오쉬네>(δικαιοσύνη)라는 말을 사용하였다. 곧 무죄선언을 받아서 죄 없는 상태에 있는 것을 의미했다. 죄가 없는 상태는 결국 하나님과의 관계가 정상화한 상태이며, 따라서 하나님 앞에 떳떳이 나아가고 교통할 수 있는 상태를 말한 것이라고 볼 수 있다. 바울은 그런 사람이 생명을 가진다고 단언하였다(롬 1:17; 4:3, 9, 22; 갈 3:6).

5. 하나님의 축복은 장수(長壽)와 많은 자손을 가지는 것만 아니라, 땅과 재물을 차지하게 하는 것도 포함된다. 하나님은 여기서 아브람에게 땅을 주시겠다는 약속을 구체적으로 주신 것이다. 그러나 아브람의 지금까지의 경험에 의하면, 믿어지지 않는 것이었다. 아브람은 가나안 7족이 도사리고 있는 땅에서 붙어사는 기류자에 불과하고, 지금까지 땅을 한 조각도 차지하지 못하고 있는 형편에다가, 자기 자식은 아직 하나도 없고, 있다는 것은 종이나 용병(傭兵)들뿐이었으니 말이다. 그러나 하나님은 땅도 차지하게 하겠다는 약속을 주신 것이다. 하나님은 자기 백성에게 필요한 경우 재물도 땅도 주시는 분이시다. 하나님의 계획 속에는 그것이 들어 있었다.

6. 그것이 믿어지지 않았기 때문에 하나님은 엄숙한 의식을 통해서 아브람에게 확신을 넣어주셨다. 하나님의 약속은 결코 어김이 없다는

것을 보여주시기 위해서 어마어마한 그리고 끔찍한 예식을 가지고 인상깊이 약속해 주셨다. 내가 이 약속을 어기는 날에는 이 소처럼, 양처럼 죽을 것이라는 다짐을 하는 예식이었다. 얼마나 심각한 약속인가 말이다. 그 약속 이행은 하나님 편에서만 가능한 것이기에, 계약 당사자의 하나인 아브람은 개입시키지 않은 일방적인 계약이었다. 노아 시대의 무지개 계약의 경우처럼, 여기서도 하나님 편에서의 일방적인 약속이었다. 우리가 하나님의 왕국을 차지하게 되는 것은 우리의 노력으로 되는 것이 아니고, 어디까지나 하나님의 일방적인 은혜로 말미암는다는 것을 암시해 준다.

7. 하나님은 아브람에게 출애굽의 사건을 미리 보여주시면서, 자기의 능력으로 이스라엘이 애굽에서의 노예생활을 벗어나고, 마침내 약속의 땅을 차지하게 될 것이라고 예고하며, 하나님의 약속을 믿어야 할 것을 암시하셨다. 창세기가 문서화하는 시점에는 출애굽 사건이 이미 과거의 이야기였을 것이다. 아브람에게는 하나님이 계약을 지키시겠다는 약속이었고, 또 문서화 이후에는 이미 그 약속을 지켰다는 것을 보여주며, 우리에게는 앞으로도 그렇게 하실 것이라는 약속이다.

이스마엘의 출생(16:1-16)

해설

하늘의 별처럼 많은 자손을 가지게 되리라는 하나님의 약속을 듣고 믿은 아브람은 하나님의 고임을 받았고, 의로운 자라는 인정을 받았다(15:6). 그는 그 약속의 성취를 지긋이 참고 기다리고 있었다.

그러나 사라이*는 한 집의 여주인으로서 아들을 낳아주지 못하는 책임과 수치를 느끼는 나머지, 하나님의 약속에 대한 믿음을 덜 가졌던 것이다. 사라이*는 조급한 마음과 불신앙 때문에 세속적인 수단을 쓰기로 마음먹은 것이다. 야훼가 자기에게 아기를 못 가지게 한 것이라고 생각하며, 자기 몸종인 하갈을 통하여 씨를 받으려는 계획을 세웠다. 아브람은 어수룩하게도 아내의 말을 들었다. 그들이 수십 년을 기다렸고 또 복을 받으리라는 약속을 받고 가나안에 온 지도 10년이 되도록 자식이 없었는데, 사라이가 하나의 남은 길을 제의했을 때, 그것이 세속적인 길이었지만, 아브람의 결심을 무너뜨렸다. 결국 아브람은 아내 사라이*의 동의 아래 여종 하갈과 동침하였고, 드디어 그녀는 임신을 하게 됐다.

하갈은 자기가 임신한 것을 알게 되면서, 자기의 여주인 사라이*를 깔보기 시작했다. 법적으로는 사라이*가 그 집의 여주인이지만 심리적으로는 하갈이 그 자리에 앉은 것이다. 사라이*가 하갈을 질투하는 것은 당연하였다. 따라서 그 화살은 우선 아브람에게 돌아갔다. 그가 당하는 심리적 고통을 견디지 못하여 결국 남편에게 바가지를 긁었다. 인간적 수단을 쓰면 될 줄 알았는데, 결국은 마음의 고통이 생기고, 가정의 불화가 생긴 것이다. 아마도 부부가 서로 책임을 돌렸을 것이다. 그 매듭을 풀 재간이 없어서 마침내는 야훼가 판가름해 주시기를 기대하였다. 결국 아브람은, 하갈이 사라이*의 권한 아래 있는 것이니까 마음대로 하라고 일임하였고, 사라이*는 그 임신한 불쌍한 여종을 학대하였고, 쫓아내면 그만이라고 생각하여, 내 쫓고 말았다.

그러나 사람 하나가 세상에 태어나고 죽는 것은 하나님의 소관이다. 졸지에 쫓겨난 하갈은 무거운 몸을 가지고 메마른 광야에서 신음하고 있었다. 야훼는 그녀를 방치하시지 않았다. 그의 천사를 보내어 하갈을 만나게 하셨다. 그리고 그녀의 길을 지시해 주게 하셨다. 그녀의 여주인 사라이*에게로 돌아가서 순종하라는 것이었다.

그러면서 그녀의 후손을 무수히 번식하게 하겠다는 약속을 주었다. 그녀가 낳을 아기의 이름을 이스마엘(하나님[<엘> אֵל]이 들으신다[<이쉬마으> יִשְׁמַע])이라고 하라는 지시까지 내렸다. 그리고 그가 어떤 운명의 사람이 되리라는 것을 예고해 주었다.

하나님의 천사를 만나고 난 하갈은 감동을 받았다. 하나님을 만나면 죽는 줄 알았는데, 자기가 죽지 않고 살아남았으니 말이다. 그래서 그녀는 거기서 천사를 통하여 말씀해주신 야훼를 <엘 로이>(אֵל רֳאִי)[3] 라고 불렀다(16:13). 하갈은 야훼의 지시에 복종하고 돌아갔고, 드디어 아들을 낳았다. 아브람은 86세에 아들을 얻었고, 천사의 지시대로 그의 이름을 이스마엘이라고 했다.

교훈

1. 사람은 누구나 꼭 같이 하나님의 형상을 가진 귀한 존재이기 때문에, 남을 자기의 종으로 삼거나, 내가 남의 종으로 전락한다는 것이, 모두 하나님의 뜻을 어기는 일이다. 그러나 타락한 인간 사회가 언제인가부터 동료 인간을 종으로 부리는 악을 행하고 있다. 그것은 하나님의 창조의 질서를 깨뜨리는 범법행위였다. 한 남자와 한 여자가 한 가정을 이루는 것이 하나님의 창조의 질서인데, 아브람과 사라이*는 그 질서를 깨고 하갈을 씨받이로 삼고 자식을 낳아가졌다. 그 역시 하나님의 질서를 깬 죄악 행위였다. 거기서 부부의 불화, 형제간의 갈등과 불화, 나아가서는 하나님께 대한 불충이 생겼다. 인간 역사의 복잡한 불화와 혼동의 원인이 거기에 있다. 인간은 자기들이 저지른 죄의 대가를 톡톡히 받고 있는 셈이다.

---

3) 개역한글판에서는 '나를 감찰하시는 하나님'으로, 개역개정판에서는 '나를 살피시는 하나님'으로 번역했다.

2. 하나님의 철석같은 약속을 믿은 아브람과 사라이*였지만, 그 약속의 성취를 기다리지 못하고, 조급한 마음을 가지고 저지른, 인간적 조차는 외견상 만족을 주는 것 같았지만, 사실은 하나님께 대한 불신앙의 죄를 범한 것이고, 가정의 평화를 깬 사건이어서, 한 치 앞을 계산하지 못하는 인간의 어리석음을 보여준다. 하나님의 약속을 기다리고 사라이*의 몸에서 난 이삭만 있고, 이스마엘이 존재하지 않았더라면 오늘의 세계는 아주 평화로운 것이 되지 않았겠는가. 결국 인간의 죄와 어리석음의 대가를 스스로가 처절하게 받고 있는 셈이다.

3. 사람이 태어나는 것은 하나님의 소관이다. 하갈이라는 애굽 여인이 사라이*의 여종이 되는 일과, 그리고 그를 통하여 이스마엘이라는 사람이 태어난 사건, 배후에는 인간의 어리석음과 죄가 도사리고 있지만, 하나님의 섭리가 아니고는 있을 수 없는 일들이었다. 각 사람에 대해서 하나님은 관심을 가지시고 찾아와 주신다. 하나님은 하갈을 찾아와 주셨고, 그가 낳을 이스마엘도 버려 두시지 않을 것이고, 생육하고 번성할 것을 약속하셨다. 하나님은 인간의 부르짖음을 들으시는 아버지 하나님이시다. 우리는 흔히 택함 받은 사람만 돌보시는 하나님으로 착각하기 쉽다. 하나님은 모든 인간을 사랑하시고, 아름다운 자연과, 우로지택(雨露之澤)과 사계절과 태양과 바람을 주셔서 생존할 수 있게 하신다.

4. 하나님의 법을 어긴 죄로 인해서, 상전과 종으로 갈리고, 적자와 서자의 차별이 생기고, 부부의 갈등과 파탄이 나타나면서, 민족의 갈등과 대립과 싸움으로 발전하게 된다. 결국 서자 취급을 받아야 하는 인간 이스마엘이 나타나면서, 그의 가문과 적자인 이삭의 계통은 적대 관계를 가지고 계속 서로 싸우고 있는 것이 오늘까지의 역사가 아닌가. 인간

이 스스로 뿌린 씨의 열매를 스스로 거두고 있는 것이다. 아브람과 사라이*가 끝까지 믿음을 가지고 참았더라면 이런 일이 없었을 터인데!

5. 서자 취급을 받는 사람들의 고민과, 그로 말미암아 생기는 성격 형성과, 또 거기서 나타나는 비정상적인 행동은 우리 주변에서도 흔히 볼 수 있다. 천사는 이스마엘을 야생 나귀라는 말로 표현했다. 결국 적개심을 가지고 좌충우돌하는 사람으로 묘사했다. 그것은 그들의 책임이기도 하지만, 그러한 처지에 이르게 한 자들의 책임이 더 크다고 보아야 할 것이다. 그러나 하나님은 이스마엘도 축복하고 계신다는 사실을 우리는 잊지 않아야 할 것이다.

할례: 계약의 표(17:1-27)

해설

아브람은 86세에 하갈을 통하여 이스마엘을 얻었다. 그 아들이 비록 서자(庶子)이기는 하지만, 자기의 대를 이을 아들이 생긴 것을 기뻐하고 있었을 것이다. 그것은 순전히 인간 사회의 전통과 풍습을 근거로 한 감정이었다. 하나님은 이미 아브람에게 누누이 약속하신 바가 있었다. 아브람과 사라이* 사이에서 직계 자손이 나타날 것이고, 그를 통하여 무수한 자손이 퍼질 것이라고 말이다(13:16; 15:1, 5). 아브람이 그 약속을 믿었기 때문에 의롭다는 인정을 받았지만(15:6), 인간 아브람은 연약하고 조급하여 육적인 방법으로 이스마엘을 얻기에 이르렀다.

그러나 하나님은 불변하시는 분이시다. 그가 세우신 약속을 어김없이 지키시려고, 아브람이 99세 때 다시 나타나셨다. 야훼 하나님은 아브람에게 당신의 이름을 <엘 샤따이>(אֵל שַׁדַּי)라고 불러주셨다. 그 이름은 전통적으로 "전능하신 하나님"(God Almighty)로 해석되어 온다. 하나님은 아브람을 만나자 그의 마음을 찌르는 말씀을 하셨다. "나에게 순종하며, 흠 없이 살아라"고 하신 말씀은 아브람이 하나님의 약속을 믿지 못한 불충을 지적하는 말씀이었을 것이니 말이다. 그러나 하나님은 불변하는 신실성을 가지시고 다시 계약을 다짐하시며, 많은 자손이 생길 것을 약속하셨다. 면목이 없는 아브람은 고개를 숙일 수밖에 없었다. 이제 하나님은 당신의 약속 실현을 좀 더 가시화하기 위해서 먼저 아브람의 이름을 아브라함이라는 이름으로 바꾸어주셨다. 아브람(אַבְרָם)은 "아버지는 높임을 받으셨다", "높으신 아버지"라는 뜻이지만 아브라함(אַבְרָהָם)은 "많은 사람의 아버지"라는 뜻으로 해석된다. 이렇게 이름까지 바꾸어 주시면서 그의 자손이 많아질 것과 아울러 모든 가나안 땅을 그의 자손들에게 주시겠다는 약속을 다시 하셨다(17:7-8).

여기서 하나님은 아브라함과의 계약을, 할례라는 가시(可視)적인 표를 가지고, 항상 상기하게 하셨다. 아브라함과 그의 자손 남자는 다 할례라는 표를 지녀야 한다는 것이다. 남자들이 하루에도 몇 번씩 자기의 생식기를 보게 되는데, 그때마다 할례의 자국을 보면서 하나님의 약속을 기억하게 하신 것이다.

하나님은 이어서 사라이*의 이름을 바꾸어주셨다. 더 이상 사라이*(שָׂרַי)라고 부르지 말고 사라(שָׂרָה)라고 부르라고 명령을 내렸다. 그 두 이름이 다 공주(여왕)라는 뜻이지만, 이렇게 이름을 바꾼다는 것은 신기원(新紀元)을 이룬다는 말이 될 것이다. 석녀였던 그녀가 이제 아기를 낳고 만인의 할머니가 되는 전환이 이루어지기 때문이다. 하나님은 그녀를 축복하실 것이고, 아들을 낳게 하실 것이고, 그 자손들이 하나의 나라를 이룰 것이며, 왕들이 나타날 것이라는 약속을 주셨다(17:16). 그러나 아브라함은 고개를 숙이고 속으로 웃었다는 것이다. 그래도 하나님은 그의 약속을 이루시겠다고 다시 다짐하시며, 내년 이맘때는 사라가 아들을 낳을 것을 약속하셨다. 아브라함이 하나님의 말씀을 듣고 웃었기(<와이이츠학> וַיִּצְחַק) 때문에, 사라가 낳을 아들의 이름을 이츠학*(יִצְחָק)이라고 부르게 하셨다. 그러나 이스마엘도 축복하시겠다는 약속을 빠뜨리지 않으셨다. 하나님이 떠나가신 후에 아브라함은 자신을 비롯한 모든 남자들에게 할례를 행했다.

자료

1. 하나님은 신실하시다. 그리고 그는 전능자이시다. 아브람에게 주신 약속을 이루시려고 제 때 하나님께서 아브람에게 나타나셨다. 인간 아브람은 그 약속을 100% 믿지를 못하고, 이스마엘을 낳는 어리석은 일을 저질렀지만, 하나님은 그대로 성실하셨다. 너그러우신 하나님이시다. 인간은 번번이 하나님께 대한 신의(信義)를 저버리지만, 하나님은 용서하시고, 참으시고, 은총을 베푸신다. 아브람의 희미한 믿음을 깨우치기 위해서 하나님은 당신의 새 이름을 일러주셨다. "나는 <엘 샤따이>('전능한 하나님')이다."라고. "내가 능력이 없어서 아직 그 약속을 이행하지 않은 줄 아느냐? 나는 전능자이다. 이제 보아라! 곧 나의 능력으로 말미암아 그 약속은 이루어질 것이다."라는 뜻으로 말씀하신 것이다.

2. 하나님의 전능하신 능력으로 말미암아 석녀인 사라이*가 임신을 하여 아기를 가지게 될 터인데, 아브람은 하나님의 그 예고의 말씀을 속으로는 웃어넘겼다. 그런 연약함을 아시는 하나님은 이삭이 출생하기까지의 열 달을 잘 기다리게 하기 위해서, 그리고 이삭의 아내 리브가 역시 아기를 낳지 못하는 사실을 볼 때 믿음이 약해지지 않게 하시기 위해서, 아브람의 이름을 아브라함이라고 바꾸어주셨다. 그것은 아

브람으로 하여금 "나는 아브라함 곧 많은 사람의 아버지이다."라는 자각을 하며, 믿음을 가지게 하려는 것이었다고 본다. 사라이*의 이름을 사라로 바꾸어주시면서, 하나님께 대한 믿음을 더 굳게 가지게 하셨다. 하나님은 우리에게 믿음을 주시는 분이시고, 믿음을 키워주시고 보존해 주시는 분도 하나님이시다.

3. 하나님은 적절한 표를 가지고 계약을 항상 상기하게 하신다. 인간은 연약하여 어떤 중요한 것도 잊을 수 있는 가능성이 있다. 그것을 아시는 하나님께서 기발한 아이디어를 주셔서, 도저히 잊을 수 없도록 하셨다. 남자의 생식기에 포경 수술을 하게 함으로써, 생리적으로도 많은 이익이 있도록 하시는 동시에, 그 상처를 날마다 보면서 하나님의 약속을 기억하게 하신 것이다. 예수는 날마다 식탁에서 먹고 마시는 빵과 포도주를 상징으로 주시며, 자기의 죽으심을 기념하게 하셨다. 아브라함에게 주신 할례의 계약은 남자들에게만 적용되는 것이었지만, 예수께서 성도들과 맺은 계약은 모든 인간과 맺은 계약으로서 훨씬 더 원만한 것이다. 요는 하나님께서 아브라함과 축복의 계약을 맺으셨다는 것이 중요하다. 하나님은 그리스도 안에서 우리들 인간에게 생명의 계약을 맺으셨다. 그 계약을 인간 편에서 폐기하거나 무시하지 않으면 된다. 확신을 가지고 그 약속을 믿으면 된다. 인간이 그것을 잊을 것을 염려하여 성례전적인 상징 행동을 반복하게 하시는 것이다.

4. 하나님은 서자인 이스마엘도 축복하셨다. 누구를 막론하고 사람으로 세상에 태어난다는 것은 하나님이 주시는 생명을 받아 가지고 나는 것이다. 태어난 사람의 잘못은 없다. 사람을 태어나게 하기까지의 인간관계의 잘못이 있을 뿐이다. 태어난 인간들끼리 적대시해서는 안 된다. 하나님이 생명을 주셔서 태어난 이상 꼭 같은 인간이기에 서로

사랑하며 형제우애를 가지고 평화롭게 살아야 할 의무가 있다. 오늘까지도 유대인들과 아랍 사람들이 적자니 서자니 하면서 다투는 것은 옳은 일이 아니다.

5. 절대자 하나님과 상대자이며 피조물인 인간은 그 하나님의 처사가 이해되지 않을 수 있다. 하나님이 자신을 계시하심으로써만, 인간이 그를 부분적으로 알 수 있다. 사람의 생각과 표준으로 볼 때 불가능한 것인데, 하나님께서 하시겠다고 나설 때, 사람은 그것을 웃어버린다. 아브람이 100세에 석녀인 아내 사라이*를 통해서 아들을 얻겠다는 하나님의 말씀은 인간에게는 웃기는 말일 수밖에 없다. 그러나 하나님 편에서 볼 때는 인간이 노는 꼴이 웃기는 일이다.

아브라함과 사라에게 아들을 약속하심(18:1-15)

해설

17장에서 이미 이삭의 출생에 대한 예고가 나왔는데, 여기 18:1-15에 다시 같은 사건에 대한 이야기가 소개된다. 유대인들의 전통 속에 두 가지 이야기가 있었기 때문에 창세기 편집자들은 그 둘을 다 소개한 셈이다. 학계에서는 17장에 있는 이야기를 제사장 문서(P)에 속한다고 하고 18장의 이야기를 야훼 문서(J)에 속한다고 말한다.

아브라함이 한 대낮에 마므레 상수리나무 그늘 밑에 친 자기 천막집 입구에 앉아 있을 때 야훼가 나타나셨다. 야훼가 솔선적으로 아브라함을 찾아오신 것이다. 거기에 나타나신 하나님은 세 사람의 모습으로 보이신 것이다. 아브라함은 세 사람을 보면서도 한 분을 대하듯이 "주님"(<아도나이> אֲדֹנָי)이라고 단수 호격(呼格)으로 불렀다. 아마도 아브라함은 묵상하며 기도하는 중에 있었던 것 같다. 하나님과 깊은 영교(靈交)를 하는 아브라함에게 하나님이 나타나셨고, 또 아브라함은 하나님을 감지할 수 있었던 것으로 보인다. 아브라함의 태도는 심상한 것이 아니었다. 그 나그네에게 달려가서, 엎드려 절을 하고, 온갖 정성을 쏟아서 극진한 환대를 한 것은, 일반인에게 할 수 있는 것 이상으로 보인다. 9절에 "네 아내 사라가 어디 있느냐?"는 질문은 생면부지(生面不知)의 낯선 사람의 물음이 아니다. 이미 아브라함의 사정을 잘 아는 존재의 물음이다. 틀림없는 하나님의 말씀이었던 것이다. 그는 자신 있게, 사라가 아들을 낳으리라는 예고를 해주셨다.

천막 안에서 그 대화를 듣고 있던 사라는 웃었다. 사라는 인간적으로 생각한 것이다. 자기도 그리고 자기 남편도 인간적으로는 과년하여 자연적인 생식 기능을 잃은 지가 오래였기 때문이었다. 그러나 13절에서는 야훼라는 이름으로 말씀하신다. "야훼가 어찌 능치 못할 것이 있겠느냐? 사라는 적시에 아들을 낳을 것이라."고 다시 약속을 하셨다. 천막 안에서 웃는 사라를 알아보시는 분은 역시 전능자이셨다. 아마도 사라를 불러내오라고 아브라함에게 명령을 하셨을 것이다. 그 자리에서 "네가 왜 웃었느냐?"고 물으셨을 것이다. 그러나 사라는 너무도 무서운 나머지 "웃지 않았습니다."라고 거짓말을 했다. 그러나 하나님이 그 진실을 모르실 리가 없었다.

교훈

1. 역사의 주인이신 하나님은 당신이 계획하신 일을 적시에 솔선적으로 수행하신다. 아브라함에게 약속하신 약속을 수행하시기 위해서 아브라함을 찾아오신 하나님 야훼는 신실하신 분이시다.

2. 하나님을 직접 본 자는 세상에 없다. 아브라함에게도 하나님은 "세 사람"이라는 형상으로 나타나셨다. 그러나 그런 형상(figure) 속에서 아브라함은 하나님을 알아챈 것이다. 하나님을 알 만한 것이 자연 속에도 있고, 하나님이 자기 계시의 방편으로 삼은 모든 것 속에서도 하나님을 깨달을 수 있는 것이다. 아브라함은 그 세 사람 속에서 하나님을 발견했고, 그에게 정중한 대우와 대접을 했다. 최선을 다하여 하나님을 대접하는 아브라함의 태도와 마음씨는 정말로 본받을 만하고, 상을 받을 만하다.

3. 인간의 노력으로도 안 되고, 인간의 꾀나, 힘이나, 재간으로는 안 되는 한계 상황에서, 우리는 대개 절망하고, 자포자기하고, 단념 내지 체념을 하기 일쑤이다. 그러나 하나님이 그 한계를 돌파하고, 불가능을 가능케 해주시겠다고 하시면, 그것을 믿어야 하고, 때가 더디더라도 기다려야 하는 것이다. 그러나 사람은 조급해서, 혹은 합리적 사고에 사로잡혀서, 하나님의 말씀을 비웃어버리기 쉽다. 아브라함과 사라는 하나님을 믿는다고 하면서도, 그 믿음의 굴곡이 있었다. 그래서 때로는 하나님의 말씀을 웃음으로 넘겨버리려고 했다. 그러나 하나님은 인간의 불신앙 때문에 계획을 취소하시거나, 시정하시는 일이 없다. 반드시 뜻을 이루시는 분이시다. "다 이루었다."고 말씀하시는 분이시다. 결코 모자라게 이루시는 분이 아니라는 말이다.

소돔 심판을 예고함(18:16-33)

해설

창세기 편집자들은 아브라함과 사라의 후손 이야기를 잠시 접어두고,

소돔과 고모라에 대한 상당히 긴 이야기를 여기에 끼워 넣었다(18:16-19:38). 그 이야기는 이스라엘 역사에 있어서 상당한 의미가 있고, 밀접한 관계가 있기 때문이다. 아브라함에게 나타나셔서 이삭의 출생을 예고해 주신 야훼는 그의 면전에서 사라지시는 것이 아니라, 계속 땅 위에서 하실 일이 있어서 길을 떠나시는 것이었다. 헤브론에서 남동쪽에 위치한 소돔과 고모라를 향해서 가시는 것이었다. 야훼는 아브라함을 택하셨고 그를 만민의 복의 근원을 삼기로 계획하셨기 때문에(12:3), 그리고 아브라함을 그의 후손에게 "야훼의 도(道)"(דֶּרֶךְ יהוה) 곧 "의와 정의"(<츠다카 우미쉬팟> צְדָקָה וּמִשְׁפָּט)[4]를 보여주어야 할 책임자로 택하셨기 때문에(18:19), 소돔과 고모라에 가서 하시려는 계획을 아브라함에게 말하지 않을 수 없다고 판단하셨다. 소돔과 고모라에서 벌어지고 있는 불의와 죄 때문에 많은 인간이 울부짖는 소리가 하늘에 사무쳤다는 것이다. 그래서 그 사실 여부를 확인하러 가신다는 것이었다. 그러니까 하나님은 두 가지의 목적을 가지시고 현현(顯現)하신 것이었다. 아브라함을 만나는 일과 소돔 고모라를 시찰하시는 일 말이다.

하나님의 계획의 말씀을 들은 아브라함은, 전송하러 나왔던 자리에서 발걸음을 돌릴 수가 없었다. 결국 소돔과 고모라는 하나님의 심판을 받고야 말겠구나 하는 생각을 하면서, 자기의 조카와 그의 식구들이 걱정되어 견딜 수가 없었던 것이다. 악한 자가 벌을 받는 것은 당연하지만 의인이 악한 자와 함께 벌을 받는 것은 부당하지 않느냐는 생각을 하면서, 하나님을 붙들고 항의를 시작했다. 그리고 조건부로 하나님의 심판을 보류하게 하려는 교섭을 하였다. 의인 50명만 있으면 벌을 멈추어 주시지 않겠습니까? 하고 제안을 했다. 하나님은 그 제안을 받아들였다. 그래도 아브라함은 걱정스러웠다. 50명 의인이 없으면 소돔과 고모라

4) 히브리 표현, <츠다카 우미쉬팟>을 개역한글판에서는 '의와 공도'로, 개역개정판에서는 '공의와 정의'로 옮겼다.

는 망할 것이고 롯도 같이 죽을 것이 아닌가? 그래서 아브라함은 무례를 무릅쓰고, 교섭을 계속했다. 45명, 40명, 30명, 20명으로 줄여 내려가다가 마침내 10명의 의인이 있어도 멸망시키지 않겠다는 허락을 받아냈다. 소돔 고모라가 아무리 악한 곳이라 해도, 열 명의 의인이야 있겠지 하는 생각과, 열이라는 수라면 롯의 식구는 넉넉히 들어갈 수 있으리라는 생각을 했을 것이다.

교훈

1. 하나님의 관심은 당신이 선택한 아브라함과 그의 후손에게만 있는 것이 아니었다. 아브라함을 택하신 것은 아브라함과 그의 후손의 행복뿐 아니라, 그를 통하여 만민이 복을 받기 위한 것이었다. 하나님의 관심은 모든 피조물과 특히 모든 인간에게도 있는 것이었다. 불의와 악으로 충만한 세상에서 아브라함을 택하여 "의와 정의"를 행하는 자, 곧 "하나님의 도"를 행하는 표본을 삼아, 만민으로 하여금 배우고 알게 하려는 것이다. 소돔과 고모라가 당대에 가장 악한 곳이요, 의와 정의가 땅에 떨어진 곳이기에 그곳을 심판하심으로써, 일벌백계의 경고를 삼으려는 뜻도 있었을 것이다.

2. 소돔과 고모라는 성적 문란(紊亂) 특히 남색(男色)으로 유명하지만, 사실은 그밖에도 모든 불의와 불공정과 갖가지 심한 죄악 때문에 사람들이 도저히 살 수가 없어서, 드디어 하늘을 향하여 울부짖었다는(<즈아카> וְעָקָה) 것이다. 하나님은 인간 사회의 일반 윤리가 하나님의 도리에 맞기를 원하신다. 정의 사회가 되기를 원하신다. 인간 사회는 하나님의 관심 밖의 영역이 아니다. 그것 역시 하나님의 창조 세계이기에, 결코 도외시하지 않는다. 결국 인간 사회의 모든 국면에서 하나님은 심판자로 계시며, 악을 응징하시는 분이시다.

3. 하나님은 의인의 기도와 간구와 요청을 뿌리치시지 않는다. 아브라함의 간절한 요구를 들어주신 하나님의 관대하심을 우리는 그 대화 속에서 찾을 수 있다. 하나님은 의인을 사랑하신다. 의인을 악인과 함께 멸망시키시기를 원치 않으신다. 하박국 선지자의 호소를 들으신 하나님이, 악인의 멸망하는 상황에도 의인은 살 수 있다는 약속을 주신 것처럼(합 2:4), 의인 아브라함의 간구를 들어주셨다. 소돔에 열 명의 의인이 없어서 결국 파멸을 당했지만, 롯의 식구는 구출되었으니, 하나님의 은혜를 거기서 발견하게 된다.

소돔 사람들의 추태(19:1-11)

해설

헤브론에서 세 사람으로 나타났던 하나님이 이제 두 사자(使者, <말아크> מַלְאָךְ) 곧 천사로 둔갑하셔서 소돔에 다다르셨다. 때는 저녁이었다. 이방인으로 소돔에 와서 살고 있던 롯은 도시 중앙에는 자리를 잡지 못하고 도시 외곽에 살고 있었던 것 같다. 성문 가에 살고 있던 롯이 저녁 시간에 문 앞에 앉아 있다가, 두 나그네가 성으로 들어오는 것을 보자, 앉은 자리에서 벌떡 일어나 그 두 나그네를 영접하며, 그들에게 엎드려 절을 하고, 자기 집에서 하루 밤을 쉬고 아침에 떠나라고 간곡히 붙드는 것이었다. 천사들은 마다했지만 롯은 진심으로 그들을 모셔 들여 극진한 환대를 베풀었다.

밤이 깊어 취침시간이 가까웠는데, 소돔 성 남자들, 젊은이 늙은이 할 것 없이, 몰려와서 롯의 집을 둘러싸고는, 그 나그네 두 사람을 내놓으라는 것이었다. 남색(男色)의 고장인 소돔 사람들이, 롯의 집에 온 나그네까지 데려다가 추행을 저지르겠다는 것이었다. 롯이 나가서 그들을 말리며, 자기 집에 온 손님에게 제발 그런 못된 짓을 하지 말아 달라고 애걸하며, 심지어 자기의 묘령의 두 딸을 내 줄 터이니, 그녀들을 마음대로 할 테면 하라고까지 제안했다. 그러나 소돔 남자들은 롯의 말을 거부하고 어서 그 집 나그네들을 내놓으라고 난동을 부렸다. 그때 집안에 앉아 있던 두 천사가, 문밖에서 시달리고 있던 롯을 보호하여 집안으로 끌어들이고, 문을 닫은 후, 그 집을 둘러싼 소돔 남자들의 눈을 멀게 해버렸다. 그래서 롯은 위기를 모면하였고, 그들의 난동은 멈추어질 수밖에 없었다.

교훈

1. 우선 우리는 롯과 그의 가정의 손 대접의 미덕을 높이 평가해야 하겠다. 인간이 황량한 세상을 살아가면서, 삶을 위하여 여기 저기 여행을 할 수밖에 없는데, 도보 여행으로 피곤하고 지친 나그네를 따스하게 맞아주고 환대해 준다는 것은, 얼마나 아름다운 일이겠는가 말이다. 아브라함에게 그 미덕이 있었고, 그의 조카 롯에게서도 그것을 발견할 수 있다. 손 대접을 융숭히 한다는 것은 고래로 인간 사회의 미덕이었다. 손님을 잘 대접한다는 것은 고달픈 세상을 살아가는 인간에게 오아시스가 되어 주는 일이다. 사랑 없이는 할 수 없는 일이다. 손님을 대접하는 미덕이 주는 보상은 큰 것이었다. 소돔과 고모라가 멸망했지만 롯과 그의 식구는 구출을 받지 않았는가. 롯이 아브라함의 미덕을 이어받은 것 같이, 그 미덕을 우리도 계속 이어가야 할 것이다.

2. 소돔 사람들의 타락이 얼마나 심했는가를 이 사건에서 엿볼 수 있다. 젊은이 늙은이 할 것 없이 모두가 비뚤어진 성생활에 빠져있었고, 심지어 지나가는 나그네까지 노리개를 삼겠다는 극도의 타락상을 보여

주었다. 그밖에도 도덕적으로 너무도 큰 불의를 행하고 있었기 때문에, 하나님은 참다 참다못해 그들을 멸망시키신 것이다. 하나님의 오래 참으심과, 그의 심판의 단호하심과, 심판의 권능을 볼 수 있다. 그들의 눈을 멀게 하여 롯을 위기에서 구출하신 것을 비롯하여, 그 일대를 초토화하신 하나님의 무서운 심판은 그것을 웅변적으로 증언하고 있다. 하나님은 당신이 택하신 자, 은혜를 주시고자 하는 사람들을, 어떤 방법으로든지 보호하시고, 원수들을 물리쳐주시는 능력을 가지고 계신다.

소돔과 고모라의 멸망(19:12-29)

해설

소돔과 고모라 백성의 난잡한 생활과 극도의 불의와 불법은 우선 특권층 사람들의 작태였을 것이고, 그 어두운 영향이 일반 시민에게도 상당히 미치고 있었을 것이다. 결론적으로 그 지방 시민 일반은 더 이상 참을 수 없을 정도로 삶이 처참하였고, "못 살겠다"는 아우성(<츠아카> צְעָקָה)이 야훼께 도달했다(19:13). 하나님은 그런 죄악의 소굴을 소탕하시려고 오셨고, 직접 소돔에서 그 죄악상을 목격하셨으며, 열 사람의 의인도 찾아볼 수 없는 터였기 때문에, 그 도시의 파멸을 집행하시기로 결정하셨다. 그러나 은혜의 하나님은 택한 백성을 구출하시기로 마음먹으시고, 롯에게 그 뜻을 밝히시며, 그에게 속한 식구들을 모두 성 밖으로 데리고 나가라고 지시하셨다. 롯은 자기 사위 두 사람에게도 어서 나가자고 권유했다. 그러나 그들은 장인 롯의 말을 농담으로 받아들이고, 소돔을 떠나려고 하지 않았다.

오랫동안 뿌리를 내리고 살던 땅을, 천사의 말을 믿고 떠난다는 것은 결코 쉬운 일이 아니었다. 다음 날 새벽까지도 주춤거리며, 떠나기를 망설이는 롯과 그의 가족의 손을 천사들이 끌고서 소돔 바깥으로 데리고 나왔다. 야훼께서 롯에게 자비를 베푸신 것이다(19:16). 하늘에서 내리는 불이 너무도 뜨거울 것이기 때문에, 소돔 성 밖에 있다고 해도 그 열기에 타게 될 것이 분명하였기에, 천사들은 롯더러 멀리 있는 산으로 도망하라고 지시를 내렸다. 그러나 롯은 천사가 지시하는 안전지대까지 가는 것이 너무 멀고 힘들어 보여서, 가까운 산, 곧 소알(צוֹעַר)로 가겠다고 졸랐다. 하나님은 그 청원을 받아들이고, 어서 그리로 도피하라고 지시하셨다. 그들이 소알에 도달하기까지 심판의 불을 내리시지 않았다. 롯의 식구가 소알에 도달하자, 해가 다 밝았다. 심판의 시간이 밝아온 것이다. 그러나 애석하게도, 도망하는 동안 뒤를 돌아보지도 말고, 중간에 멈추지도 말아야 한다는 천사의 지시를 어기고 뒤를 돌아본 롯의 아내는 소금 기둥이 되고 말았다.

그때부터 하나님은 소돔과 고모라 성에 유황과 불을 내리 부으셨다. 그리고 그 두 도시와 주변 도시들과 사해 남쪽 평원과, 그 곳의 주민들과 생물들을 몽땅 멸망시키셨다. 폐허가 되고 말았다. 롯의 귀추를 염려하며 걱정에 사로잡혀있던 아브라함은 다음 날 아침에 소돔 쪽을 바라볼 수밖에 없었다. 거기서 풀무의 연기처럼 솟는 연기가 보였다. "의인 열 사람이 없어서 결국 망하고 있구나."라고 생각하면서, 조카 롯의 운명을 슬퍼하기 시작했을 것이다. 그러나 하나님은 기대 이상으로 너그러우셨고, 아브라함에게 하신 약속을 기억하셨다. 롯이 살던 도시들을 완전히 멸망시키면서도, 그 무서운 파멸 가운데서도, 롯을 구출하신 것이다.

교훈

1. 하나님은 당신이 구원하시기로 작정하신 자들을 위하여 세심한

주의를 가지시고 구체적으로 구출작업을 실행하신다. 하나님께서 친히 롯에게도 소돔 고모라 파멸의 계획을 일러주시며, 그 이유까지 밝혀주시면서, 피난을 명령하셨다. 전혀 예상할 수 없는 일을 예고하는 천사의 말을 롯은 믿고, 자기 식구들더러 피난 보따리를 싸라고 명령을 내렸을 것이다. 그들이 롯의 말을 믿고 복종했다. 그러나 사위 두 사람은 코웃음을 치면서, 장인의 말을 농담으로 들어 넘기고 말았다. 결국 믿는 자들이 구원받은 사례가 아니겠는가. 삼촌 아브라함에게서 보고 듣고 배운 믿음이 롯과 그의 가족을 살린 셈이다.

2. 롯의 두 사위는 소돔 지방 본토인이었을 것이다. 그는 장인의 권유를 뿌리쳤다. 결국 소돔에서 재가 되고 말았다. 이질적인 문화와 신앙을 가졌던 사람을 동화하여 하나님 신앙을 바로 가지게 한다는 것이 얼마나 어렵다는 것을 여기서 알 수 있다. 야훼 신앙으로 완전히 귀의하게 하지 못한 책임이 롯과 그의 가족에게 있을 것이다. 그러나 그들이 택함 받은 가정, 곧 아브라함의 신앙과 풍속과 전통을 받아들이지 않은 책임을 벗을 수는 없을 것이다. 그들은 자멸을 초래한 셈이다.

3. 심판의 시각이 다가와도 사람들은 과거에 사로잡혀서, 거기서 탈출하지 못하고 망설이고 있다. 하나님은 당신의 사자들을 통해서 계속, 그리고 집요하게 경성(警醒)과 결단을 재촉하신다. 목사를 보내고 장로를 보내고, 친구들을 보내서, 손을 붙들고 과거의 죄악의 소굴에서 끌어내려고 한다. 그 말을 들은 사람은 행복하다. 그러나 그렇지 않은 사람들은 자기 무덤을 파고 있는 셈이다. 결국은 하나님의 능력이 그의 택한 자들을 구출하는 것이다. 우리의 구원을 뒤돌아보면, 자기의 결단이나 힘으로 구원의 반열에 선 사람이 하나도 없다. 신기할 정도로 하나님의 강권에 의하여, 그의 손에 붙들려서 하나님 앞에 나온 것이다.

4. 우리가 구원을 받는 것은 죄로부터 멀리 떨어지는 일이 전제된다. 옛 것 즉 세상의 풍조는 매력적이어서 언제나 우리를 다시 그쪽으로 끌어당긴다. 그러므로 그 악마적인 열기에 휩쓸리지 않기 위해서는, 가급적 멀리 유혹의 가능성이 있는 장소와 환경으로부터 자신을 떼놓아야 한다. 가까운 소알로 가겠다는 우리의 제안을 마지못해 허락하시기는 했지만, 위험부담이 크다는 사실을 잊지 않아야 한다.

5. 롯이 안전지대로 도피하기까지는 하나님이 심판을 보류하셨다. 하나님의 놀라운 은총을 거기서 볼 수 있다. 롯의 식구가 소알에 도달하자마자 재앙이 하늘에서 떨어져 불바다가 되고 말았다. 소돔과 고모라 그리고 그 주변 일대가 다 초토화되었다. 그 나쁜 전통과 사상과 풍속과 종교 등을 뒤돌아보는 롯의 아내도 소금 기둥이 되어버렸다. 얼마나 무서운 전례인가!

6. 소돔과 고모라와 그 일대를 초토화하신 것은 하나님이시다. 그 가운데서도 롯과 그의 딸들을 구출하신 것은 또한 하나님의 은총의 소치이다. 하나님은 아브라함을 사랑하시는 분이시고, 그에게 약속하신 약속을 지키시는 신실한 분이시기에, 롯을 구출하신 것이다. 믿음을 가진 자의 기도와 믿음의 가정이 누리는 축복을 여기서 볼 수 있다.

모압과 암몬의 수치스러운 기원(19:30-38)

해설

소돔과 고모라와 그 주변이 멸망한 후, 간신히 소알에 피신하여 목숨을 건진 롯과 그의 두 딸은, 그 무서운 재난을 목격한 터라, 소알에 남아 있기가 무서웠다. 인기척이 드물고, 민심은 더 사나워졌을 터이고 해서, 소알을 떠나야만 했다. 산골을 택하여, 어느 동굴을 집으로 삼고 정착을 하면서, 포도나무를 심고 가꾸며, 목축을 하면서 살았다. 여기 파탄된 세 인간 가정의 남은 한 쪽들이 어울려 살면서, 인간의 기본적 욕망의 갈등이 생겼고, 평상시에는 별로 일어날 수 없는 기괴한 결과들이 생겨났다. 홀아비가 된 롯, 과부가 된 두 딸이 한 동굴에서 살면서, 인간의 본능적 욕구를 채우는 동시에, 가문의 생명 연장이라는 전통적 가치관을 구실로 하여, 천도를 어기고 근친상간의 죄를 범하기에 이르렀다. 즉 아직도 생식의 능을 가득 가지고 있는 딸들이, 아버지께 술을 먹여 취하게 한 후, 아버지와 동침하여 자식을 낳는 불륜을 저질렀다. 그리하여 결국 모압이라는 족속이 생기고, 암몬이라는 족속이 생겨나게 됐다.

교훈

1. 이스라엘이, 자기들의 가장 가까운 이웃인 모압 족과 암몬 족과 어쩔 수 없이 한 줄의 경계선을 가운데 두고 같이 살아야 하는데, 역사적으로 그 관계가 언제나 평탄하지 못했다. 따지고 보면 한 조상에서 나온 사람들이지만, 그들의 출신을 따진다면, 이스라엘에 비하여, 비정상적이고, 비합법적이었다는 것을, 이스라엘 백성에게 보여주어, 백성들로 하여금 자부심과 긍지를 가지게 하려는 것이 우선 저자들의 목적이었을 것이다. 인간은 자기 잘난 맛에 산다고도 하는데, 이스라엘은 자기들이 이웃보다 더 정통적이고, 적자(嫡子) 계열의 자손이라고 자부하며, 이웃을 우습게 여기면서 살았다. 과연 인간의 육적인 신분이 그렇게도 중요한 것일까? 하나님이 그런 외모나 가문을 따지실까? 유대인들이 이방인들을 차별대우한 것은 잘못이다. 지금도 자기가 남보다 높다거나 더 귀하다고 생가는 것은 교만한 태도이다.

2. 예수 그리스도의 족보에 모압 여인 룻이 들어 있다(마 1:5). 하나님은 만민의 주로서, 인간을 민족이나 성별이나 문벌이나 빈부나 유식무식으로 차별하시지 않는다. 인간의 태생이 구원과는 무관하다는 말이다. 그러나 근친상간 행동은 인간의 자연적 질서를 깨뜨리는 수치스러운 일이기에, 그 행동을 정죄해야 할 것은 물론이다. 그러나 선하신 하나님께서는, 인간이 다 그러한 죄인임에도 불구하고, 그것을 초월하여, 구원하실 자를 구원하신다는 사실을 잊지 말아야 할 것이다.

아브라함과 사라가 그랄에서 당한 사건(20:1-18)

해설

가나안 땅은 헤브론서부터 그 위 부분에 풀이 돋기 때문에, 거기서는 목축도 하고 농사도 지을 수 있다. 아브라함이 헤브론에서 살면서 하나님의 축복으로 남달리 부유해지자, 본토인들은 그를 질투한 나머지, 그 고장에서 그를 몰아냈는지 모른다. 아브라함이 자진해서 헤브론을 떠나, 불모지인 네게브(נֶגֶב)로 내려갔다고 보기는 어렵다. 아브라함은 하나님의 축복의 약속을 가지고 있었지만, 그의 여정은 난관으로 가득하였다. 아브라함은 가데스와 수르 중간 지대에 자리를 잡았다는 것이다. 그 곳은 서쪽에 지중해를 끼고 있는 지방이고 블레셋 사람들의 땅이기도 했다(창 21:34). 그러니까 네게브(광야)라고는 하지만 사람이 살만한 곳이었다. 낯선 땅 그랄(גְּרָר)에서의 삶은 역시 불안하고 죽음의 위험이 도사리고 있는 것이었다. 죽음을 모면하기 위해서 아내 사라를 누이동생으로 속이면서 살아야 하는 처지였다. 절대주권을 가진 그 당시 그 지대의 왕 아비멜렉은 미모의 여인 사라를 불러들여 아내로 삼았다. 아브라함은 자기 목숨을 유지하기 위해서, 일언반구 항의도 못하고, 왕에게 아내를 빼앗기고 말았다.

인간의 재간이나 꾀나 힘으로써는 이 상황을 모면할 길이 전혀 없었다. 거기에 전능자 하나님의 개입이 필요했다. 초월자이신 하나님은 아브라함과 사라에게 주셨던 약속을 지키시려고, 아비멜렉을 꿈 가운데서 만나셔서, 협박하시고, 사라의 정체를 알려주셨다. 사라가 순결을 잃게 될 바로 그 찰나에, 하나님의 능력에 의해서 그 처지를 면하게 된 것이다.

"사라에게 손을 대는 날에는 네가 죽을 것이다."는 협박을 받은 아비멜렉은 질겁을 하며 하나님께 항의했다. 자기는 무죄하다는 것이며, 무죄한 자기나 자기 백성을 멸망시키면 안 된다는 것이었다. 아브라함과 사라가 다 거짓말을 하여 자기를 속였다는 것이다. 그러니까 사라를 아내로 삼으려 한 것은 사실이지만, 결백한 마음 곧 완전한(תָּם) 마음을 가지고 했으며, 자기가 한 일이 허물이 없다는 것이다.

그 항의를 들으신 하나님은 그의 말을 수긍하셨다. 그러나 그 왕이 범죄하지 않게 한 것은 하나님 자신이었고, 왕으로 하여금 사라에게 접근하지 못하게 한 것은 바로 하나님 자신이었다고 일러주셨다. 사라를 당장에 돌려주라고 지시하셨다. 그리고 아브라함은 예언자라는 사실을 알려주며, 아브라함이 기도함으로써 그가 살게 될 것이라고 말씀하셨다. 하나님의 지시를 따르지 않을 경우 왕과 모든 백성이 멸망할 것이라고 경고하셨다.

꿈에서 깨어난 아비멜렉은 하나님의 명령에 승복하고, 두려운 마음을 가지고 아브라함을 불러서 담판했다. "내가 당신에게 잘못한 것이 무엇인데, 당신이 그런 끔찍한 일을 저질러서 나와 우리 백성에게 큰 죄가 돌아오게 했는가?"라고 따졌다. 아브라함은 구구한 변명을 늘어놓았다. 그 백성이 하나님을 모르는 무지막지한 사람들로 보았기 때문이었다는 것이다. 그리고 사라가 자기의 누이동생인 것이 사실이니까, 사라를 자기 누이라고 한 말은 생판 거짓말은 아니라는 것이다.

이런 대화가 있었지만, 아비멜렉이 해야 할 일은 남아 있었다. 하나님께서 내리신 경고의 말씀은 아직 살아있는 것이었기 때문이다. 사라를 돌려주어야만 했고, 남의 아내를 빼앗았던 보상은 치러야만 하는 것이었다. 양과 소와 남종 여종들을 붙여서 사라를 아브라함에게 돌려보냈다. 그리고 마음대로 자기 땅에서 거주해도 좋다는 허락을 내렸다. 이렇게 화해가 이루어지자, 아브라함은 하나님께 기도를 하여 아비멜렉과 그 백성에게 내리시려고 하던 화를 보류하도록 빌었다. 그랄의 모든 여자들에게 불임(不姙)의 화를 내리시려고 하던 하나님은 그 계획을 철회하신다.

교훈

1. 인간은 연약한 존재이다. 아브라함은 믿음의 조상이라고 하지만, 자기 목숨이 아까워서 자기 아내 사라를 누이동생이라고 속이는 우를 또 다시 범했다. 아브라함이 사라를 자기 아내라고 당당히 말했다고 가정해 보자. 사라가 아무리 미모의 여인이라 한들, 아비멜렉이 그녀를 강제로 아내로 삼았을까? 가령 그가 강제로 사라를 취했다고 하더라도, 하나님은 거기에 간섭하셔서 모종의 해결을 하셨을 것이다. 결국 우리는 아브라함의 연약함을 발견하게 된다. 하나님은 그럼에도 불구하고 아브라함과 사라를 궁지에서 구출하신 것이다. 우리는 여기서 은혜의 하나님을 다시 발견한다.

2. 사라를 통하여 많은 자손을 얻게 하시겠다고 약속하신 하나님은 성실하시고 능력을 가지신 하나님이라는 것을 우리는 새삼 발견하게 된다. 아비멜렉의 꿈에 나타나셔서, 그를 협박하고, 그의 행동을 제지하여 사라에게 조금도 손을 대지 못하게 하신 하나님의 절대적 능력을 보면서, 새삼스럽게 하나님의 위대하심을 느끼게 된다.

3. 하나님은 아브라함의 하나님이시고 선민에게 특별한 관심을 가지시는 하나님이시지만, 선택권(選擇圈) 밖에 있는 사람의 말에도 귀를 기울이시고, 관심을 두신 하나님을 우리는 발견하게 된다. 아브라함의 생각에는 그랄 사람들과 그들의 왕은 전혀 종교심이 없고, 하나님 무서워하는 생각이 없는 줄 알았는데, 아비멜렉은 하나님의 말씀에 복종했고, 하나님의 영을 받은 사람 곧 예언자 아브라함을 존중하여, 그 앞에서 기도를 받았다. 어지간한 신앙이 아니다. 아브라함의 기도를 들으신 하나님은 그랄 사람들에게 내리기로 하셨던 재난을 사면해주셨다.

4. 한바탕 소용돌이가 있었지만, 결국 아브라함에게는 전화위복이 되었고, 그랄 사람들에게는 하나님의 위력을 알리는 기회가 되었으며, 아브라함의 가족을 결코 무시 못 할 존재로 인식시키는 계기가 되었다. 유랑하는 아브라함이 그랄 왕의 보호를 받으면서, 비록 이방 땅이지만, 마음대로 그 지방에서 살 권한을 얻기에 이르렀다. 하나님은 결국 당신이 택하신 자들을 보다 평안한 삶에로 인도하신 것이다. 이렇게 하나님은 아브라함의 큰 울타리가 되어 주신 것이다.

이삭의 출생(21:1-7)

해설

야훼 하나님은 아브라함과 사라에게 누차에 걸쳐 말씀하신 것, 약속하신 것을(12:2; 13:16; 15:4-6; 17:15-19; 18:9-15) 드디어 이루어주셨다. 아브라함이 100세가 되는 해에, 사라가 90세가 되는 해에, 고대하던 아들 이삭을 낳은 것이다. 아브라함은 하나님의 지시대로 아들의 이름을 이삭이라고 했으며, 약속한 대로, 난 지 여드레 만에 아기에게 할례를 행했다. 오매불망 기다리던 아들을 얻은 사라는 한량없는 기쁨을 가지고, 이삭이라는 이름의 뜻을 새롭게 부여했다. 아브라함과 사라는 아들을 낳으리라는 천사의 예고를 듣고 비웃는 웃음을 웃었고, 그래서 이삭(<이츠학> יִצְחָק, '그리고 그가 웃었다')이라고 했지만, 이제는 그 아들이 자기에게 웃음을 가져다주었고, 모든 사람이 그 소식을 듣고 웃게 될 것이라는 의미에서 이삭이라고 부른 것이다. 인간적으로 볼 때는 절대로 가능성이 없는 지경에서 아들을 얻었기에, 그 기쁨은 한량없이 큰 것이었다.

교훈

1. 야훼 하나님은 반드시 약속을 지키시는 하나님이시다. 사람들에게는 매우 더디어 보이지만, 하나님은 제때 그 약속을 이루신 것이다. 가장 큰 기쁨을 주시기 위해서, 인간적 가능성이 전혀 없는 단계에 이르렀을 때, 그 약속을 이루신 것이다.

2. 아브라함이 100세가 되고 사라가 90세가 되었으며, 게다가 사라는 석녀(石女)여서 도무지 임신의 가능성이 없는 여자였으니, 그 둘 사이에서 아들을 얻는다는 것은 완전히 희망이 없는 일이었다. 그런데도 그 두 사람이 하나님의 약속을 그런 대로 믿어왔다는 것이 참으로 기특하다. 동시에 하나님은 그 절망적인 상황에서 창조적 능력을 발휘하셔서, 아들을 낳게 하셨으니, 그 능력이 얼마나 위대한가 말이다. 결국 이 사건은 인간의 무능과 하나님의 절대적 능력이 극상으로 대조가 되는 사건이다. 사람의 힘과 재간은 공(空)이요 무(無)인데, 하나님은 그 상태에서도 약속대로 많은 선민의 뿌리가 될 이삭이라는 인간을 출생케 하셨으니, 그것이 창조자의 능이 아니고 무엇이겠는가!

3. 하나님은 인간에게 한량없는 기쁨을 주시는 분이시다. 사람이 보기에는 비웃음의 대상에 불과한 것이지만, 하나님은 그 상황을 놀라운 기쁨의 사건으로 전환하여, 많은 사람으로 하여금 기쁨을 같이 나눌 수 있게 하신다. 이삭의 사건이 바로 그런 것이다. 그리스도의 사건은 많은 사람의 조롱과 비소의 대상이었고, 부끄러운 사건이었다. 그러나 하나님은, 예수가 십자가에서 죽으시고, 끝장났다고 보이는 순간에, 그를 부활하게 하심으로써, 만민에게 기쁨을 채워주셨다. 하나님은 기쁨을 잃고 사는 인간에게 기쁨을 주시는 분이시다. 바울 사도는 기쁨(χαρά)이라는 말 대신 은혜(χάρις)라는 말을 많이 사용하는데, 결국 그 어원은 기쁨(χαρά)이다. 하나님은 기쁨의 하나님, 은혜의 하나님이시다.

하갈과 이스마엘이 쫓겨남(21:8-21)

해설

16:1-16에 이미 이스마엘 출생 이야기가 나왔다. 학계에서는 그것은 J 문서에서 온 것, 즉 보다 이른 전승에 속한 것이고, 여기에 다시 나오는 이스마엘 이야기는 소위 E 문서에 속한 것, 즉 좀 늦게 북쪽 나라 이스라엘에서 생긴 전승에 속한 것이라고 말한다.

이삭이 정상적으로 자라서 세 살이 되자 젖을 떼게 되었다. 의학이 발달하지 못한 그 옛날에는 아기가 태어나서 젖을 떼고 굳은 음식을 먹을 지경에 이르렀다는 것은 큰 경사였다. 그래서 이삭의 경우에도 그가 젖을 떼는 날 큰 잔치를 했다는 것이다. 사라는 뒤늦게 적자(嫡子) 아들을 낳기는 했지만, 자기보다 13년이나 먼저, 그의 여종 하갈이 낳은 이스마엘이 늘 마음에 걸렸을 것이다. 이삭이 젖을 뗀 후, 사라의 눈에는 이스마엘이 이삭을 깔보고, 비웃고, 업신여기며 놀려대는 것으로 보였다(21:9). 아마도 실제로 그랬을 수도 있다. 이스마엘은 13년 동안 아브라함의 사랑을 받아왔고, 자기가 맏아들이라는 자부심을 가지고 있었을 것이니 말이다. 자기보다 까마득히 어린 이삭을 보면서 그를 얕잡았을 수도 있다. 히브리어 원문에 나오는 <므차헥>(מְצַחֵק)이라는 말은 "웃는다"는 뜻이고, 그 단어 하나만 달랑 나타나기 때문에 해석자들의 의견이 분분하다. 그래서 70인역(LXX)과 라틴 불가타(Vulgata)역에는 "그녀의 아들 이삭과 놀고 있는 것을 보고"라는 뜻으로 의역을 했다.

사라는 아브라함의 본처(本妻)의 권한과, 여성으로서의 질투심을 가지고, 남편 아브라함에게 요구했다. 적자는 이삭이고 상속권은 바로 이삭에게만 있어야 하니, 하갈과 이스마엘을 일찌감치 쫓아내라는 것이었다. 그것은 속 좁은 인간 사라의 발상이었다. 아브라함에게 후손을 남겨야 한다는 갸륵한 생각을 가지고 여종 하갈을 남편의 씨받이로 삼은 사라가, 이제 자기가 아기를 낳았다고 해서 하갈과 이스마엘을 쫓아내야 하겠다는 생각을 하니, 그 얼마나 변덕스러운 마음인가 말이다. 그것이 인간의 마음이니 어찌하랴.

아브라함의 마음은 조금 달랐다. 이스마엘도 자기의 아들임이 틀림없고, 그에 대하여 정도 듬뿍 들었으니, 사라의 제안이 어찌 아브라함에게 큰 고민거리가 아닐 수 있었겠는가. 그러나 하나님께서, 아브라함의 이 고민스럽고, 난감한 상황에 나타나셔서 방향을 제시하셨다는 것이다. 하나님의 원래의 계획이 바로 이삭의 계열, 약속의 계열을 통해서 역사하시려는 것이기에, 사라의 제안대로 하는 것이 좋겠다는 결론을 내려주신 것이다. 한 지붕 밑에서 싸우는 것보다는 떨어져서 사는 것이 차선책이기 때문이었을 것이다. 그러면서 하나님은 이스마엘의 아비도 되는 아브라함에게 약속을 해 주셨다. 즉 이스마엘도 큰 나라가 될 것이라는 약속이었다. 그 말씀을 들은 아브라함은 안도의 숨을 쉬었을 것이다. 마음을 가다듬은 아브라함은 지체하지 않고 단행하였다. 다음 날 빵과 그리고 물을 담은 자루를 하갈에게 지워주며, 내보내고 말았다. 결국 하갈과 이스마엘은 졸지에 유랑객이 되고 말았다. 메마른 브엘세바* 지역에서 떠돌이가 되고 말았다.

작렬(炸裂)하는 태양 볕 아래서 가장 필요한 것은 물이었다. 집에서 받아 가지고 나온 물 한 자루는 곧 바닥이 나게 마련이었다. 물이 떨어진 모자는 이제 목이 말라 죽어야 하는 신세가 되었다. "물, 물!" 하며 허덕이는 아들 이스마엘을 위하여 미칠 듯이 물을 찾아보았지만, 물을 구하지 못한 하갈은 목이 타서 죽어 가는 아들을 눈 앞에서 보고 있을 수가 없어서, 멀찌감치 떨어져서, 대성통곡을 하기 시작했다.

하나님은 소년 이스마엘이 "물, 물, 물!" 하는 소리를 들으셨다. 그리고 하늘에서 천사를 통하여 하갈에게 말씀을 전했다. "두려워 말아라. 하나님이 소년의 신음 소리를 들으셨다. 아이를 버려두지 말고, 꼭 붙들어라. 그로 하여금 큰 나라가 되게 하겠다."고 하시며 격려하실 뿐 아니라, 하갈의 눈을 열어 샘을 발견하게 하셨다. 그리하여 그 모자는 생명을 건졌다. 그렇게 위기에서 그들을 건져주신 하나님은 이스마엘과 같이 계셨고, 그는 잘 자랐으며, 비록 광야에서 살았지만, 활을 잘 쏘는 재간을 가지고, 생계를 유지했다. 애굽 여자인 어머니 하갈은 애굽 여자 가운데서 골라 이스마엘의 아내를 삼았다.

교훈

1. 사라가 자진하여 자기 몸종 하갈을 남편 아브라함에게 내주어 씨를 받게 하던 마음이 변했다. 서자(庶子) 이스마엘이 성장하는 모습을 보는 사라는 하갈과 이스마엘을 미워하기 시작하였다. 남편을 졸라서 그들을 쫓아내기로 했다. 이것이 연약한, 그리고 비뚤어진 인간상이다. 그것은 사라만 아니라 모든 인간의 공통된 모습이다. 하나님의 약속을

끝까지 믿지 못하고, 인간의 얄팍한 합리적 방법을 쓴 사라와 아브라함의 불신앙이 그 원인이다. 사람이 세상에 태어난다는 것은 하나님이 주신 생명을 받은 것이고, 하나님 앞에서 동등한 가치를 가진 인간으로 태어난 것인데, 인간의 인습과 전통과 제도 때문에 어떤 사람이 종이 되고 첩이 되고 서자가 되어 차별 대우를 받고 압박을 받는 것은 순리가 아니다. 그런 의미에서 하갈과 아브라함은 하나님의 창조의 질서를 어기는 행동을 한 셈이다.

2. 하나님께서 택하신 인간마저 불충하지만, 그럼에도 불구하고 은총의 하나님은 그들을 통해서 당신이 정하신 뜻을 이루신다. 사람들이 저지른 죄와 왜곡된 상황을 이용하셔서, 선을 이루시고 계신다. 사라는 악의를 가지고 이스마엘과 하갈을 쫓아냈지만, 하나님은 그런 상황에서도, 당신이 내신 인간들을 버려두시지 않고, 그들 나름의 살 길을 열어주셨다. 하나님은 아브라함과 사라의 하나님만이 아니라는 말이다. 사람들은 그들의 욕심과 죄로 인해서, 어떤 사람을 종으로 부리고, 서자의 슬픔을 가지게 하고, 여러 가지 고통을 당하게 하지만, 하나님은 그 모든 사람을 공의로 다스리시며, 은혜로 보살피신다.

3. 하나님은 특히 억울하게 고통당하는 사람들의 부르짖음을 외면하시지 않는다. 이스마엘이 목말라 물을 구하는 아우성을 들어주신 하나님은, 그가 선택권 밖에 있는 자라고 해서 방치하신 것이 아니었다. 천사를 보내어 격려도 하시고 실제로 살길을 열어주셨다. 하나님은 선한 자나 악한 자에게 다 같이 해와 비를 주시는 은혜의 하나님이시다. 그런데 사람들은 편을 만들고, 자기에게 이로운 사람만 사랑한다.

아브라함과 아비멜렉의 계약(21:22-34)

해설

아브라함이 아비멜렉의 영토 안에서 마음대로 살 수 있는 허락을 받고 얼마 사는 동안, 하나님의 축복으로 계속 재산이 늘어나고, 무시 못할 존재가 되었다. 결국 그랄 왕 아비멜렉이 그의 군대 장관을 대동하고 아브라함을 찾아와서 일대일로 조약을 맺자는 제안을 할 정도가 된 것이다. 과거에 아브라함과 사라가 거짓말을 한 일로 인해서 아비멜렉과 온 국민이 큰 화를 입을 뻔했기 때문에, 그리고 하나님이 아브라함 편에 있다는 것을 알았기 때문에, 앞으로 전 번과 같은 일이 다시 있지 않기 위해서 아브라함과 정식으로 조약을 맺기 위해서 아브라함을 찾아온 것이다. 군대 사령관 비골을 대동했다는 것은, 그만큼 심각한 문제라는 것을 시사하고 있다. 그래서 아브라함은 그 제안을 받아들여서, 맹세를 했다.

이렇게 우호조약을 맺은 후였는데, 아브라함이 브엘세바*에 파놓은 우물을 아비멜렉의 종들이 빼앗는 사건이 벌어졌다. 그래서 아브라함은 아비멜렉에게 항의를 했다. 그러나 아비멜렉은 자기도 모르는 일이라고 사과를 했다. 거기서 다시 아브라함과 아비멜렉은 계약을 맺었다. 아브라함이 아비멜렉에게 얼마의 양과 소를 주고 정식으로 소유권 확정 계약을 체결한 것이다. 아울러 아브라함은 일곱 마리의 새끼 암양을 양무리에서 떼어 아비멜렉에게 전해 주는 행동을 함으로써, 그 우물은 아브라함이 판 우물이라는 사실에 대한 증거를 삼자는 것이었다. "일곱"이라는 말과 "서약"이라는 말이 히브리어로 <셰바>(שֶׁבַע)이기 때문에, 일곱 마리의 양은 곧 서약의 양이라는 말이 될 것이다. 그래서 그 곳을 서약의 '우물'(<브엘> בְּאֵר) 곧 브엘세바*라고 일컬었다는 것이다.

아브라함은 이렇게 해서 비로소 브엘세바*에서 안정된 생활을 하게 되었다. 그것은 그의 삶에 있어서 기념할 만한 사건이었다. 따라서 그는 다마리스크라는 나무 한 그루를 기념으로 심고, 하나님을 '영원하신 하나님'(<엘 올람> אֵל עוֹלָם)이라고 불렀다. 그 덕분인지는 몰라도 아브라함은 외국인이면서도 그 블레셋 사람들의 땅에서 상당 기간 살 수 있었다. 블레셋 사람들이라고 하면 이스라엘 백성과는 대대로 적대관계에 있는 백성인데도 말이다.

교훈

1. 이방 땅에서 사는 아브라함일지라도 하나님이 그와 같이 계셨기 때문에, 점점 부자가 되고 무시할 수 없는 존재가 되었다. 국왕과 군대 사령관이 아브라함을 찾아와서 일대일로 흥정을 할 정도가 되었다는 것은 얼마나 놀라운 일인가! 이방인들이 아브라함 뒤에 계시는 하나님을 두려워하게 된 것이다. 우리가 세상에서 살면서 하나님의 위신을 그렇게 높일 수 있어야 할 것이다. 아브라함이 어디 가든지 하나님의 사람으로서 주변 사람들에게 참되고 의로운 삶을 살지 않았다면, 그를 인정하지 않았을 것이고, 눈총을 받고 그 고장에서 쫓겨났을 것이다. 아브라함은 그의 삶에서 하나님의 이름을 높인 것이다. 하나님은 그가 택하신 자의 위상을 높여주신 것이다.

2. 하나님의 백성이 이 세속 사회에서 사는 동안 아브라함처럼 언제나 실력을 길러야 한다. 세상이 무시하지 못 할 정도로 실력을 길러야 한다. 정당한 방법으로, 공정한 경쟁 속에서 승자가 되어야 한다. 그리하여 하나님의 존재와 그의 뜻을, 삶을 통하여 증언할 수 있어야 한다. 에스더처럼, 다니엘처럼 이방 땅에서도 실력을 기름으로써 하나님을 영화롭게 할 수 있고, 자기와 또 많은 사람에게 도움과 혜택을 줄 수 있다.

3. 야훼 하나님은 “영원하신 하나님”(<엘 올람>)이시다. 그는 ‘전능하신 하나님’(<엘 샤따이>)일 뿐 아니라, 끊임없이 언제나 우리와 함께 계시고 우리를 도우시고 지키시는 하나님이시다. 아브라함은 자기의 삶에 있어서, 과거와 지금 그리고 영원히 같이 하시고 도우시는 하나님을 인식하였다. 우리도 그런 신관을 가지고 살면 기쁘고, 마음이 평안할 것이다. 내가 믿는 하나님을 나는 어떤 분으로 이해하고 있는 것일까?

이삭을 잡아 바쳐라(22:1-19)

해설

이삭은 아브라함이 100세에 얻은 아들이고, 희망이 전혀 없는 처지에서, 뜻밖에 얻은 아들이기에, 늙은 아브라함 부부는 그를 금이야 옥이야 귀하게 길렀고, 모든 사랑을 그에게 쏟아 부었을 것이다. 그는 약속의 아들이요, 그에게서 많은 후손이 태어나리라는 하나님의 약속을 믿고 애지중지 길렀을 것이다.

그런데 이삭이 잘 자라서 이제는 건장한 소년이 되었을 무렵, 하나님은 아브라함을 시험하기로 작정하셨다. “네 아들, 네 외아들, 네가 사랑하는 아들, 이삭을 모리아 땅으로 데리고 가서 내가 지시하는 산에서 나에게 번제로 드리어라!” 하는 명령을 내리셨다. 몽땅 불살라서 바치라는 끔직한 명령을 내리셨다. 저자는 이 이야기 서두에, 하나님께서 아브라함을 시험하셨다고 밝혔지만, 아브라함은 그 사실을 알 리가 없었다. 그는 그 말씀을 하나님의 진지한 명령으로 받아들였다. 이 명령을 들은 아브라함은 자기 아내 사라에게도 말하지 않았다. 아마도 밤새도록 하나님 앞에 엎드려 기도하며, “정말 그래야 합니까?” 하고 애타는 심정으로 하나님의 번의(翻意)를 갈구했을 것이다. 그러나 변함없는 하나님의 태도를 본 아브라함은 단호하게 하나님의 명령에 순종하기로 결심하였다. 하나님이 주신 아들을 하나님이 달라고 하시니, 아무리 아까워도 바칠 수밖에 없다는 생각을 한 것이다. 하나님께 절대 복종하는 그의 믿음을 여기서 볼 수 있다.

모리아에 있는 산이라면 브엘세바*에서 적어도 사흘 길이나 되니, 서둘러서 떠나야 한다고 생각한 아브라함은, 아침 일찍이 일어나 여행준비, 제사 준비를 다 해 가지고 길을 떠났다. 나귀에 여행에 필요한 짐을 싣고, 젊은 수행원 두 사람을 대동하고, 번제에 쓸 땔감을 잘라 가지고, 이삭과 함께 길을 떠났다. 소년 이삭은 신이 났을 것이다. 사랑하는 아버지와 함께 다른 두 젊은이들과 더불어 먼 여행을 떠난다는 것이 얼마나 즐거운 것이었을까! 반면에 아브라함의 마음은 무겁기만 했을 것이다. 자기 손으로 그 귀한 아들을 죽여서 불살라야 한다니, 얼마나 답답하고, 슬프고, 억장이 무너지는 일이었겠는가 말이다. 그래도 내색을 하지 못하고 사흘 길을 걸었다.

모리아 산이 멀찍이 보이는 지점에 이르자, 두 청년을 산 아래서 기다리게 하고, 아브라함과 이삭만이, 땔감과 불과 칼을 들고 산을 올라가기 시작했다. 이삭이 물을 수밖에 없었다. 번제로 드릴 어린양은 어디 있느냐 하는 것이다. 그때 아브라함은 "하나님이 친히 번제로 들일 어린양을 마련해 주실 것이다."라고 대답했다. 결국은 그 말이 성취되었지만, 이 단계에서는 이삭을 속이는 말이기도 했다. 하나님은 계속 아브라함과 동행하셨다. 아브라함이 가는 길을 인도하셨고, 마침내 제사를 드려야 할 장소를 정해주셨다. 그 자리에 이르자 아브라함은 제단을 쌓았다. 그리고는 나무를 제단에 올려놓고, 아들 이삭을 붙들어 포박을 하여, 나무 위에 뉘고는, 칼을 뽑아들어 이삭을 찌르려고 치켜들었다.

바로 그 찰나에 야훼의 천사가 하늘로부터 아브라함에게 소리를 질렀다. 그 아이에게 손을 대지 말라는 것이었다. 그 이유는, 하나님께서, 아브라함이 하나님을 두려워한다는 사실을 확실히 아셨다는 것이다. 그의 외아들을 하나님께 바치기를 주저하지 않은 것으로써, 아브라함의 경외심이 증명되었다는 것이다. 아브라함은 소리가 나는 방향 곧 위를 향하여 고개를 들었다. 그 순간 양이 우는 소리가 들려왔다. 가시덤불에 뿔이 걸려서 "메에에..."하며 소리 지르는 양이 보였다. 아브라함은 자기 아들 이삭 대신 그 양을 잡아서 번제로 드렸다. 아브라함은 그 장소의 이름을 야훼 이레*(יהוה יִרְאֶה)라고 칭하였다(22:14). 즉 "야훼가 마련하신다."라는 뜻이다. 창세기가 편집되던 시대에도 "야훼의 산에서 그것이 마련될 것이다"(또는 "그가 보여질 것이다." <예라에> יֵרָאֶה)라는 말을 하고 있었다는 것이다. 또한 "마련하신다"(<이르에> יִרְאֶה)라는 말은 "그가 보실 것이다"라는 말이기도 하다. 즉 야훼 하나님께서 보시고 알아서 해결하신다는 뜻이다. 역대하 3:1과 후대의 유대 전통은 "모리아"를 지금 예루살렘 성전이 있는 장소를 가리킨다고 보았다.

아브라함의 그 엄청난 믿음을 확인하신 야훼 하나님은 천사를 통하여 다시 하늘로부터 소리를 내어 옛 약속을 다져주셨다. (1) 진정으로 축복하시겠다는 것, (2) 그의 후손이 하늘의 별과 같이, 해변의 모래 같이 많아질 것, (3) 아브라함의 후손이 그들의 원수들의 문을 장악할 것, (4) 그의 후손으로 말미암아 땅의 나라들이 축복을 받게 될 것을 약속하셨다. 그것은 아브라함이 하나님의 말씀에 복종했기 때문이라는 것이다. 이러한 축복의 말씀을 다시 듣고 아브라함은 이삭과 또 산 아래 있던 다른 청년 둘과 함께 브엘세바*로 돌아와 그 곳에서 살았다는 것이다.

교훈

1. 하나님께서 아브라함을 시험하셨다는 것은 아브라함의 믿음을 연단하기 위한 것이었고, 가장 순수한 믿음의 표본을 만인에게 보여주시기 위한 것이었다고 본다. 하나님의 명령을 받고 아브라함이 고향을 버리고 떠날 때부터 그의 큰 믿음이 나타났었지만, 여기 이 사건에서 그 절정을 보여준 것이다. 그러니 아브라함이 믿음의 조상이라는 말을 들어 마땅하다. 하나님은 성도들을 시험하신다. 그것은 악의에서가 아니라 그들을 사랑하시는 아버지로서, 연단을 통하여 더 훌륭한 신앙인을 만드시기 위한 것이라는 사실을 알고 그 시련과 시험을 이겨내야 할 것이다.

2. 우리가 아브라함의 처지에 있다고 가정해 보자. 과연 외아들을 잡아 바치라는 하나님의 음성이 들려올 때 우리가 아브라함처럼 복종할 수 있을까. 평생 피땀 흘려서 번 재산을 다 하나님께 바치라는 명령이 떨어졌다고 하자. 우리가 선뜻 아브라함처럼 그 명령에 복종할 수 있을까? 하나님께서 아브라함에게 내린 명령은 질적으로 그런 것과는 다른 것이다. 인간의 생명, 아니 그것도 자기의 귀한 외아들의 생명을 죽여서 몽땅 불살라 바치라는, 비윤리적이고, 비인도적이고, 비상식적인 명령이었다. 그런데도 아브라함은 그 명령에 복종했다는 것인데, 합리적 사고를 하는 오늘의 우리들이 과연 그것을 받아들이고 복종할 수 있겠는가 말이다. 아브라함은 그 명령이 하나님의 것이었기 때문에 무조건 복종한 것이다. 하나님이 하시는 일이 인간에게는 이해가 되지 않을 수 있다. 그러나 그는 인간의 사고나 이론을 초월하신 분이시다. 그래서 그의 명령이 비합리적인 것으로 보이지만 복종해야 하는 것이다.

3. 하나님의 명령에 복종하는 것은 결코 쉬운 일이 아니다. 때로는

비합리적이라고 보이기 때문에 내적인 갈등이 생긴다. 그 명령을 복종하는 데는 육체적, 물질적 희생이 따르기도 한다. 남들이 보기에 어리석다는 비난과 오해를 받을 수도 있다. 그러나 그런 것들을 다 이겨내어야 한다.

4. 하나님은 당신의 사랑하는 자들의 형편을 잘 아시고, 잘 보시고, 적절하게 필요한 것을 공급해 주시는 분이시다. 하나님이 지시하신 산에 올라가면, 거기까지 가는 어려움이 있기는 하지만, 하나님께서 그 길도 인도하시고, 그 산에서는 하나님이 모든 것을 알아서, 당신에게와 성도에게 알맞는 해결책을 마련해주신다. 그러므로 하나님의 명령을 들었을 때, 아무리 어려워도, 아무리 까마득히 높아도, 복종하고 그곳을 향하여 나아갈 때, 하나님은 모든 것을 준비해 놓으시고, 예상을 초월하는 큰 기쁨을 가지게 하신다.

5. 하나님께 복종하는 자는 더 확실한 복의 약속을 다짐받는다. 예수를 믿는 순간부터 우리는 하나님의 약속의 백성이 되었지만, 하나님은 우리에게 때때로 시련을 주시고, 우리가 그것들을 이기며 나아갈 때, 우리에게 더욱 확실한 소망을 주시며, 더 큰 복을 약속해 주신다. 아브라함에게 약속하신 복은 우리들에게 주시는 복이기도 하다. 그 복중에는 우리 때문에 남들이 복받는 복이 들어 있다. 그리스도인 개인에게 복 주실 뿐 아니라, 교회에 복주시고 교회가 세상의 복이 되게 하신다. 그러나 오늘날 우리들 자신이나 교회가 얼마나 이웃에게, 사회와 국가에게 복이 되고 있는가를 반성해 보아야 한다.

나홀의 후예(22:20-24)

해설

여기까지 아브라함의 이야기를 해 오다가 갑자기 나홀의 이야기가 삽입되었다. 11:27-32에서 데라의 후손을 소개하면서 데라의 세 아들 아브람, 나홀, 하란을 언급했고, 막내 하란은 롯을 남기고 일찍 죽었고, 아브람과 나홀이 각각 결혼을 했는데, 아브람의 아내는 석녀인 사라이*이고, 나홀의 아내는 밀가라는 말을 했다. 그 밀가는 죽은 하란의 딸이라는 사실을 밝혔다. 그런 중에 아브람과 사라이*는 아버지 데라와 함께 가나안을 향하여 떠났고, 나홀은 고향에 남아 있는 것으로 되어 있다. 그렇게 해서 형제가 작별한 지 수십 년, 서로 소식을 별로 듣지 못하고 살았을 것이다. 그러다가 나홀은 역시 아버지 데라가 묻힌 하란으로 이주하여 살게 되었다. 우여곡절 끝에 사라가 이삭을 낳고, 이삭이 성장하여 장가를 가야 할 나이가 가까워지고 있었다. 여기서 이삭의 아내가 될 리브가의 족보를 밝혀야 할 단계가 된 것이다. 나홀의 아내 밀가도 자녀들을 낳았다는 소식을 아브라함이 듣게 되었다.

나홀의 아들이 우즈*(עוּץ), 부스, 그무엘*(קְמוּאֵל), 게세드*(כֶּשֶׂד), 하조*(חֲזוֹ), 빌다스, 이들랍, 브두엘 이렇게 여덟이고, 그의 첩 르우마를 통해서 데바, 가함, 다하스, 마아가를 얻었다는 것이다. 도합 열두 아들을 두는 축복을 받은 것이다. 나홀의 본처 밀가의 일곱 째 아들 브두엘의 딸이 바로 이삭의 아내가 될 리브가라는 것이다. 이렇게 해서 24 장에 나타날 이삭의 결혼 사건의 배경을 말해준다.

교훈

1. 위에서 야훼 이레*(“야훼가 마련하신다.”)를 말했는데, 하나님은

이삭의 아내를 순수한 아브라함의 혈족 가운데서 준비해 놓으셨다. 아브라함은 동생 나홀에게 후손이 없어서, 아마도 걱정을 하고 있었던 것 같다. 자기의 아내도 자식을 못 낳는데, 동생마저 자식이 없어서 걱정이 되던 참에, 제수(弟嫂)인 밀가가 그렇게도 많은 아들을 낳았다는 기쁜 소식을 들은 것이다.

2. 하나님은 당신의 명령을 받들어 복종한 데라의 가문에 복을 주셨다. 아브라함뿐 아니라, 그의 동생의 집안까지도 복주신 셈이다. 아브라함은 아직 아들이 둘뿐인데, 나홀은 열두 아들을 두었으니, 엄청난 복, 만족스러운 복을 받은 셈이다. 자식 많은 것을 복으로 알던 시대이기에 말이다. 아브라함은 자기 가문이 선택된 가문이고, 할례라는 특별한 표를 가지고 그 특수성을 유지하도록 하나님으로부터 지시를 받았는데, 그 가문의 순수성을 지킨다는 것이 쉬운 일이 아니라는 것을 실감하고 있었을 것이다. 가나안 땅에 살면서, 하나님을 알지 못하고 사는 사람들의 작태를 보았고, 그들 가운데서 며느리 감을 고른다는 것이 도무지 마음 내키지 않는 것이었다. 그런데 나홀의 집안이 이렇게 흥왕하고 있다는 소식을 전해들은 그는 자연히 나홀이 있는 하란으로 시선과 마음이 갔을 것이다. 하나님은 이렇게 아브라함의 가정을 위하여 준비하시고 계셨다.

사라의 죽음과 매장(23:1-20)

해설

풀이 자라지 않는 네게브(광야) 지대의 브엘세바*에서 살던 아브라함과 사라는 풀이 돋는 헤브론을 동경할 수밖에 없었다. 연로(年老)한 아브라함 부부는 헤브론으로 자리를 옮겨서 살면서, 주변 본토인들과 사이좋은 관계를 형성하고 존경을 받으면서 살았다. 그러다가 사라가 127세에 세상을 떠났다. 그것은 그녀의 외아들 이삭이 벌써 37세가 되던 때였다. 그때까지도 아직 며느리를 보지 못한 채 눈을 감는 사라의 심정은 아쉬움이 많았을 것이다.

사랑하는 아내를 먼저 보낸 아브라함은 아내 시신 곁에서 애곡을 하다가, 정신을 차리고 아내의 매장 문제를 생각할 수밖에 없었다. 가나안 땅 헷 족속의 영토에서 나그네처럼 살고 있던 아브라함은 아내를 묻을 땅 한 평도 소유하고 있지 않았었기에, 매장지를 빨리 마련해야 한다는 생각을 하면서, 이웃 사람들에게 매장지를 자기에게 좀 팔라고 요청했다. 그러자 아브라함과 매우 친근한 관계를 가지고 있던 이웃들이 기에 어디든지 매장하는 것을 막지 않겠다고 허락했다.

그러나 자기 소유가 아닌 땅에 시신을 매장했다가, 땅 주인이 딴 소리를 하게 되면 어려움이 생길 것을 염려하지 않을 수 없었을 것이다. 그래서 아브라함은 땅을 확실히 자기 것으로 만들어 가지고 거기에 매장할 계획을 가졌다. 그리고 그 지방에서 상당 기간 살면서 그 지대에서 자자손손 가족묘지로 가지고 싶다고 생각하는 곳을 보아두었고, 그것이 에브론이라는 사람의 소유라는 것을 알아두었던 것이므로, 주민들에게 그 매입을 알선해 달라고 청했다. 정당한 가격을 주고 사겠다는 제안을 했다.

성문(城門) 앞에서 사람들이 모여서 대소사를 결정하는 풍속이 있었는데, 때마침 헤브론 성문에는 많은 사람들이 모여 있었고 거기에 에브론도 와 있었다. 거기서 제안을 들은 에브론은 많은 증인들 앞에서 쾌히 승낙하며, 그 땅과 그 굴을 그냥 줄 터이니 마음대로, 사라의 시체를 매장하라고 허락했다. 그러나 아브라함은 그에게 절을 하면서 정당한 가격을 치르고 사겠다고 제안하였다. 그 값이 은 400세겔이라고 하자, 아브라함은 400세겔을 달아 주고 모든 증인들 앞에서 정식으로 그 땅을 자기의 소유로 만들었다. 이렇게 해서 아브라함은 비로소 가나안 땅에서, 마므레 동쪽, 막벨라 굴이 있는 조촐한 땅을 소유하게 되었고, 거기에 안전하게 사라를 매장하게 되었다.

교훈

1. 하나님은 사라를 축복하셨다. 석녀였던 그녀의 태를 열어서 이삭을 낳게 하셨다. 어찌 그것이 놀라운 하나님의 은혜가 아니겠는가? 훌륭한 믿음의 남편을 받들며 장수(127세)하는 축복도 주셨다. 남부럽지 않게 부유한 생활도 할 수 있었고, 아들 이삭이 훌륭한 청년으로 자라는 것을 보았다. 우여곡절이 많았지만 하나님의 축복으로 마침내 그리던 헤브론, 젖과 꿀이 흐르는 땅에서 살다가 죽었다. 나그네로 살면서 언제나 본토인들의 눈총을 의식하면서 살았지만, 마침내 완전히 자기의 소유가 된 땅에 안장되었으니 참으로 다행한 일이었다.

2. 우리는 믿음의 사람 아브라함의 인격의 원만함(integrity)을 알아주어야 할 것이다. 비록 낯선 이방 땅에서 살면서도, 주변 사람들에게 존경을 받고, 그들을 기쁘게 해주면서 산 그의 지혜와 너그러움과 원만함을 엿볼 수 있다. 하나님을 믿는 사람이라면 아브라함과 같은 향기로운 삶을 살아야 할 것이다.

3. 아브라함은 매사에 신중하였다. 일시적 감정에 좌우되지 않고 신중하게, 든든하게, 앞을 내다보며, 사건을 처리하였다. 많은 증인들 앞에서, 번복의 가능성을 가급적 제거하며, 소유를 만들고, 만년 대계로 안전하게 매장지를 구입한 그의 슬기가 돋보인다.

4. 땅을 주시겠다고 아브라함에게 약속하신 하나님의 약속이 여기서부터 이루어지기 시작한 셈이다. 물론 아직 그 약속이 본격적으로 이루어진 것은 아니지만, 하나의 맛보기가 된 셈이다. 앞으로 그의 손자 대에는 가나안 땅에서 완전히 철수하게 되는 비운도 있기는 하지만, 하나님은 약속을 지키시는 분이라는 것을 여기서 맛보게 하셨다. 막벨라 굴은 아브라함의 후손이 여러 대 매장지로 사용한 곳이다. 결국 하나님의 약속이 이루어진 것이다.

이삭과 리브가의 결혼(24:1-67)

해설

야훼 하나님은 아브라함을 백방으로 축복하셨다. 우선 장수의 복을 주셨다. 이제 남은 일은 100세에 얻은 아들 이삭이 결혼을 하여 좋은 가정을 이루는 것을 보는 일이다. 나이가 점점 많아지면서, 언제 죽을지 모르기 때문에, 가장 신임하는, 그리고 나이가 제일 많은 종을 청지기로 삼아오던 아브라함은, 그 마지막 과업을 역시 그 청지기에게 의탁했다. 하늘과 땅의 하나님 야훼께 맹세케 하면서, 사명 수행을 엄숙히 명했다. 절대로 가나안 여자 가운데서 며느리 감을 고르지 말라는 것이며, 아브라함의 고향으로 가서, 친족 가운데서 골라오라는 것이었다. 그 충직한 종은 주인 아브라함의 지령을 수행하겠다고 다짐하였다. 그러면서 한 가지 단서를 붙였다. 아브라함의 친족 가운데서 규수를 발견한다고 하여도, 신랑감을 보기 전에는 승낙할 수 없다고 할 수도 있을 터이니, 이삭을 데리고 가게 해 달라는 것이었다. 그러나 아브라함은 펄쩍 뛰면서 그것은 절대로 안 된다고 잘라 말했다. 아브라함은 여기서도 하나님께 대한 각별한 믿음을 보여주었다. 아브라함의 하나님은 야훼이고 '하늘의 하나님'(<엘로헤 핫샤마임> אֱלֹהֵי הַשָּׁמַיִם)이신데(24:7), 그분이 지금까지 자기를 인도하셨고, 가나안 땅을 자기에게 주시겠다고 맹세까지 하셨으니, 이제 며느리를 얻는 일에 있어서도 그 하나님께서 천사를 보내어 순조롭게 해결하도록 해 주실 것을 믿었다. 규수를 찾아 놓았는데도 그가 따라오지 않겠다고 한다면, 더 이상 그 종의 책임은 아니라고 하면서, 이삭을 딸려 보내지는 않겠다고 단호하게 거절했다. 그 종은 주인의 지시를 따르겠다고 맹세하고 먼 길을 떠났다.

그 종은 만반의 준비를 하고 길을 떠났다. 열 마리의 낙타에다 여행에 필요한 물건들과, 선물을 잔뜩 싣고 동료 종들을 몇 사람 대동하고 떠났다. 여러 날의 여행 끝에 나홀이 사는 도성 바깥에 도달했다. 도성 밖에 있는 큰 우물에 여인들이 물을 길러 나오는 오후 늦은 시간이었다. 종은 낙타들을 우물가에 멈추어 쉬게 하고는, 경건하게 하나님께 기도를 드렸다. 주인 아브라함이 섬기는 야훼를 부르며 간곡한 기도를 드렸다. 자기에게 성공을 달라고 하였고, 주인 아브라함에게 은총(<헤세드> חֶסֶד, steadfast love)을 보여 달라고 기도했다(24:12). 그리고는 자기의 계획을 아뢰었다. 자기가 마실 물을 달라고 청할 터인데, 그 요구를 선뜻 들어줄 뿐 아니라, 낙타들에게도 물을 먹이겠다고 하는 여자를 만나게 해달라는 것이었다. 그런 여자가 곧 하나님께서 이삭의 아내로 정해주신 여자로 알겠다는 것이었다. 그런 여자가 나타나면 하나님께서 아브라함에게 은총을 베푸신 것으로 알겠다는 것이었다.

그의 기도가 채 끝나기도 전에 브두엘의 딸 리브가가 물동이를 메고 물을 길러 나왔다. 예쁘게 생기고, 순결한 처녀였다. 그녀가 우물에 내려가서 동이에 물을 길어 가지고 올라오고 있었다. 종이 그녀에게 다가가서 마실 물을 좀 달라고 청했다. 낙타들이 곁에 앉아 있고, 여행하는 사람으로 보이는 늙은이가 다가와서 물을 달라고 할 때, 리브가는 선선히 물동이를 내려놓고 그 늙은이에게 물을 마시게 했다. 그 종에게 물을 마시게 한 다음에는, 자진해서 낙타들에게도 물을 주어야겠다고 하며 여러 번 우물에 오르내리며 물을 길어다가 낙타들이 만족할 때까지 물을 마시게 했다.

종은 리브가가 하는 일을 유심히 지켜보면서, 야훼께서 자기의 여행 목적을 달성시켜 주시는가 아닌가를 기다려보았다. 결국 그가 기도하고 간구한 대로 어김없이 되는 것을 보고는, 리브가에게 고맙다는 표시로 금 코고리와 금 팔지 두 개를 주면서, 대화를 시작했다. 그리고 그녀의 정체를 묻고, 그녀의 집에서 하루 밤을 묵을 수 있겠는가를 물었다. 그랬더니 리브가는 자기 소개를 하고, 낙타가 먹을 꼴도 넉넉히 있고, 나그네가 유숙할 곳도 있다고 하며 환영하는 것이었다. 여기서 종은 자기의 기도를 들어주신 하나님, 자기 주인 아브라함을 사랑하시고 그에게 신실하신 야훼 하나님께 엎드려 경배하며 찬미를 드렸다. 즉 하나님께서 자기를 인도하여 직통으로 아브라함의 친족을 만나게 해 주신 것을 고마워했다.

리브가는 자기 집으로 달려가서 우물가에서 된 일을 알렸다. 그녀의 오빠 라반이 우물가로 달려 나와 그 종을 만났다. 자기 동생 리브가가 금 코고리 금 팔지를 낀 것을 본 라반은 상대가 심상치 않은 사람이라는 것을 느꼈을 것이다. "야훼의 복된 분이여!" 하고 그 종을 부르면서, "당신이 유할 집과 낙타들이 있을 장소가 다 마련되었는데 왜 밖에 서 계십니까?" 하면서(24:31) 그를 데리고 들어가서 여장(旅裝)을 풀게 하고, 손님에 대한 모든 예의를 갖추었다. 그리고는 그에게 음식을 내왔다. 그러나 그 종은 자기가 맡아 가지고 온 임무를 말하기 전에는 음식을 먹지 않겠다고 했다. 라반은 "어서 말해 보시오!" 하였다(24:33). 노종은 자기가 아브라함의 종이라는 것을 밝혔다. 야훼께서 아브라함을 크게 축복하시어 부자가 됐다는 내용을 늘어놓았다. 사라가 노년에 아들을 얻었고, 아브라함은 그 모든 재산을 아들 이삭에게 주셨다는 것을 밝혔다. 청지기인 자기더러, 맹세코 가나안 여인 가운데서 며느리감을 찾지 말고, 반드시 혈족 가운데서 찾으라고 했다는 것이다. 그러나 “규수(閨秀)를 찾는다 하더라도 자기를 따라오지 않으면 어떻게 하겠습니까?” 하고 말했더니, 아브라함이, “야훼가 천사를 딸려 보낼 것이고, 너로 하여금 성공하게 할 것이다. 곧 내 친족 가운데서 내 아들의 아내를 얻게 될 것이다.”라고 자신 있게 말했다는 것이다. “야훼께서 너를 내 친족에게까지 인도하실 것이고, 거기까지 간 다음에는, 책임이 그쪽에 있는 것이고, 너는 이제 책임을 벗게 된다.”고 말했다는 것이다.

종은 이어서 오늘 우물가에 도달하여 자기가 한 일과, 리브가가 한 일을 되풀이하여 설명하였다. 그리고는 아브라함의 제안을 진지하게 생각하고, 바르게 판단하여, 가부간 대답해 달라고 요청했다. 그러자 리브가의 오빠 라반과 아버지 브두엘은 그 모든 일이 야훼 하나님의 섭리라는 것을 깨닫고, 인간이 가부를 말할 일이 아니라고 판단하였다. 하나님의 명령이니 어서 리브가를 데리고 가라는 것이었다.

그들의 승낙을 받은 종은 땅에 엎드려 야훼께 예배를 드렸다. 그리고는 가지고 온 많은 예물을 리브가와 라반과 어머니에게 드렸다. 그 후에 저녁 식사가 시작되었다. 다음 날 아침 종이 주인에게로 돌아가겠다고 하자, 라반과 리브가의 어머니는 적어도 열흘은 있다가 떠나라고 종용하였다. 그러나 종이, 어서 주인에게 돌아가야 한다고 고집하자, 리브가의 의견을 묻도록 했다. 리브가가 당장에 떠나겠다고 승낙하였으므로 라반은 어쩔 수 없이 리브가를 보내며 그녀의 유모를 딸려 보냈다.

이삭은 자기 아내 될 사람을 찾으러 간 일행을 기다리고 있었을 것이다. 한편 자기를 사랑하시던 어머니가 돌아가심으로써 슬픔에 젖어 있었을 것이다. 자기가 아버지 재산을 다 상속받았으니, 이복 형인 이스마엘과의 관계는 앞으로 어떻게 될 것인가 하는 등등의 생각으로 마음이 착잡하고 혼란했을 것이다. 아마도 그래서 하갈과 이스마엘이 하나님을 만났던 브엘라하이로이*에도 가고, 그들이 방랑하는 네게브, 그리도 자기 부모님이 사시던 네게브를 배회했을 것이다. 어떤 저녁 이삭이 들에서 걷고 있다가, 리브가를 데리고 돌아오는 종 일행을 반가이 맞았다. 그 종에게서 그 동안 된 일을 보고받았다. 이삭은 리브가를 자기 어머니 사라가 생전에 사시던 천막에 맞아들이고, 그곳에 신방을 차렸다. 어머니의 사랑을 독차지하고 살던 이삭은 이제 신혼 생활을 시작하며, 어머니를 잃은 슬픔을 잊을 수 있었다.

교훈

1. 야훼 하나님은 성실하신 분이시다. 아브라함에게 복을 주시겠다고 약속하신 그 하나님은 아브라함에게 우선 장수의 축복을 주셨고, 많은 재물을 주셨고, 이웃 사람들에게 신망을 얻는 사람이 되게 해 주셨고, 고대하던 아들 이삭을 얻게 하시고 잘 자라게 해 주셨다. 이제 한 가지 더 바라는 것은 아들 이삭이 가정을 이루는 일이었는데, 하나님의 은총(<헤세드> חֶסֶד, steadfast love)과 성실함(<에멧> אֱמֶת, faithfulness)[5]을 통하여 그 일에 있어서도 성공하였다(24:27).

2. 아브라함은 며느리를 얻는 일에 있어서도 확고한 믿음을 가지고 있었다. 이스마엘이 애굽 여자를 아내로 얻은 것을 탐탁하게 여기지 않은 그는, 이삭에게는 선택의 계열에서 아내를 얻게 하려는 염원을 가지고 있었다. 아마도 그 소원을 가지고 기도하면서 하나님의 확답을 얻었던 것 같다. 하나님께서 반드시 간섭하셔서, 곧 천사를 딸려 보내셔서, 친족 가운데서 규수를 얻어오게 해 주실 것을 확신했다. 하나님이 선택

5) 이 두 히브리 낱말을 개역한글판에서는 '인자'와 '성실'로, 개역개정판에서는 '사랑'과 '성실'로 옮겼다.

하시고 축복하신 가정에서 짝을 얻는다는 것이 옳은 일이고 안전한 일이라고 보는 것이 상식이 아니겠는가. 그런 건전한 원칙 위에서 하나님께 간구할 때 그리고 확신을 가질 때 하나님은 확실히 그 간구를 이루어주실 것이다.

3. 여기에 나타난 아브라함의 하나님은 야훼이며 특히 "하늘의 하나님"으로 되어 있다. 지금까지 전능자 하나님, 영원하신 하나님, 지극히 높으신 하나님 등으로 나타나셨는데, 여기서 아브라함은 그를 야훼, 하늘의 하나님이라고 불렀다. 하나님은 하늘에 계셔서 모든 인간 세상을 하감하시며, 공간을 초월하여 활동하시는 분이시기 때문에, 그의 종이 가는 곳이 그 어디든지, 거기에 같이 계셔서 인도하시고 해결해 주실 것을 믿은 것 같다.

4. 주인 아브라함의 하나님을 자기의 하나님으로 믿는 늙은 종의 신앙도 본받을 만하다. 주인의 종교를 종이 그대로 가졌다는 것은, 그 종교가 믿을 만한 종교라는 사실을 말해 준다. 그 종이 아브라함의 하나님을 믿고 배우는 가운데 하나님은 전능하시다는 것, 그는 은총의 하나님이시라는 것, 약속을 어김없이 지키시는 성실하신 분이라는 신앙을 가졌던 것이다. 그의 간곡한 기도는 응답을 받았다. 그가 주인의 믿을 만한 종이 된 것은, 아브라함의 성실함, 아니 하나님의 성실성을 믿고 배웠기 때문이다. 성실한 사람의 믿음의 기도는 이루어지게 마련이다.

5. 선택된 데라의 집안은 하나님을 믿는 신앙이 완벽하지는 않았겠지만, 하나님은 그 집안에게 신앙을 주셨고, 따라서 도덕적으로 원만한 가정을 이루게 했던 것으로 보인다. 그런 가정에서 자란 리브가가 취한 태도는 구김살 없는 순박성을 나타낸 것으로서, 특히 나그네를 잘 대접

할 줄 아는 아름다운 심성은 높이 평가받을 만한 것이었다. 하나님을 믿는 신앙이 없었다면, 그녀가 선뜻 집을 떠나 그 종을 따라나설 수 있었겠는가? 뒤집어서 본다면, 하나님께서 아브라함과 이삭에게 복 주시기 위해서, 리브가의 마음을 감동시키셨고, 라반과 브두엘을 감동시키셨다고 보아야 할 것이다. 하나님은 이스라엘의 믿음의 순수성을 유지하기 위해서 가능한 모든 조치를 취하신 것을 알 수 있다. 이삭과 리브가의 만남은 그 둘의 문제가 아니라, 이스라엘 민족 전체의 기초를 놓는 일이었기 때문이다.

아브라함과 그두라의 결혼(25:1-6)

해설

아브라함의 본처 사라가 127세를 일기로 죽은 후, 그는 다시 그두라(קְטוּרָה)라는 여자와 결혼을 했다. 그녀는 생산을 할 만큼 젊은 여자였다. 그 여자에게서 여섯 아들을 더 얻었다. 그러나 아브라함의 적자(嫡子)는 이삭뿐이고, 남은 아들들은 다 서자에 불과했다. 아브라함이 살아 있는 동안, 하갈과 그두라의 소생들에게는 약간의 선물을 주어서, 멀리 동쪽 지방으로 보내버리고, 이삭과는 가까이 하지 않도록 했다는 것이다. 결국 자식들을 차별 대우한 셈이다. 그것은 일종의 악이라고 보아야 할 것이다. 악은 결국 악을 낳게 마련이다.

교훈

1. 사라가 127세에 죽었으니, 그때 아브라함은 137세에 홀아비가

된 셈이다. 자의(自意)에 의해서인지 타의에 의해서인지 알 수 없지만, 아브라함은 그 늙은 나이에 다시 아내를 얻었다. 그리고 많은 자녀를 낳았다. 아들을 여섯이나 낳았으니 여식(女息)도 낳았을 것 아닌가. 그러니 아브라함은 장수의 축복뿐 아니라 건강의 축복도 받은 것이라고 볼 수 있다. 아브라함이 부자가 아니었다면 그 노년에 다시 장가를 가지는 못했을 것이다. 골고루 축복을 받은 아브라함이었다.

2. 적자인 이삭에게만 모든 것을 물려주고, 서자들에게는 약간씩의 선물을 주었다는 것은, 그 당시로서는 전통이요 풍속을 따른 것이겠지만, 그것이 과연 하나님의 뜻이었을까? 그것이 과연 온당한 일이었을까? 공평성이 결여된 처사가 아니었을까? 정의가 없는 곳에 평화가 있을 리가 없다. 결국 그 두 계열의 싸움은 있을 수밖에 없었고, 전통이라는 구실을 가지고 인간 사회의 평화를 파괴한 처사라고 본다. 그두라가 과연 선택의 계열의 여자였을까? 아브라함이 재취를 할 때 선택의 계열의 여자를 얻었다면, 그 자식들도 적자로 보아야 할 것이 아닌가? 다만 이삭만이 하나님의 약속이 아들이었기 때문에, 전 재산을 이삭에게만 물려주었으니, 하나님의 명령을 준행한 것이라고 볼 수는 있을 것이다. 인간은 역시 공평을 잃기 쉽고, 따라서 거기서 오는 피해를 자신이 입게 되는 것이다. 창조의 질서를 깨는 행동은 결국 인간을 고통과 혼란에로 몰고 간다.

아브라함의 죽음(25:7-11)

해설

아브라함은 175세를 살았다. 장수하다가, 즉 살대로 다 살고서 여한이 없이 죽었다. 그것이 복이 아니겠는가. 이삭과 이스마엘이 그를 막벨라 굴에다가, 그리고 그의 아내 사라 무덤 옆에 안장했다. 하나님은 아브라함이 죽은 후에 이어서 이삭을 축복하셨다는 것이다. 아브라함에게 하신 하나님의 약속은 변하지 않은 셈이다. 아브라함이 죽은 후에 이삭은 브엘라하이로이*에 눌러 살았다.

교훈

1. 동양인의 오복(五福) 중의 하나가 고종명(考終命) 곧 잘 죽는 것이라고 하지 않는가. 아브라함은 그런 복까지 받은 사람이었다. 하나님을 믿고 바로 섬기면 축복을 받는다는 공식의 가장 전형적인 선례를 아브라함에게서 찾을 수 있을 것이다.

2. 그러나 이 세상에는 완전한 행복이란 있을 수 없다는 것을 그의 삶에서 또한 알 수 있다. 그의 가정은 적자와 서자의 갈등이 있었고, 아브라함이 노년에 낳은 아들이 여섯이나 있었지만, 그들을 멀리 멀리 보내 버렸기 때문에 아버지의 임종을 보지도 못한 것 같다. 그리고 살기 좋은 헤브론에다가 생활의 터전을 마련하려고 그렇게도 노력했건만, 이삭은 헤브론에서 살지 못하고 광야지대로 나가서 살았으니, 역시 유랑민의 고되고 서글픈 신세를 벗지 못했던 것으로 보인다.

3. 그런 어려움의 원인은 하나님의 힘이 모자라서가 아니었다. 인간이 하나님의 창조의 질서를 어기고 천륜을 벗어나서 살았기 때문이다. 하나님의 약속에 대한 믿음이 약하고, 자기들의 꾀를 가지고 인생 문제를 해결하려는 어리석음 때문이었다. 일부다처로 말미암아 가정의 평화가 깨어지고, 평등을 깨고 차별 대우하는 일들 때문이었다.

이스마엘의 후손(25:12-18)

해설

창세기 편집자들은 “이것들은 ...의 족보다.”(<엘레 톨레도트> אֵלֶּה תּוֹלְדוֹת)라는 형식을 사용하여, 고대 역사의 중요한 국면들의 획을 그었다(6:9; 6:9; 7:1; 9:12; 10:1; 15:16; 17:7, 9, 12). 비록 이스마엘의 가문은 하나님의 선택권에는 들지 않았지만, 하나님이 축복하시기로 약속한 가문이고, 인류 역사에서 무시할 수 없는 중요한 가문이기에, 그 족보를 밝혀 두는 것이 온당한 일이었다. 아브라함의 아내 사라의 몸종인 하갈의 소생 이스마엘과 그의 아들 열둘을 열거했다. 복받은 야곱의 아들이 열둘인 것처럼, 이스마엘도 그만큼의 아들을 가지고 있었다는 것이다. 그 열둘은 다 그 나름의 지파를 이루었다. 이스마엘은 127세라는 꽤 긴 생애를 가졌다. 그의 후손들은 주로 애굽 동쪽 광야지대, 아라비아 사막 일대에 퍼져 살았다.

교훈

1. 하나님은 당신의 뜻을 이루시기 위해서 선택의 원리를 사용하시고, 선민을 세우셨지만, 선민은 하나님의 도구일 뿐이지 그 이상이 아니다. 즉 하나님이 내신 인간은 꼭 같이 하나님의 형상을 가진 귀한 존재이므로, 차별이 있어서는 안 된다. 그러나 이스라엘의 역사는 비선택권의 사람들을 차별하는 역사였다. 하나님께서 그렇게 시킨 것이 아니라, 어리석은 이스라엘이 우월감이라는 그릇된 감정을 가지고, 악을 조성한 것이다. 하나님은 이스마엘도 축복하셨고, 그에게도 열둘이라는 완전한 수의 아들을 주셨는데 말이다.

2. 그리스도인은 성도(聖徒) 곧 구별된 존재라는 이름을 가지고 있지만, 우리는 구원받은 죄인이요, 세상의 다른 사람들을 위하여 사명을 가진 자들일 뿐, 그들보다 높다든가 우월하다고 생각해서는 안 된다. 하나님은 모든 인간을 다 사랑하시고, 그들이 다 우리를 통해서 구원받기를 원하시고 계신다. 그리스도인과 교회가 우월감을 버려야 한다. 사명의식이 더 철저해야 할 것이다. 이스마엘의 족보를 여기에 삽입한 것은 사실을 밝히려는 뜻도 있겠지만, 이방인에 대하여 바른 인식을 가지게 하시려는 것이라고 본다.

에서와 야곱의 출생과 어린 시절(25:19-28)

해설

창세기 편집자들은 다시 "이것들은 ...의 족보다"라는 서식을 가지고 이삭의 계열을 소개한다(6:9; 6:9; 7:1; 9:12; 10:1; 15:16; 17:7, 9, 12; 25:12).

이삭이 리브가와 결혼한 것이 그의 나이 40세 때였다. 그런데 결혼 생활 20년이 가까워 오는데도 자식이 없었다. 리브가가 아기를 가지지 못하는 여자로 판명되어, 더 이상 희망을 가질 수 없었다. 그러나 이삭은 어머니 사라의 경우를 알기 때문이었을까, 전능자 야훼 하나님께 기도를 드렸다. 결국 하나님은 그의 기도를 응답하셔서, 석녀 리브가로 하여금 임신하는 기적을 가지게 하셨다. 그런데 쌍둥이를 가졌고, 복중에서 그 두 아들이 너무도 싸우며 요동을 하는 바람에, 견디다 못해, 오히려 자기를 죽여 달라고 하나님께 요청할 지경이었다. 하나님은 그녀에게 예고해 주셨다. 뱃속에 있는 두 아들은 장차 두 나라를 이룰 것이고, 서로 갈라질 것이며, 동생이 형보다 강하고, 형이 동생을 섬기게 될 것이라고 말씀하셨다. 형이 출산할 때 온 몸에 붉은 털이 돋은 상태로 태어났고, 그를 에서(עֵשָׂו)라고 했다. 동생은 형의 발꿈치를 잡고 나왔기 때문에 야곱(יַעֲקֹב, '뒤를 바짝 따른다', '앞지르다')이라는 이름을 가지게 됐다. 어쨌든 이삭은 결혼한 지 20년 만에, 그리고 60 노령에 아들 둘을 단번에 얻는 복을 받았다. 그 두 아들은 다 건강히 자랐고, 에서는 사냥꾼으로 들을 즐기며 아버지 이삭의 사랑을 받았고, 야곱은 조용한 성격의 사람으로, 리브가의 귀여움을 받으며 집에서 지냈다.

교훈

1. 석녀 사라의 태를 열어 이삭을 낳게 하신 전능자 하나님은 역시 석녀였던 리브가의 태를 열어 쌍둥이를 낳게 해주셨다. 하나님은 구하는 자에게 주시는 은혜로우신 분이신 동시에 불가능이 없으신 창조자이심을 보여주셨다.

2. 역사를 주관하시고 섭리하시는 전지(全知)자 야훼 하나님은 역사의 전 과정을 계획하실 뿐 아니라, 미리 내다보시고 계신다. 쌍둥이로 태어날 두 사람의 미래를 다 아시고 리브가에게 미리 말씀해 주셨다. 동생이 더 강하고, 형이 동생을 섬기게 되리라고 일러주셨다.

3. 사람이 태어날 때부터 성격과 재질을 타고 나는 것이 사실이다. 하나님은 당신의 나라를 위하여 각 사람에게 서로 다른 성격과 재능과 자질을 은사로 주시는 것이 사실이다. 하나님이 주시는 재능과 자질을 옳게 사용하여, 창조자의 뜻을 이루어야 하는데, 사람들은 그것들을 그릇된 방향으로, 그리고 욕심을 위해서 사용하기 때문에 문제가 생긴다. 에서와 야곱 둘이 다 하나님의 피조물이고, 세상에 꼭 필요하기 때문에

태어나게 하셨다. 그들의 성격과 자질이 달라서 마찰이 있을 수 있지만, 화합하여 선을 이루려고 노력을 했다면 역사는 달라졌을 것이다.

에서가 장자권을 팔다(25:29-34)

해설

쌍둥이 에서와 야곱이 한 집에서 같이 자랐지만, 타고난 성격과 재질은 달랐다. 형 에서는 활동적이고 사냥을 좋아해서 날마다 들로 쏘다녔다. 그러나 야곱은 종용한 성격이고 사색적이었던지, 주로 집에서 어머니의 가사를 도우면서 자란 것 같다.

하루는 야곱이 집에서 저녁 식사를 준비하며, 빵을 굽고, 곁들여 먹을 <아다샤>(עֲדָשָׁה, lentil '렌즈콩') 죽(25:34)[6]을 쑤고 있었다. 그때 에서가 사냥을 하다가 배가 고파 기진맥진하여 돌아왔다. 돌아와 보니 동생 야곱이 불그레한 죽을 쑤고 있고, 그 냄새가 코를 찌르고, 정신을 차릴 수 없을 정도로 식욕이 당겼다. 거기서 에서는 먹는 것밖에 생각나는 것이 없었다. 무엇이든지 먹고 배고픔을 면해야 하겠다는 생각밖에 없었다.

그래서 동생더러 "배고파 죽겠으니, 그 붉은 죽 좀 주거라!"고 애걸하는 것이었다. 그 말을 들은 야곱은 형에게 선뜻 죽 한 그릇을 떠 주면 좋으련만, "먼저 형의 장자권을 내게 팔라!" 하고 흥정을 하는 것이었다. 이 말을 들었을 때, 에서가 사리를 분간할 줄 아는 사람이었다면, 주춤하고 행동을 달리 했어야 할 것이다. 그러나 그는 "내가 배고파 죽을 지경인데, 장자권이 다 뭐냐?" 하고 내뱉었다. 야곱은 됐다싶어, 일보 더 나아가, "그러면 형의 장자권을 나에게 판다고 맹세해 줘!" 하며

6) 개역성경에서는 '팥죽'으로 옮겼다.

뒷말이 없도록 다짐을 시켰다. 그 말을 듣고도 에서는 재고할 생각을 하지 않고, 동생에게 장자권을 양도한다고 맹세를 했다. 그리고서야 야곱은 빵과 죽을 에서에게 내주어 먹고 마시게 했다. 에서는 빵을 먹고 죽을 먹은 다음에 일어나 떠나갔다. 결국 에서는 그 귀한 장자권을 무시하고 얕잡은 것이다. 에서가 붉은 죽을 먹었기 때문에 "붉다"는 뜻으로 에돔(אֱדוֹם)이라는 별명을 가지게 됐다.

교훈

1. 인간은 다급할 때 실수하기 쉽다. 배고픔이 얼마나 어려운 것인가를 이 사건에서도 실감할 수 있다. 배가 너무 고프면 앞이 캄캄해지고, 먹을 것밖에 생각나지 않는가 보다. 그러나 인간은 생각하는 동물이다. 물질적인 것과 먹을 것에 좌우되는 것은 동물적인 인간이다. 사람은 본능적 사고를 넘어서서 보다 고등한 것을 생각할 줄 알아야 한다. 에서가 장자권이 어떤 가치의 것이라는 것을 심각하게 느끼거나 깨닫지 못하고 있었던 것 같다. 팥 죽 한 그릇과 장자권은 비교가 되지 않는 엄청난 차이가 있다. 에서의 한 순간의 어리석은 행동이 엄청난 손실을 자초한 셈이다.

2. 야곱에게서 인간의 공통적인 간교함과 욕심과 질투심 등 온갖 악을 발견하게 된다. 우리는 악한 인간의 전형(典型)을 야곱에게서 발견한다. 자기의 이익을 위해서는 형이고 뭐고 다 안중에 없다는 식이다. 형의 위기와 약점을 이용하여 자기 이익과 영달을 꾀한 야곱은 정말 못된 인간이었다. 그러나 하나님께서 그런 인간을 선택권에 넣으신 사실에서, 우리는 야훼가 은총의 하나님이시라는 것을 알게 된다. 죄인임에도 불구하고 구원하시는 하나님을 여기서 우리는 알게 된다.

3. 야곱은 장자권의 가치를 알았다. 좋은 것을 좋은 것으로 깨닫는 것이 필요하다. 좋은 것을 사모하고 동경하는 것은 결코 나쁜 것이 아니다. 그러나 정당한 방법으로 페어플레이(fair play)를 통해서 목적을 달성해야 한다. 야곱과 에서의 갈등의 책임은 에서의 어리석음보다는 야곱의 부정수단과 욕심에 있다고 보아야 할 것이다.

4. 하나님께서 우리에게 주시는 권리가 많다. 인간 된 권리, 신자가 된 권리, 하나님의 시민의 권리 등등 얼마든지 있다. 권리는 거기에 혜택과 이익이 따른다. 하나님이 주신 권리들을 존중하고, 그것을 지킬 줄 알아야 한다. 그 권리를 소홀히 하거나 무시하는 것은 그것을 주신 하나님께 대한 반역이며, 우리들 자신에게는 불이익을 자초하는 어리석음이 될 것이다.

이삭과 아비멜렉(26:1-33)

해설

이삭이 리브가를 아내로 맞고 광야지대(네게브)에서 살면서 에서와 야곱을 낳았다. 이삭이 결혼한 지 20년 만에 그리고 60세 때 쌍둥이 아들들을 얻었다. 그리고 그 두 아들이 장성하여 성년이 될 때까지 그 황량한 광야에서 살고 있었던 것 같다.

그러던 어느 날 그 지방에 설상가상으로 심한 가뭄이 들었다. 도저히 그 네게브에서는 살아남을 수가 없어서, 지중해 연안 지대, 곧 블레셋 사람들이 사는 곳, 아비멜렉 왕의 영토로 거주지를 옮겼다. 선친 아브라함 그리고 어머니 사라를 통해서 그랄 왕 아비멜렉과의 관계, 곧 우호 협정을 맺은 관계를 들어서 알고 있었기 때문이었을 것이다.

거기에는 결정적인 동기가 또 있었다. 야훼 하나님께서 이삭에게 나타나셔서 지시하신 바가 있었기 때문이었다. 멀리 애굽 땅까지 갈 필요가 없다는 것이었다. 하나님이 지시해주실 터이니 거기에 머물라는 것이었다. 비록 외방인 자격으로나마, 그랄에 머물라는 것이다. 하나님이 같이 계시고 복 주시겠다는 것이었다. 아브라함에게 주시기로 맹세한 복을 이삭에게 주시겠다는 것이었다. 그 온 땅을 이삭과 그 후손에게 주시고, 자손의 수를 하늘의 별처럼 많게 해 주시고, 이 땅의 모든 나라가 그 자손을 통하여 복을 받게 될 것이라고 하셨다. 그렇게 하시는 이유는 아브라함이 하나님의 명령과 법도를 잘 지켰기 때문이라고 밝히셨다.

이삭은 하나님의 이 말씀을 믿고 그랄에 정착하였다. 그때 미모의 여인 리브가를 아내로 가진 이삭은 아버지 아브라함이 경험한 바와 꼭 같이 역시 불안과 공포와 생명의 위협을 느꼈다. 그래서 이삭은 자기 아내 리브가를 자기 누이동생으로 가장(假裝)하고 살기로 했다. 그 지방 사람들 특히 최고 권력자인 아비멜렉이 미인을 탐내지 않을 수 없었다. 그러나 상당 기간 조심해 오던 중, 왕궁 옆에 위치한 이삭의 집을 유심히 내려다보던 아비멜렉이 이삭과 리브가가 애무하는 광경을 목도하게 되었다. 거기서 그는 이삭과 리브가가 부부라는 사실을 알게 되었고, 따라서 놀라고 격분하였다. 그래서 이삭을 불러다가 따지고 항의했다. 어째서 거짓말을 했느냐는 것이었다. 하마터면 백성 중의 누군가가 리브가를 범하였을지 모르고, 그런 경우에 자기 나라 전체에 죄가 돌아갈 뻔 하지 않았느냐고 항의를 했다. 그리고는 누구든지 이삭과 그의 아내를 다치는 날에는 죽는다는 포고령을 내렸다. 이렇게 해서 이삭은 왕의 보호를 받으면서 안전한 생활을 했다.

이삭이 농사를 했는데 100배의 수확을 거두었다. 그것은 일반적으로 10배만 거두어도 대(大) 풍작이라고 하던 때, 상상할 수 없는 기적적 사건이 아닐 수 없다. 야훼께서 놀라운 축복을 내리신 때문이었다.

이삭은 큰 부자가 되었다. 그래서 블레셋 사람들의 질투를 샀다. 그래서 그들이 아브라함 때 팠던 우물들을 모두 흙으로 메워버렸다. 그리고 아비멜렉은 이삭더러 그 곳을 떠나달라고 했다. 외방인의 세력이 너무 커져서 안 되겠다는 것이었다. 당연한 요구였다.

그래서 이삭은 어쩔 수 없이 그 곳을 떠나 그랄 계곡에다 천막을 치고 거기서 살기로 했다. 그리고는 아버지가 팠던 우물들, 곧 블레셋 사람들이 심술궂게 메웠던 우물들을 다시 파고, 선친이 붙였던 이름들을 다시 붙였다. 물이 모자라서였는지 몰라도 이삭의 종들이 우물을 하나 더 팠는데, 물이 솟아 나오자 그랄의 목동들과 이삭의 목동들이 서로 그 샘이 자기들의 것이라고 하면서 싸웠다. 그렇게 다투었기 때문에 그 우물의 이름을 에섹(עֵשֶׂק, '다툼')이라고 했다(26:20). 그래서 또 다른 우물을 팠더니 그것 역시 분쟁의 대상이 되었다. 그래서 그 우물을 시트나*(שִׂטְנָה)라고 불렀다(26:21). 적대심을 일으킨 우물이라는 뜻이다. 이삭은 하는 수 없이 그곳을 떠나서 다른 곳에 우물을 파고, 거기서 살았다. 그 우물을 놓고는 싸움이 일지 않았다. 그래서 그 우물을 르호봇(רְחֹבוֹת)이라고 불렀다. 넉넉한 곳이라는 뜻이다. 거기서 이삭은 깨달았다. 야훼께서 자기들에게 자리를 마련해 주셨다는 것과 그 땅에서 번영할 수 있겠다는 것을 말이다.

얼마 후에 이삭은 다시 브엘셰바*로 옮아갔다. 그랄에 비교하면 퍽 더 내지(內地)이기는 하지만 자기 가정과는 인연이 깊은 곳이었다. 야훼께서 밤중에 나타나셔서, 아브라함에게 하셨던 것처럼 다시 축복의 약속을 다짐해주셨다. 그래서 이삭은 거기에 제단을 쌓고, 야훼의 이름을 불렀고, 거기에 거처를 정했다. 그리고 그의 종들이 우물을 팠다. 광야 지대에서 물은 가장 귀한 생명줄이기 때문이다.

이삭은 브엘셰바*에서도 여전히 번영하고 이름을 날리는 존재가 되었고 인근 지방 사람들이 그의 세력을 두려워할 정도가 되었다. 그래서 어떤 날 그랄 왕 아비멜렉이 그의 고문관과 군대 사령관을 대동하고 멀리 이삭을 찾아와서 우호조약을 맺자는 제안을 했다. 이삭은 비록 수적으로 열세이지만, 야훼가 그와 같이 계심으로써 누구보다도 강하다는 사실을 알아차린 아비멜렉은 노회(老獪)한 군주로서, 자기들의 안전을 위하여 이삭과 우호조약을 맺는 것이 유리하다고 생각한 것이다. 이삭이 나그네로 자기 지방에서 살 때 잘 대우했으니, 자기들에게 앞으로 해를 주지 말아 달라고 하면서, 맹약을 하자는 것이었다. 그래서 서로 서약을 하고 평화스럽게 손님들을 전송했다. 바로 그 날 이삭의 종들이 와서 우물에 물이 나기 시작한다는 기쁜 소식을 전했다. 사막에서 물을 만난다는 것은 길조가 아닐 수 없다. 이삭은 그 우물의 이름을 쉬브아*(שִׁבְעָה, '서약')라 불렀다. 서약의 우물이라는 뜻이다. 그래서 그 도시의 이름도 '서약의 우물'이라는 뜻을 가진 브엘세바*(<브엘>은 '우물'을, '세바'는 '서약'을 뜻함)로 불리고 있다.

교훈

1. 아브라함의 하나님은 변함없이 이삭의 하나님도 되셨다. 아브라함에게 복을 주신 하나님은 대를 이어서 이삭에게도 축복을 내리셨다. 그러나 그것은 사람의 공로로 인한 것이 아니고 하나님의 은총의 소치이다. 기근을 만나 어쩔 줄을 모르는 이삭에게 야훼께서 솔선하여 나타나셔서, 세밀하게 지시를 내리신 것이다. 애굽까지 먼 길을 가야하겠다는 생각을 하고 있는 이삭에게, 예상 밖에 훨씬 편리하고 간단하고 손쉬운 길을 알려 주시고 배후에서 역사하여, 안전하게 보호하시고, 선처해 주셨다.

2. 이삭이 받는 이 축복은 아브라함이 하나님의 말씀을 복종하고, 그의 명령과 법도를 지켰기 때문이라는 것이다. 하나님께 복종하고 그

의 뜻을 따르는 선한 부모의 혜택이 자손에게까지 미친다는 좋은 선례를 여기서 볼 수 있다(26:5).

3. 아브라함의 경우와 마찬가지로, 이삭도 그랄 땅에서 살 때, 자기 생명의 안전을 위해서, 자기 아내를 누이동생이라고 속이는 방법을 썼다. 그것은 일종의 거짓을 행하는 처사이고, 남성 위주 사회의 흉악한 전통에 기인한 것이다. 아내를 희생하여 남편이 살면 된다는 것은 결코 순리가 아니다. 그러나 그것이 가부장제도와 남성상위 시대가 가지고 있던 불공평한 전통이었으니 어찌 하랴. 하나님은 그런 비뚤어진 사회 속에서도, 그의 능력으로 이삭과 리브가를 철저히 보호하셔서, 그들의 생명과 순결을 지킬 수 있게 해 주셨다. 아름다운 여자를 왕께 바친다는 것은 군주 독재 시대의 통례였기 때문에, 리브가에 대한 보고가 벌써 아비멜렉에게 도달했을 것이다. 그러나 그가 오랫동안 뜸을 들이고(26:8), 리브가를 불러드리지 않은 이유가 있을 것이다. 아브라함 때 유사한 사건 때문에 큰코다칠 뻔했기 때문에, 그리고 이삭이 아브라함의 아들이라는 것을 모를 리가 없었기 때문이다. 그래서 신중을 기했던 것이다. 아비멜렉이 자기 눈으로, 이삭과 리브가가 부부라는 사실을 확인함으로써, 불가불 욕심을 버렸을 것이다. 또 다시 하나님의 벌을 받을 뻔하고 위기를 넘긴 것이다. 거기서 아비멜렉은 전국에 포고령을 내려, 이삭과 리브가를 다치지 말하고 명령했고, 따라서 이삭은 왕의 보호를 받으며 안전한 생활을 하게 됐다. 그 얼마나 기기묘묘한 방법으로 하나님께서 이삭을 돌보셨는가를 잘 보여 준다.

4. 이삭이 농사를 했는데 소출이 100배나 됐다고 했다. 예수의 씨 뿌리는 농부의 비유에서, 30배, 60배, 100배라는 말이 나오지만, 사실 옛날에는 30배의 수확도 불가능했다. 그런데 이삭이 100배를 수확했다는 것은, 하나님의 기적적 축복의 결과가 아닐 수 없다. 이삭과 그의 가

족의 성실한 노력의 결과도 있었겠지만, 누가 보아도 깜짝 놀랄 만큼 부자가 되고, 블레셋 사람들이 질투하여, 자기들 고장에서 이삭을 축출할 지경이 되었으니, 하나님이 주신 복이 얼마나 컸었다는 것을 짐작할 수 있다. 블레셋 사람들의 부를 능가하는 부와 세력을 가질 만큼 하나님은 이삭을 축복하셨다.

5. 하나님이 주신 복으로 부자가 되고, 남보다 잘 살 수 있지만, 세상 사람들은 그것을 질투하고, 때로는 방해하고, 길을 막고, 심술을 부리고 해코지를 하는 경우가 있다. 그런데 이삭은 그런 마찰을 가급적 피하고, 양보하고 물러선 것으로 되어 있다. 악을 악으로 갚지 않고, 선으로 악을 이기는 전술을 쓴 것 같다. 악한 자들에게 양보하고 밀려나는 것 같지만 마침내 야훼께서 자리를 마련해 주시고, 열매를 맺게 해 주신다는 것을 이삭은 확신했다. 정의의 하나님이 살아 계시는 한, 이삭의 말대로 될 것이 틀림없다(26:22).

6. 여전히 방랑 생활을 해야 하는 이삭을 야훼는 버려두시지 않았다. 그에게 나타나셔서 격려하시고, 아브라함에게 주셨던 약속을 재확인하시고, 희망을 주셨다. 이삭은 그런 은혜의 하나님을 경배하였다.

7. 이삭은 하나의 개인이었지만, 야훼가 축복하시는 사람이었기 때문에, 한 나라의 왕 즉 그랄의 왕 아비멜렉이 일대일 대등한 입장에서 우호조약을 맺을 만큼, 무서운 존재로 인식되었다. 아비멜렉이 자기의 고문관과 군대 사령관을 대동하고 이삭과 조약을 맺었다는 것은, 이삭 배후에 야훼 하나님이 계시기 때문이었다. 하나님을 모시고 사는 자의 위력을 여기서 알 수 있다. 이삭이 광야에서 샘물, 곧 오아시스를 발견하는 복을 얻었다. 하나님이 택하신 자들에게 주시는 복이다.

에서의 결혼(26:34-35)

해설

이삭이 60세 때 낳은 쌍둥이 에서와 야곱이 40세가 됐을 때, 형 에서가 먼저 결혼을 했는데, 두 여자와 결혼을 했고, 그 여자들이 다 헷 족속의 사람들이었다. 하나는 유딧이고, 또 하나는 바스맛이었다. 이렇게 구성된 에서의 가정은 그들의 부모인 이삭과 리브가에게 골칫거리가 됐다는 것이다. 동생 야곱의 결혼과는 대조가 되는 결혼이었다.

교훈

1. 에서는 자기 가문의 전통과 부모의 의사를 무시하고, 본토인 여자를 아내로 맞았고, 게다가 단 번에 두 여자와 결혼을 했으니, 순리를 벗어난 것이었고, 천도를 무시한 처사였다. 하나님을 모르는 가나안 사람, 우상을 섬기고 윤리적으로 타락한 사회에서 아내를 얻으면 안 되겠다는 방침을 가지고, 아브라함이 이삭의 아내 리브가를 혈족 가운데서 데려왔기 때문에, 이삭 부부도 선친의 의사를 존중하여, 자기 자식들을 그 전통을 따라서 결혼하게 하려고 했을 것이다. 그런데 에서는 그 지방 여자를 고집하였고, 게다가 한꺼번에 두 여자와 결혼하겠다고 했을 때, 이삭과 리브가가 허락했을 리가 없다. 그런데도 에서는 부모의 뜻을 어기고, 제멋대로 괴상망측한 결혼을 해버렸다. 순리를 거스르는 일이 평안을 가져올 리가 없다.

2. 자녀들이 결혼을 바로 하지 않았을 때, 부모는 많은 어려움을 당하기 마련이다. 마음의 고통이 있을 수밖에 없다. 대가족 제도 속에서 같이

사는 시대였기 때문에 더욱 더 어려움이 많았을 것이다. 가치관이 다르고, 교양이 없는 사람이 가정에 끼어들 때, 마찰이 없을 수 없다. 자녀의 결혼을 신중하게 생각하는 것이 당연하고, 자식 된 사람들은 순리를 따르려고 노력해야 할 것이다. 결혼은 인간사의 기초인데, 잘못된 결혼은 당사자뿐 아니라, 가정과 사회에 큰 어려움과 혼란을 가져다준다.

3. 에서가 아내 둘을 한꺼번에 얻으려고 할 때, 부모 된 이삭과 리브가가 말렸을 것이다. 그러나 완강히 반대할 수 없었던 것은, 소실을 두었던 할아버지 아브라함의 경우 때문이었을 것이다. “할아버지도 첩이 있지 않았습니까?”하는 에서의 반론을 꺾을 도리가 없었을 것이다. 가문의 잘못된 전통이 자손에게 나쁜 영향을 미친다는 사실을 알아야 할 것이다.

이삭이 야곱을 축복함(27:1-29)

해설

이삭이 60 세에 쌍둥이 아들들을 얻었고, 에서가 40세에 결혼을 했으니, 이삭은 이미 100세가 됐을 때였다. 늙어서 눈이 어두워졌고, 자기 수명이 얼마 남지 않은 것을 스스로 느낀 그는, 아비로서 자기 대를 이을 에서에게 축복을 해 주려는 생각을 하고 에서를 불렀다. 이삭은 인간 세상의 일반 전통을 자연스럽게 따르고 있었다. 맏아들에게 상속권이 있고 축복을 받을 권리가 있는 것이 세속적인 관습이었기 때문이다.

“내가 죽기 전에 너를 축복하려고 하니, 사냥을 해서 내가 좋아하는 맛있는 음식을 만들어 오너라!”고 지시를 했다. 이 말을 엿들은 리브가는 생각이 달랐다. 쌍둥이 아들들을 태중에 품고 있을 때부터 그 둘의 암투를 몸소 느낀 그녀는, 해산할 때의 그들의 모습과 작태를 마음에 두고 있었고, 그 둘이 자라면서 하는 행동을 보든가, 특히 부모가 말리는 이상한 결혼을 한 에서를 보면서, 리브가는 자기 마음이 아무래도 야곱에게 쏠리는 것은 어쩔 수 없었다. 그래서 아버지의 축복이 야곱에게 주어져야 한다는 생각을 가지고, 음모를 꾸몄다. 야곱더러 에서로 가장을 하고, 아버지의 축복을 가로채라는 것이었다. 자기는 야곱을 도와, 남편 이삭의 식성에 맞는 음식을 만들어 주기로 공모를 꾸몄다. 양새끼 두 마리를 가져다가 들짐승 고기로 만든 음식처럼 만들어 가지고, 빵과 함께 이삭에게 가지고 들어가게 했다. 야곱은 혹시나 들키면 어쩌나 하는 생각이 있어서 망설였지만, 리브가는 화를 자기가 당할 터이니, 하라는 대로 하기만 하라고 격려하여 들여보냈다. 털보 에서처럼 손목과 목에 양털을 싸매고 붙이고, 에서의 냄새가 밴 옷을 입혀서 들여보냈다.

야곱은 아버지를 속이려고 에서의 성대(聲帶) 모사(模寫)를 했을 것이다. 그리고는 "내가 아버지의 장남 에서입니다. 어서 일어나셔서, 내가 사냥한 것을 잡수시고 축복을 해 주십시오." 하고 짐짓 속이는 것이었다. 뜻밖에 빨리 차려온 음식을 받아 놓고 놀라는 아버지에게, "야훼 당신의 하나님께서 나에게 성공하게 하셨기 때문에 빨리 돌아왔습니다."라고 또 거짓말을 했다. 그러자 이삭은 반신반의하였다. 목소리는 분명히 야곱의 음성이기 때문이었다. 그래서 손을 만져보았다. 그래서 "목소리는 야곱의 목소리인데, 손은 에서의 손이로구나." 하면서, 그야말로 속아 넘어가고 말았다. 결국 에서는 야곱을 축복했다. 그리고서도 다시 물었다. "네가 정말 내 아들 에서냐?"고. 그때 야곱은 다시 아버지를 속였다. "예, 그렇습니다."라고. 이삭은 포도주를 곁들여 맛있게 음식을 먹었다. 야곱이 입은 에서의 옷에서 에서의 냄새를 맞고는 에서가 틀림없다는 확신을 가진 모양이다. 그리고는 축복을 선포했다. 야훼 하나님께서 야곱의 농토를 축복하시고, 이슬을 듬뿍 내려 풍작을 주시기를 빌었다. 그것은 생업의 축복, 즉 농사의 축복이다. 다음은 정치적 축복이다. 주변 국가들이 야곱에게 굽실거릴 것이며, 형제들을 다스릴 것이고, 야곱을 저주하는 자가 저주를 받고, 야곱을 축복하는 자가 복을 받을 것이라고 축원했다. 그 시대에는 가장의 축복이 그대로 이루어진다는 믿음이 있었던 것이다.

교훈

1. 이삭은 100세가 되어, 이미 눈이 어두워졌고, 수명이 그리 많이 남지 않았다는 것을 느끼면서, 아들들이 빨리 장가가기를 고대했을 것이다. 오래 기다리며, 여러 가지 노력을 하면서 며느리 감을 찾다가, 에서가 결국 가나안 여자들을 아내로 맞았고, 게다가 단번에 두 여자를 아내로 맞았을 때, 당황하기도 했고, "이걸 어쩌나?" 하는 생각도 가졌을 것이다. 그러면서도 이삭은 그 당시의 전통을 따라서 장남에게 재산을 물려주고, 그를 축복해 주리라는 결심을 했다. 그러나 하나님의 계획과 섭리는 인간의 전통이나 풍속을 초월하는 것이었다. 하나님은 인간의 예상이나 계획을 초월하여, 당신이 택하신 자들을 들어 쓰시고 그들에게 축복하신다. 하나님의 계획은 야곱을 축복하시려는 것이었다. 야곱이 공로가 있거나, 의로워서가 아니라, 하나님께서 축복하시기로 택하셨기 때문이다.

2. 리브가는 어머니로서 쌍둥이 아들들을 다 사랑했겠지만, 에서의 행동이 반역적이고, 부모의 속을 썩이는 짓들을 하기 때문에, 고분고분한 야곱을 더 사랑했을 것이다. 그리고 "될성부른 나무는 떡잎부터 알아본다." 는 속담대로 에서보다는 야곱이 더 믿음직하고, 그가 확실히

희망이 있다는 것을 느꼈을 것이다. 여기서 리브가는 야곱과 공모하여 남편, 그리고 아들들의 아버지인 이삭을 속여서, 야곱이 축복을 받아내는 사기극을 벌였다. 거기에 어머니의 편애가 작용한 것으로 보아야 할 것이다. 그리고 남편을 속이는 아내, 아버지를 속이는 아들의 불의를 여기서 볼 수 있다. 목적도 목적이지만, 수단이 교활하고 부당하였다. 도저히 정당화할 수 없는 사기극을 연출한 것이다.

우리는 여기서 욕심이 있고 불의를 물마시듯 하는 인간의 일반적 죄악상을 여실히 보게 된다. 야곱은 이를테면 간사하고 거짓이 가득하고 목적을 위하여 수단 방법을 가리지 않는 죄인들의 전형(典型)이라고 해도 과언이 아니다. 그러니까 그의 행동으로 보아서는 결코 하나님의 축복을 받을 자격이 없는 사람이다. 그럼에도 불구하고 하나님은 야곱을 택하시고, 그에게 축복을 내리신 것은, 하나님이 악을 무시한다던가, 거짓을 덮어두시는 분이라는 것을 말하려는 것이 아니라, 야곱 같이 사악한 사람도 하나님은 은혜로 택하시고, 그의 도구로 사용하실 수 있다는 것을 보여주고 있다. 우리 스스로를 야곱과 비교할 때, 도토리 키 재기에 불과하다. 모두가 죄인이기에 우리는 하나님의 은총에 의해서만 구원을 받을 수 있다는 것이다.

3. 이삭은 야곱과 리브가의 사기행각에 속아 넘어가고 말았지만, 은혜의 하나님이 허락하시는 축복은 효과가 있고, 상상할 수 없는 행복을 당사자에게 가져다준다. 하나님의 축복이 야곱에게 임할 때, 그가 만사형통의 복을 받을 수 있고, 부와 권세도 차지하게 되며, 많은 사람을 아니 나라들을 지배하는 권세도 가질 수 있다.

4. 보통 사람들은 알지 못하지만, 전문가는 땅 속을 흐르는 수맥(水脈)을 알 수 있다고 한다. 그와 같이 리브가와 야곱은 인간 생활에 있어

서, 하나님의 축복의 맥을 느끼고, 그것이 자기가 사랑하는 아들에게, 혹은 자기에게 임하기를 원하였으며, 그렇게 되기 위해서 백방으로 노력했다. 남들이 보지 못하고, 남들이 감지하지 못하는 어떤 가치를 알고 그것을 추구하는 것이 하나의 지혜라고 할 수 있다. 오늘의 우리의 삶이 물질적인 것 때문에 너무도 바쁜 나머지, 진정한 가치를 가진 것을 등한히 하거나 놓치는 경우가 많다.

5. 하나님은 어떤 사람을 축복하실 때, 스스로 직접 하시는 경우도 있지만, 대개는 천사를 통하여, 또는 예언자를 통하는 등, 간접적으로 하신다. 노아의 경우(창 9:25-27)와 여기 이삭의 경우는 하나님께서 한 집안의 가장을 통해서 축복하신 예들이다. 하나님은 부모를 통해서 자식들에게 축복을 선포하시기도 하신다는 말이다. 부모는 사심이 없이 자식을 사랑하기 때문에, 그들의 축복은 하나님의 축복일 수 있다. 하나님은 아버지인 이삭의 입을 빌어서 아들 야곱을 축복하신 것이다.

에서가 축복을 놓치다(27:30-40)

해설

야곱이 속임수로 아버지의 축복을 받아내고 물러 나오자마자, 에서가 사냥을 하여 잡은 들짐승을 가지고 헐레벌떡 돌아와서, 아버지가 좋아하시는 음식을 요리했다. 불시에 동생에게 장자권을 빼앗긴 에서는, 아버지의 축복을 자기가 받으면 그만 아니냐 하는 생각을 하면서, 그 기회를 놓치지 않으려고 했을 것이다. 정성껏 음식을 장만해 가지고 아버지에게 가서, "어서 일어나 제가 잡아온 고기를 잡수시고, 제게 축복해 주십시오!" 하고 말씀드렸다. 이삭이 어찌 놀라지 않을 수 있었겠는가? "네가 누구냐?" "제가 첫째, 에서입니다." "내가 이미 사냥 고기를 가져온 것을 먹고, 벌써 축복을 해주었는데, 도대체 그가 누구였단 말이냐?"

이렇게 해서 결국 야곱에게 축복을 빼앗긴 것을 알게 된 에서는 크게 울었다는 것이다. 그리고는 아버지에게 "남겨 둔 축복이 없습니까? 그것이라도 주십시오!" 하고 애걸했다. 그러나 이삭은 더 이상 축복할 수가 없다고 거절하였다. 에서는 울면서 재차 애걸해 보았다. 그러나 이삭의 대답은 부정적이었다. 결국 농사의 축복도 받지 못 할 것이고, 정치적으로는 동생을 섬기는 위치에 있을 것이고, 그 둘 사이에는 싸움과 마찰이 있을 것을 예언했다.

교훈

1. 에서가 팥죽 한 그릇에 자기 장자권을 동생 야곱에게 팔았을 때, 계약서를 쓴 것도 아니고, 증인을 세웠던 것도 아니다. 그러나 그 시대에는 말 한 마디가 그렇게도 중하고 구속력이 있었다. 이삭이 야곱을 축복한 사건도 그렇다. 계약서를 써서 서명을 한 것이 아니지만, 그것이 유효하다고 믿었고, 또 구속력이 있는 것이었다. 그만큼 말의 무게가 있고, 말은 말 그대로이지, 그 이상도 그 이하도 아니었다. 거기에 비하면 오늘 우리들의 말은 얼마나 허풍이 많고, 진실의 도수가 너무도 낮다는 것을 느끼게 된다.

2. 이삭은 하나님의 대행자의 자격으로 야곱을 축복했다. 물론 이삭은 맏아들 에서를 축복한다고 생각하면서 축복했다. 그러나 그 축복이 엉뚱하게 야곱에게 돌아갔다. 사람의 생각이나 계획과 하나님의 뜻과 처사가 얼마나 다르다는 것을 알 수 있다. 하나님은 이삭을 통해서, 당

신이 택하신 야곱에게 축복을 내리셨다. 야릇하고 이해가 가지 않는 일이지만, 하나님은 기묘한 방법으로 당신의 계획을 이루어나가신다. 하나님께서 하시는 일을 사람은 이해할 수 없는 것이 많다.

3. 이 사건에 있어서 에서의 잘못이 무엇일까? 에서는 한 집안의 장자로서, 상속권을 가진 사람이고, 아버지의 축복을 받아야 하고, 받을 자격이 있는 사람이었다. 그는 아버지가 시키는 대로 열심히 한 사람이다. 그런데 동생 야곱과 어머니 리브가의 속임수에 사기를 당한 것이다. 그러나 가시(可視)적인 차원에서는 변화된 것이 아무 것도 없다. 단지 신령한 차원에서 하나님의 축복이 하나님의 뜻에 따라서 그가 원하시는 사람에게 주어진 것뿐이다. 우리는 여기서 두 가지 차원의 세계를 볼 수 있어야 한다. 보통 사람에게는 하나님의 세계와 그의 경륜과 섭리의 세계가 인정되지 않으며, 감지되지 않는다. 보이지 않는 하나님과 그의 축복을 중요시한다는 것은 믿음을 가진 자들에게만 있을 수 있는 일이다. 하나님이 하시는 일이 우리에게 납득이 가지 않고 이해가 되지 않더라도 승복할 따름이지, 다른 길이 없어 보인다.

야곱이 에서의 보복을 피하여 달아나다(27:41-28:5)

해설

장자권과 아버지의 축복을 동생에게 빼앗긴 에서는 극도로 야곱을 미워하게 되었다. 아버지 이삭이 얼마 살지 못할 것이 확실하기 때문에, 그의 죽음을 기다렸다가, 그 뒤에는 반드시 동생 야곱을 죽이고야 말겠다는 결심을 했다. 그 생각을 알게 된 리브가는 야곱을 불러서, 하란에 있는 오빠 라반의 집으로 피신하라고 일렀다. 오래 떨어져 있노라면 에서의 마음에서 분노가 사라질 지도 모르니, 그때 불러오겠다는 것이었다. 그냥 같이 있다가는 언젠가는 두 형제의 결투가 벌어질 것이고, 하루에 두 아들이 다 죽을지도 모르지 않느냐 하는 것이었다. 적령이 넘은 야곱을 그냥 붙들어 두면, 가나안 여자를 아내로 얻을 것이 뻔하고, 그때는 집안 꼴이 완전히 망가질 것을 염려했을 것이다.

리브가가 남편 이삭에게는 야곱을 하란으로 피신시키기 위해서 다른 핑계를 댔다. 에서의 두 아내 곧 가나안 여인들 때문에 속상해 죽겠으니, 야곱의 아내는 그런 여자들이 아니어야 하겠다는 것이었다. 그래서 이삭은 자기의 경우를 회상하면서, 고향 하란으로 야곱을 보내어 친족 가운데서 규수를 얻도록 하기로 마음을 먹었다. 이삭은 야곱을 불러서 축복을 하며 명령을 내렸다. 당장에 하란에 있는 외삼촌 라반에게 가서 그의 딸들 중의 하나를 아내로 얻으라고 했다. 그러면서 '전능자 하나님'(<엘 샤따이> אֵל שַׁדַּי)이 축복하실 것이고 성공하게 하실 것이라고 하면서 격려를 해 주고 야곱을 외삼촌 라반에게로 떠나보냈다.

교훈

1. 형 가인이 동생 아벨을 죽였다. 이제 형 에서가 쌍둥이 동생 야곱을 죽을 지경으로 미워하게 됐다. 살의와 미움의 이유가 여러 가지이겠지만, 에서의 경우에는 자기의 기득권과 자기의 이권을 빼앗겼다는 것 때문이었다. 형의 것을 빼앗은 동생에게도 잘못이 있지만, 동생이 축복받는 것을 형이 사랑으로 기뻐할 수는 없었을까? 남이 잘 되는 것을 질투하는 것이 인간의 상정이지만, 오히려 그것을 기뻐하고, 축하해 주는 것이, 하나님의 자녀다움이 아닐까!

2. 말썽꾸러기 에서가 이방 여자 둘을 한꺼번에 아내로 데리고 들어

와서 노는 꼴을 직접 경험하는 어머니 리브가는, 그 고통이 이만저만이 아니었다. 그래서 야곱을 더 편애하기에 이르렀을 것이다. 야곱마저 가나안 여자와 결혼을 하는 경우 결국 두 아들을 다 잃는 슬픔이 닥칠 것을 예상했다. 그래서 한 아들이라도 건질 생각으로 야곱을 오빠의 집으로 피신을 시키기로 결심한 것은 모성애의 당연한 결단이었다. 사람이 가진 망각의 은총으로 말미암아 에서가 과거사를 잊어버리고, 또는 분노를 지워버리게 될 것을 예상하고, 처리한 묘책이기도 했다. 시간이 약이 될 수 있다는 것이다.

3. 이삭은 장남 에서를 이론적으로 또는 의지적으로 사랑하고 있지만, 에서의 혼란하고 막 되먹은 가정생활을 지켜보면서, 리브가와 함께 고민을 많이 했을 것이다. 그래서 야곱에 대한 리브가의 계획에 찬동하였고, '전능자 하나님'(<엘 샤따이>)을 믿는 사람으로서 야곱의 성공을 빌었다. 아브라함에게 주셨던 하나님의 축복을, 그 전능자께서 반드시 이루어주실 것을 확신하며, 자식에게 그 믿음을 심어주었다. 특히 가나안 땅을 차지하게 되리라는 희망을 넣어주었다. 부모가 자녀들에게 참된 신앙과 희망을 물려준다는 것이 얼마나 귀한 일이라는 것을 우리가 알아야 할 것이다. 자식에 대한 부모의 현명하고도 구체적인 교육과 지도를 통해서, 그들의 앞날을 행복에로 이끄는 것이 부모의 도리일 것이다.

4. 구약성경에는 근친(近親)간의 결혼 이야기가 많이 나온다. 여러 가지 이유에 의해서 그때는 그런 제도가 허용되었지만, 역사가 흐르고, 사회가 변하면서, 많은 경험을 통하여, 그런 제도가 좋지 않다는 결론을 얻어서, 많은 경우 근친 결혼을 반대하고 있는 실정이다. 여기서 우리는 성경에 있는 사건들을 모두 규범으로 삼아서는 안 된다는 것을 알

아야 할 것이다. 아브라함이 소실(小室)을 가졌으니 나도 그리 하겠다는 식의 판단은 잘못이라는 말이다. 하나님의 창조의 질서와 원칙을 찾아야 할 것이며, 그의 뜻에 가장 어울리는 판단을 해야 할 것이다. 인간사회의 이득이 되고, 하나님께 영광이 되는 제도와 질서를 이루어 나가야 할 것이다.

에서가 이스마엘의 딸과 결혼하다(28:6-9)

해설

에서는 아버지 이삭이 야곱을 축복하고 하란으로 보내어 거기서 친족 중에서 아내를 얻게 한 것을 보았고, 야곱을 축복하면서 가나안 여자와는 결혼하지 말라는 명령을 내린 것을 보았고, 야곱이 부모의 명령에 복종하여 하란으로 떠난 것을 보았다. 결국 가나안 여자는 아버지 이삭을 기쁘게 하지 못한다는 것을 비로소 깨달았다. 그가 아버지의 축복을 받아내지 못한 것이, 가나안 여자를 아내로 맞은 때문이라고 느꼈고, 앞으로라도 그의 축복을 받기 위해서는 가나안 여인이 아닌 아내를 얻어야 하겠구나 하는 생각을 하고, 삼촌 이스마엘에게 가서 그의 딸, 마할랏을 달라고 해서, 그의 셋째 아내로 삼았다.

교훈

(1) 행차 후의 나팔이라는 말이나, 소 잃고 외양간 고친다는 말과 같이, 에서는 어리석게도 부모의 뜻을 깨닫지 못하고, 그들의 뜻을 알아보지도 않고, 제멋대로 함으로써 부모의 마음을 상하게 했으며, 드디어

부모의 고임을 받지 못하게 된 것을 뒤늦게 깨달았다. 그리고 나서야 쏟아진 물을 주서 담는 격으로 일을 처리했다. 이스마엘의 딸을 아내로 맞으면 부모의 마음을 살 수 있을 줄 알고 그런 처사를 했을 것이다. 과연 그의 처사를 이삭과 리브가가 허락한 것일까? 이스마엘은 애굽 여자와 결혼하여 이미 이방 사람의 피가 섞인 자녀들을 낳았다. 그러니 마할랏도 순수성을 가지지 못한 여자였다. 그러니 그녀 역시 이삭과 리브가의 마음에 들 수는 없었을 것이다. 게다가 에서는 아내가 셋이나 되는 형편이니, 오히려 가정에 혼란을 더 하는 결과가 오리라는 것은 뻔한 일이었다. 에서는 축복을 얻어 보겠다는 생각으로 모든 일을 해보지만, 첫 단추를 잘못 끼웠기 때문에, 계속 일이 제대로 풀리지 않은 것 같다.

(2) 일남일녀가 합하여 한 가정을 이루는 것이 하나님의 뜻이며, 창조의 질서인데, 죄 있는 인간들이 그 질서를 깨면서 행복을 얻겠다는 것 자체가 어리석은 짓이다. 에서는 단번에 아내를 둘을 얻은 것만으로도 하나님의 뜻을 역행하였는데, 하나님의 축복을 받겠다는 자가, 아내를 하나 더 얻음으로써, 하나님과 부모의 마음을 사겠다는 것은 모순이 아니고 뭐냐 말이다. 인간이 순리로 돌아서고, 할 수 있는 대로 순리를 따라서 행동함으로써, 하나님을 기쁘시게 하려 하지 않고, 세속적인 방법으로써 선을 이루겠다는 것은 모순일 수밖에 없다. 결국 인간이 그럴듯한 핑계를 가져다 붙이지만 결국은 자기만족과 쾌락을 도모하는 것에 지나지 않는 것 같다. 아들 못 낳는 아내 대신, 효도를 핑계 삼아, 씨받이를 통하여 자식을 보는 등의 처사는 결국 인간의 욕심과 죄로 말미암는 것이 아니냐 말이다.

벧엘에서 꾼 야곱의 꿈(28:10-22)

해설

형에게서 장자권을 빼앗았고, 아버지의 축복을 가로채고, 형의 미움을 극도로 산 야곱은 어머니와 아버지의 제안으로 집을 떠나, 하란을 향하여 서둘러 길을 재촉했다. 요단 계곡으로 내려가서 북상을 하면 평지를 걸으니 속도는 낼 수 있지만, 거기가 주간에는 너무도 덥기 때문에, 힘이 들기는 하겠지만 산 능선을 타기로 하고, 과거에 할아버지 아브라함의 연고지였던 헤브론을 지나서, 그리고 또 세겜을 지나가려고 베들레헴, 예루살렘 등을 거쳐서 올라갔다. 그러다가 루즈*(28:19, לוּז) 에서 해가 졌기 때문에, 더 갈 수가 없어서, 노숙을 할 수밖에 없었다. 부잣집에서 호의호식을 하던 귀공자가 대번에 도망자의 신세가 되어 돌을 베개로 하고 노숙을 해야 하는 야곱의 마음은 착잡하고 서글펐을 것이다. 그러나 긴 도보 여행으로 피곤하고 지쳐서, 불편도 느낄 겨를이 없이, 곯아떨어지고 말았을 것이다.

그때 그는 꿈을 꾸었다. 그러나 그것은 꿈을 통한 하나님의 계시였다. 사다리, 아니 계단이 하나 보이는데, 땅에서 하늘에 닿는 긴 것이었고, 하나님의 천사들이 그 계단을 오르락내리락 하는 것이었다. 그리고 천사들을 대동하신 야훼 하나님께서 야곱 곁에 계셔서 말씀을 걸어오셨다. “나는 야훼다. 너의 조상 아브라함의 하나님이요, 이삭의 하나님이다.”고 하시면서, 조상들에게 주셨던 약속을 되풀이하시며, 야곱이 어디를 가든지 같이 있고, 지켜줄 것이고, 살던 곳으로 돌아오게 할 것이고, 약속한 것을 다 이루기까지는 떠나지 않을 것을 알라는 것이었다.

야곱은 잠에서 깨어나, 그 꿈은 단지 꿈이 아니라 진정 자기에게 주신 하나님의 계시라고 느꼈다. 야곱이 특히 깨달은 것은 야훼가 거기 자기가 잠자고 있는 바로 그곳에 계신다는 것이었다. 지금까지 하나님에 대해서 많은 말을 들었지만, 하나님은 멀리 계시고, 하늘에 계시는 줄로만 알았었는데, 그 하나님이 자기가 있는 곳에 계신다는 것을 알았다. 그러면서 그 장소는 보통 장소가 아니라 무시무시한 곳이라고 느꼈고, 거기가 바로 하나님의 집이요, 거기가 바로 하늘의 문이라고 느꼈다.

그래서 야곱은 날이 밝자 그가 베고 잔 돌을 기둥처럼 세우고, 그 돌 위에 올리브 기름을 부었다. 그리고는 그 곳이 '하나님의 집'이라는 뜻으로 이름을 벧엘(בֵּית־אֵל)이라고 불렀다(28:19). 그리고나서 맹세를 했다. 하나님께서 자기와 같이 계셔 주시고, 자기가 가는 길을 지켜주시고, 먹을 것과 옷을 주셔서, 안전하게 집으로 돌아오게 해 주신다면, 야훼가 내 하나님이고, 자기가 거기에 기둥으로 세운 돌은 하나님의 집이 될 것이며, 하나님이 주시는 십 분의 하나를 하나님께 바치겠다는 것이었다.

교훈

1. 야곱은 형을 속이고 아버지를 속인 죄의 대가를 톡톡히 받고 있는 셈이다. 정든 고향과 부모를 떠나서 도망자의 신세가 되었고, 생전해보지 못했던 고생을 하게 된 것이다. 그런 고생을 통해서 야곱은 인생을 배우고 깨닫는 기회가 됐을 것이다. 하나님은 택한 자를 버리시지 않고, 그런 시련을 통해서 보다 성숙한 인간을 만들어 나가신다.

2. 하나님은 꿈이라는 도구를 통해서 야곱을 가르치셨다. 야곱은 모든 것과 완전히 차단 된 상태에서, 순수하게 하나님을 만나는 경험을 했다. 지금까지 할아버지와 아버지의 전통적인 또는 세습적인 신앙생활 속에 묻혀서 살면서, 하나님을 간접적으로만 들으며 살아오던 야곱이 이제 직접 자기 곁에 와 계시는 하나님을 만나 뵙는 놀라운 체험을

했다. 그것은 결코 아무나 가질 수 있는 체험이 아니다. 중대한 책임을 수행해야 할 그릇이기에 하나님은 각별한 조치를 취하여 야곱에게 나타나신 것이다. 하나님의 은총이 아닐 수 없다. 하나님이 자기와 같이 가까이 계시다는 사실을 체험적으로 안다는 것은 무한한 복이다.

3. 하나님은 하늘의 하나님, 지극히 높으신 하나님이라는 이름을 가지고 계시지만, 공간적으로 특정 장소에 매여 계시는 분은 아니시다. 그는 초월자로서 그때 벧엘에서 야곱과 같이 계셨고, 지금 우리에게 여기에도 같이 계시는 하나님이시다.

4. 하나님은 택한 자와 같이 계신다. 어디 가든지 지켜주신다. 약속하신 것을 다 이루어주시고 고향에까지 무사히 돌아오게 하시는 분이시다. 하나님을 진정으로 모시는 우리들 순례자들에게는, 야곱의 하나님이 우리의 하나님도 되셔서 그런 축복을 주실 것이 확실하다.

5. 그런 은혜의 하나님께 대한 야곱의 반응은 또한 우리들의 반응이 되어야 할 것이다. 그 하나님께 야곱은 최선을 다하여 응답했다. 기념비를 세우고, 귀한 기름을 부으며 하나님께 예배를 드렸다. 그리고 그 하나님을 평생 각근히 모실 것을 맹세하고, 십일조를 바치며, 참된 신앙생활을 하기로 맹세했다.

그것이 우리의 맹세가 되어야 할 것이다. 우리는 어디서나 그리고 언제나 하나님의 임재를 깨닫고, 거기가 하나님의 집이라는 생각을 하면서 살아야 할 것이다. 그리고 하나님께 대한 감사와 예배와 봉사를 맹세코 실시해야 할 것이다. 예배당에서만 아니고, 주일 오전 11시만이 아니고, 어디에서나 어느 때나 하나님을 만나고 예배할 수 있는 신앙을 가져야 할 것이다. 예루살렘에서만이 아니고, 그리심 산에서만이 아니고, 어디서나 하나님을 예배할 때가 이미 되었기 때문이다.

야곱이 라헬을 만남(29:1-14)

해설

야곱은 벧엘에서의 귀한 경험을 통하여, 큰 용기와 자신을 얻고 목적지를 향하여 여행을 계속했을 것이다. 그 먼 길을 혈혈단신, 길을 물어서 하란을 찾아갔다. 험한 길, 낯선 길을 무사히 가서, 하란이라는 곳에 가까이 이르렀다. 그것만 해도 참으로 다행한 일이며, 하나님의 가호의 덕택이라고 해야 할 것이다. 목적지에 다 왔다는 생각에 야곱은 긴 여행의 피곤도 잊고 걸어가는데, 보니 들판에 우물이 하나 있고, 우물가에는 세 떼의 양이 앉아 있는 것이었다. 그 양들은 그 우물에서 물을 먹으려고 기다리는 중이라는 것이었다. 물이 귀한 곳이어서, 우물을 아무나 사용하지 못하게 하려고, 우물로 들어가는 길을 큰 바윗돌로 막아놓았고, 시간이 되어 양들이 다 모이고, 따라서 목동들이 다 모이면, 여러 명의 목동이 힘을 모아서 그 바윗돌을 옮겨 놓아야만 비로소 우물로 들어갈 수가 있는 것이었다. 양들이 물을 다 마시면 다시 그 돌을 굴려다 문을 막아두는 것이었다.

야곱은 지친 몸으로 우물가에 앉아서 쉴 겸, 물도 얻어 마시고, 목동들에게 길을 물으려는 것이었다. 그래서 야곱은 다정하게 “내 형제들이여!” 하고 말문을 열었다. “어디서 오셨습니까?” “우리는 하란에서 왔습니다.”고 그들이 대답하자, 야곱은 귀가 번쩍 띄었을 것이다. 그래서 야곱은 “그러면 나홀의 아들 라반을 아십니까?” 하고 이어서 물었다. “예, 알고말고요.” “그러면 그분이 안녕하신지요?” 하고 다시 물었다. 그러자 그들이 대답했다. “그렇습니다. 그리고 그의 딸, 라헬이 지금 양떼를 몰고 저기 오고 있군요.” 그 말을 들은 야곱은 우물을 향하여 천천히 양을 몰고 걸어오는 라헬을 뚫어지게 바라보았을 것이다. “아! 드디어 그리던 혈육을 만나게 되었구나. 하나님께서 이렇게 해 주시려고 나를 여기까지 인도하셨구나."라는 생각이 들었을 것이다. 여러 가지 상념이 야곱의 마음을 설레게 했을 것이다. 그 먼 타향에서 인척을 만나는 기쁨, 혹시 자기의 배필이 될지도 모르는 혈족을 만나게 되는 기쁨과 설렘이 뒤범벅이 되었을 것이다. 다시 야곱의 꾀부림이 시작되었다. 라헬이 그 자리에 도착하기 전에 다른 목동들을 다 흩어 보내고, 혼자서 라헬을 만나야 하겠다는 생각을 한 것이다. 그래서 다른 목동들에게 말했다. "아직 대낮이 아닙니까? 양들을 우리에 몰아넣을 시간도 아니니, 어서 물을 먹여 가지고, 데리고 가 풀을 뜯기구려." 목동들은 야곱의 속셈을 알 도리가 없었다. 그래서 순진하게 대답했다. "양떼가 다 모이고, 우물을 막은 저 돌을 옮기기까지는, 물을 먹일 수가 없답니다."

야곱과 다른 목동들의 대화가 진행되고 있을 때, 라헬이 아버지 라반의 양을 몰고 우물가에 이르렀다. 야곱은 라헬을 만나자, 벅찬 감정을 자제하고, 다짜고짜 다른 목동들과 힘을 모아 바윗돌을 옮겼다. 그리고는 라헬이 몰고 온 양들에게 물을 길어서 먹였다. 라헬과 다른 목동들은 영문도 모르고 야곱이 하는 행동을 지켜보았을 것이다. 생면부지의 낯선 청년이 하는 행동에 모두가 어리둥절했을 것이다. 야곱은 라헬의 양에게 물을 다 마시게 하더니만, 라헬에게 다가가서, 그녀에게 그 지방 풍속대로 입 맞추는 인사를 하고는, 대성통곡을 하는 것이었다. 그러면서 라헬에게 자기 소개를 하며, 자기가 그녀의 아버지의 친척이라는 것, 곧 자기가 리브가의 아들이라는 것을 밝혔다. 라헬은 양을 들판에 둔 채, 불이 나게 달려가서 아버지 라반에게 사실을 알렸다. 라반은 그 소식을 듣자, 달려 나와서 야곱을 얼싸 안고 입을 맞추고, 집으로 데리고 들어갔다. 야곱은 자초지종 자기가 오게 된 경위를 설명했다. 라반은 야곱에게서 끈끈한 혈육의 정을 느끼었다. 야곱은 우선 긴 여행의 지친 몸을 쉬면서, 외삼촌 라반의 집에서 한 달을 묵었다.

교훈

1. 야곱의 아버지 이삭의 경우에는 신변의 위험 때문에 아예 여행을 하지 않고, 대신 아브라함의 청지기 종이 그 먼 길을 다녀왔던 것이다. 그런데 이번에는 야곱이, 그것도 혼자서, 그 험하고 먼 길을 무사히 갈 수 있었으니, 이는 야곱이 벧엘에서 한 경험, 곧 하나님을 만나서 힘을 얻은 때문이었다고 보아야 할 것이다. 하나님의 가호가 있었고, 야곱에게는 하나님이 동행하신다는 신념과, 거기에 따라서 오는 용기와 담력이 있었을 것이다.

2.. 모든 것을 손으로 해야 하던 옛날에는 일손이 언제나 모자랐을 것이다. 힘이 있는 남정(男丁)들은 고된 일, 힘이 드는 일들을 하고, 아낙네들과 노약들은 크게 힘이 들지 않는 일을 하면서 살았다. 이렇게 상부상조하는 옛 사람들의 아름다운 모습을 이 이야기에서도 볼 수 있다. 저마다 일을 하고 먹는 생활도 아름다운 모습이다. 협력하고 지혜를 모아서 공동의 이익을 도모하는 슬기도 여기서 찾아볼 수 있다. 손끝에 물 한 방울 묻히지 않으려는 여성들도 있는데, 리브가나 라헬 같은 여자는 양을 치는 고된 일까지 마다하지 않고 집안일에 협력하는 모습은 참으로 아름답고 본받을 만하다.

야곱이 라반의 두 딸과 결혼하다(29:15-30:24)

해설

야곱이 외삼촌 라반의 집에 한 달을 머무는 동안에, 여독도 다 풀리고, 새로운 환경에 익숙해지기도 했을 것이다. 식구들이 다 일을 하고 있기 때문에 야곱도 가만히 있지 못하고, 이 일 저 일 거들어주고 있었을 것이다. 야곱이 가까운 친척이기 때문에 그리고 공짜로 숙식을 제공해 주기 때문에, 그더러 무보수로 일을 하라고 할 수도 있지만, 삶의 보람과 의욕을 가지게 하기 위해서는 일한 만큼 대가를 치르겠다는 것이 라반의 제안이었다. 그러면서 야곱의 의견을 물었다. 삯을 얼마나 주면 되겠느냐는 것이었다. 야곱은 라반의 두 딸 레아와 라헬 곧 자기의 사촌 여동생을 한 집에서 한 달 간 같이 지내며 지켜보는 가운데, 레아보다는 라헬에게 마음이 갔고, 그를 사랑하게 됐다. 레아는 눈이 예뻤지만 라헬은 전체적으로 아름답고 귀여웠다. 레아의 눈이 '매력이 있었다'(delicate)(29:17)는 히브리어 표현 <락코트>(רַכּוֹת)는 '약하다'(weak)는 뜻도 되기 때문에,[7] 레아에게는 근시안 같은 약점이 있었는지도 모른다. 그래서 야곱은 라헬을 자기에게 준다면, 결혼 지참금 조로, 7년간의 노동을 하겠다고 제안했다. 그러자 라반은, 아무래도 딸을 시집을 보내야 하는데, 생판 남에게 주느니, 야곱에게 주는 것이 낫겠다고 생각하면서, 야곱의 제의를 받아들이고, 자기 집에 머물며 일하게 했다. 야곱은 라헬을 사랑하기 때문에, 7년이라는 긴 세월이 불과 수일처럼 느껴졌다.

계약한 7년이 다 되자 야곱은 의당 라반더러, 라헬과 결혼하게 해 달라고 요청했다. 라반은 그리 하자고 하면서 그 고장 사람들을 다 불러 모으고 잔치를 벌였다. 그러나 저녁이 되고 어두워졌을 때, 라반은 라헬 대신에 맏딸 레아를 신방으로 들여보냈다. 가부장(家父長) 사회에서 아버지의 권위를 가지고 하는 일에 라헬은 눈물을 흘리며 억울함과 슬픔을 참고 있었을 것이다. 아버지의 세밀한 설명과 지시를 받고 신방에 들어간 레아는 용케도 탄로(綻露)나지 않고 야곱과의 첫 밤을 지냈다. 그

7) 개역한글판에서는 '안력이 부족하고'로, 개역개정판에서는 '시력이 약하고'로 옮겼다.

러나 날이 밝자 신부가 라헬이 아니라 레아였다는 것을 알게 된 야곱은 라반에게 항의할 수밖에 없었다. "내가 라헬을 얻으려고 일을 했는데, 이게 뭡니까? 어째서 나를 속이셨습니까?" 라반은 변명을 했다. 그 나라에서는 언니보다 앞서서 동생이 먼저 결혼하는 법이 없다는 것이었다. 그러면서 그 고장 풍속대로 일주간의 혼인 잔치를 우선 마치자는 것이었다. 그런 다음에 라헬도 주겠다는 것이었다. 그러나 라헬을 얻기 위해서는 다시 7년을 더 일해야 한다는 조건을 붙였다. 야곱은 울며 겨자 먹기 격으로, 라반의 제안을 받아들이고, 7일 간의 잔치를 끝냈다. 그 후에 라반은 약속대로 라헬을 야곱의 아내로 내주었다. 야곱은 이렇게 해서 한 주간 만에 아내 둘을 얻게 되었다. 레아는 질파*(זִלְפָּה)를 (29:24), 라헬은 빌하를 아버지로부터 몸종으로 각각 받았다(29:29). 그 후에 야곱은 약속한 대로 라반을 7년이나 더 섬겨야만 했다.

사기 결혼, 강제 결혼, 마음에 없는 결혼, 순리를 벗어난 결혼이 어찌 가정에 평화를 가져올 수 있으랴! 레아는 야곱의 사랑을 받지 못했다. 반대로 라헬은 남편의 사랑을 독차지했다. 이러한 인간고를 방치하시거나 몰라라 하시는 하나님이 아니시다. 야훼 하나님은 레아의 마음 고통과 그녀의 호소를 무시하지 않으시고, 돌보시었다. 야곱의 사랑을 독차지하고 의기양양한 라헬은 아기를 낳지 못하는데, 레아에게는 아들을 낳는 은혜를 주셨다. 첫 아들 르우벤(רְאוּבֵן, "야훼께서 나의 고통을 눈여겨보셨다.")을 낳게 해 주셨다(29:32). 그러자 레아는, 이제야 남편이 자기를 사랑해 주겠구나 하는 생각을 했다. 그 후에 이어서 아들을 셋이나 더 낳았다. 시므온(שִׁמְעוֹן, "야훼께서 내가 미움 받는다는 소리를 들어주셨다.")과 레위(לֵוִי, "내 남편이 나와 합하리라.")와 유다(יְהוּדָה, "내가 야훼를 찬미하리라.")를 낳고는 생산을 멈추었다(29:33-35).

아무리 남편이 자기를 총애하여도 자식을 낳지 못하는 라헬의 마음은 고통스러웠고, 아들을 넷이나 난 언니 레아를 질투하지 않을 수 없었다. 라헬은 야곱을 붙들고 앙탈을 부렸다. “내게도 자식을 가지게 해 주세요. 그렇지 않으면 죽고 말겠어요.” 하고 말이다. 야곱은 노발대발 라헬을 책망했다. “내가 하나님이라도 된다는 말이요? 당신이 아기를 못 낳는 것은 하나님이 막으셔서 그런 것인데, 나더러 어쩌란 말이요?” 하며 라헬의 억지를 막았다. 라헬은 남편의 할머니 사라의 경우를 회상하였을 것이고, 편법을 쓰기로 마음을 굳혔다. 자기 몸종 빌하를 씨받이 아내로 삼아 자식을 얻자고 제안했다. 야곱은 그녀의 뜻을 받아들여 빌하를 통하여 아들을 얻었다. 라헬은 하나님께서 자기를 판가름해 주셨다고 하여 그 아이를 단(דָּן)이라 불렀다. 빌하가 또 아들을 낳으니, 라헬이 그를 납달리(נַפְתָּלִי, “언니와 호되게 씨름을 한 끝에 결국은 이겼다.”)라고 불렀다(30:1-8).

레아는 아들 넷을 낳고는 생산이 끊기고, 자식이 없던 라헬이 그녀의 몸종 빌하를 통해서 아들을 둘이나 낳고 희희낙락하는 꼴을 보면서, 어떻게 해서든지 남편의 마음을 사려고, 자기 몸종 질파*를 야곱에게 아내로 주었다. 야곱이 질파*를 통해서 아들을 얻으니, 레아가 그 아이의 이름을 갇*(גָּד, ‘행운’, fortune)이라고 하였다. 그리고 질파*가 다시 아들을 낳으니 레아가 그의 이름을 아셀(אָשֵׁר, ‘행복하다’, happy)이라고 했다(30:9-13).

밀 가을을 하는 어떤 날 이미 소년이 되어 있던 르우벤이 들에서 <두다임>(דּוּדָאִים, ‘자귀나무’, mandrake)라는 풀을 뜯어다가 어머니 레아에게 주었다. 그 풀은 정력제로서 그것을 먹으면 아기를 낳는다는 민속 약초였다. 그것을 보고 제일 마음이 동한 사람은 아기를 못 낳은 라헬일 수밖에 없었다. 언니 레아에게 그 나무를 좀 달라고 청하자 레아는 동생에게 앙심을 품고 있는 터이라, 순순히 그 요청을 들어줄 리가 없었다. “네가 내 남편을 채갔는데, 내 아들이 찾아온 자귀나무까지 가져가겠다고? 어림도 없다.”고 내뱉었다. 라헬은 흥정을 했다. 그 자귀나무를 자기에게 주면 오늘 하루 밤만 남편 야곱을 언니 레아에게 허락하겠다고 말이다. 야곱은 그렇게 해서 다시 그날 밤 레아와 동침하고, 레아는 또 아들을 낳았다. 레아는 그의 이름을 잇사갈(יִשָּׂכָר, "하나님께서 나에게 보상[<사카르> שָׂכָר]을 주셨다.")이라고 불렀다. 레아가 또 아들을 낳으니 그 여섯째 아들을 즈불룬*(זְבֻלוּן, "내 남편이 나를 높여줄[זבל] 것이다.")이라고 불렀다. 그리고 딸을 하나 낳았는데 그 이름이 디나(דִּינָה)이다(30:14-21).

라헬은 야곱이 자기 아닌 다른 세 아내를 통하여 열 명의 아들을 얻는 동안 마음으로 얼마나 큰 고생을 했고, 얼마나 하나님께 간절한 호소를 했겠는가! 자귀나무도 소용이 없었고, 다른 어떤 수단도 자기 소원을 이루어주지 못했다. 그러나 마침내 하나님이 라헬을 기억하셨고, 그의 소원을 들어주셔서, 아들을 낳게 하셨다. 그러자 그녀는 하나님의 능력과 은총을 깨달았다. 자기의 한을 풀어주신 분은 하나님이라고 고백하면서, "야훼여! 제발 아들을 하나만 더 주십시오."하는 소원을 담아, 그 아들의 이름을 요셉(יוֹסֵף, '더해줄 것이다')이라고 했다(30:22-24).

교훈

1. 옛날이나 오늘이나 할 것 없이, 묘령(妙齡)의 딸을 둔 부모의 공통된 염원은, 그들이 좋은 배필을 만나서 짝을 짓고, 행복하게 사는 일이다. 야곱이라는 청년, 그의 배경을 너무도 잘 알고, 더할 나위 없이 믿음직한 청년이, 배필을 구하러 자기 집에 나타났으니, 딸을 가진 라반은 사위를 얻을 수 있는 절호의 기회라고 생각했을 것이 분명하다.

그의 맏딸 레아는 벌써 적령(適齡)이 되었지만 아직 그를 데려갈 사람이 나타나지 않아서, 라반은 속으로 걱정을 하고 있었을 것이다. 그런데 야곱은 레아보다는 라헬에게 반하여, 그를 아내로 달라고 조르며,

그 대가로 7년을 일하겠다고 하는, 넉넉한 조건을 내걸었다. 한 남자의 7년 간의 노임이면, 지참금으로서 결코 손색이 없는 것이었다. 그래서 타산적인 라반은 쉽게 그 조건을 받아들였다. 라반은 그 7년 동안에 레아에게도 좋은 배필이 나타나기를 바라며, 기다리고 있었을 것이다. 그런데 약속된 7년이 다 되어 야곱이 라헬과 결혼을 해야 하는 시점에 이르렀지만, 레아의 배필은 나타나지 않았다.

레아를 묘사한 <락코트>(רַכּוֹת)라는 형용사가, 긍정적으로는 '귀엽다'는 뜻이지만 부정적으로는 '약하다'는 뜻이기도 하니, 무언가 그녀에게 약점이 있었던 것으로 보인다. 그래서 시집을 가지 못하고 있었을 수 있다. 부모는 결점이 있고 연약한 자식에게 더욱 마음을 쓰고, 연민을 느끼는 법이 아닌가. 라반이 속임수를 써서 레아를 야곱의 아내로 만든 행동은 큰 사기 행위이지만, 자식에 대한 부모의 사랑 때문이었다고 본다면, 어느 정도 이해가 되기도 한다.

2. 야곱은 운명적으로 두 아내를 가져야 했고, 나아가서는 네 명의 아내를 거느려야 하는 형편에 도달했다. 그러면서도 야곱은 그 네 아내 중에서 라헬을 제일 많이 사랑했고, 결국 그 편애는 가정불화로 이어질 수밖에 없었다. 한 남편이 한 아내를 사랑하도록 되어 있는 천륜을 범한 야곱의 집안에 불화가 있고, 다툼이 있을 수밖에 없었다. 죄의 값은 고통이요 죽음이라는 것이 하나님의 철칙이다. 야곱이 라헬에 대해서 가진 사랑, 곧 14년이라는 세월의 노동을 마다하지 않고, 희생적으로 사랑한 그 사랑을 우리가 높이 평가하지만, 그가 다른 세 여자를 아내로 삼은 이상, 공평한 사랑을 그들에게 주었어야 한다. 그리 하지 못한 것이 야곱의 잘 못이요, 한 사람이 네 아내를 골고루 사랑할 수 없는 것이 당연하기에, 일부다처 자체가 죄요 악이라고 해야 할 것이다.

3. 하나님은 공평하셨다고 볼 수 있다. 라헬은 야곱의 총애를 받았지만 오랫동안 자식을 낳지 못한 고통을 당하였고, 레아는 야곱의 사랑을 받지 못하는 반면에, 일찌감치 아들을 많이 낳음으로써, 마음 든든함을 느끼고, 라헬의 선망의 대상이 되었으니 말이다.

4. 라헬이 야곱의 총애를 독차지하고 뽐내었지만, 자식이 없어서 고민하며, 온갖 수단을 써보았지만, 그의 인간적 노력으로써는 뜻을 이룰 수 없었다. 하나님이 그를 기억하시고 돌보아주심으로써 비로소 일이 해결되었다. 아기 못 낳는 여자라는 수치스러운 이름을 벗을 수 있었던 것은 오직 하나님의 은혜와 긍휼 때문이었다. 라헬이라는 여자가 남달리 잘한 것이 있어서가 아니다. 그의 약점이 다른 사람들과 다름없이 많았지만, 은총의 하나님께서 그를 사랑하셨기 때문에, 그의 수치를 면할 수 있었던 것이다. 그리고 그녀는 야훼 하나님께 대한 믿음을 가지게 되었다. 그녀는 하나님께서 자기에게 아들을 더 주실 것이라는 희망과 믿음을 가지고 있었다. 결국 그가 믿은 대로 벤야민**이라는 아들을 얻은 것이다.

라반의 집에서 야곱이 번영함(30:25-43)

해설

외삼촌 라반의 집에서 14년이라는 긴 세월 열심히 봉사한 야곱은 두 아내와 열한 명의 아들을 얻었다. 오랫동안 자식을 못 낳던 라헬이 요셉을 낳자, 이제는 여한이 없다는 생각이 들었을 것이고, 라반과 맺은 약속을 다 지켰으니, 더 이상 그를 위하여 일할 의무도 없다고 보였고, 고향에 두고 온 부모와 고향 생각이 나서, 야곱이 라반더러 자기를 고향으로 가게 해 달라고 요청했다. 자기가 열심히 일을 했고, 계약을 맺은 대로 두 아내와 자식들을 얻는 대가를 다 치렀으니까, 이제는 아내들과 자식들을 데리고 떠나게 해 달라는 것이었다.

그 당시의 법에 의하면 야곱은 라반에게 종속한 사람이고 그가 노심초사 뼈 빠지게 일해서 얻은 아내와 자식들도 엄연히 라반의 것이었다(31:43). 라반이 허락하지 않는 한 야곱이 마음대로 데리고 떠날 수는 없었다. 야곱이 그렇게 오래 일했지만, 자기 소유를 만든 것은 조금도 없고, 오직 라반의 것을 만들어 준 것뿐이었다. 사실 당장 떠난다면 빈손으로 가야 하는 형편이었다. 야곱은 자기가 떠나겠다고 하면 외삼촌 라반이 의례 재산을 얼마라도 때어주면서 가라고 할 줄 알았을 것이다.

야곱의 요청을 들은 라반은 드디어 올 것이 왔구나 하는 생각을 하면서, 또 다시 잔꾀를 부렸다. 지난 14년을 돌아보니, 야곱은 복덩어리였다. 그가 자기 집에 들어오자마자 재산이 부쩍부쩍 늘어나는 것이었다. 하도 신기해서 점을 쳐보았더니, 야훼께서 야곱 때문에 라반을 축복하셨다는 것이었다. 그러니 그 복덩어리를 떠나보낼 생각이 있을 리가 없었다. 가까운 혈친 관계인데도, 사람의 도리를 벗어나서, 라반은 자기 욕심을 차릴 생각이었다.

그래서 야곱더러 "제발 더 머물러다오. 이제부터는 네가 일한 만큼 네 몫을 줄 터이니, 무엇을 주기를 바라느냐?"고 제안했다. 라반의 말을 거절할 수 없다고 생각한 야곱은, 더 남아서 라반의 일을 해 주는 동시에, 라반이 준다는 삯을 모아 자기 재산을 만들어야 하겠다는 생각을 하고, 라반의 청을 받아들이기로 했다. 거기서 흥정이 시작됐다. 일 한 대가를 무엇으로 받고 줄까 하는 것이었다. 야곱은 야훼 하나님이 자기를 돕고 있다는 신념을 가지고 있었다. 자기가 하는 일에 하나님께서 앞으로도 축복하셔서, 부자가 되게 해 주실 것을 믿었다. 종전처럼 삼촌 라반의 양을 칠 터인데, 얼룩진 양과 염소는 자기 것이 되고, 그렇지 않은 것은 삼촌의 것이 되게 하자는 제안이었다. 지금도 얼룩진 양과 염소가 있기는 하지만, 그 수가 적기 때문에, 앞으로도 그럴 것이라고 판단하는 것이 정상적이다.

그 제안을 들은 라반은 자기에게 손해가 되지 않는다는 판단을 하고, 그리하자고 승낙을 했다. 때때로 야곱의 가축을 점검하는데, 만일 얼룩지지 않은 양이나 염소가 발견된다면, 그것은 라반의 것을 도둑질한 것으로 치자는 단서까지 붙였다. 그렇게 약속은 하고서도 라반은 다시 그의 야성(野性)을 드러냈다. 그날로 당장에 자기의 양과 염소 가운데서 얼룩진 양과 염소 수컷과 암컷을 몽땅 골라내어, 자기의 아들들에게 맡겨서, 끌어다가 사흘 길이나 떨어진 곳에 두고, 야곱이 치는 양과 염소 떼와는 전혀 접촉을 하지 못하도록 했다. 이것은 결국 야곱이 치는 양과 염소 가운데서는 전혀 얼룩진 것이 생산되지 않게 하려는 라반의 악랄한 수단이었다.

야곱은 라반의 그 속 보이는 행동에 어느 정도 분개도 했겠지만, 야훼가 자기편에 계시고 자기를 축복하신다는 것을 믿기에, 그리고 아마도 환상 중에 하나님의 지시를 받았을 것이기에(31:8-13), 항의도 하지 않고, 묵묵히 하나님의 지시대로 했다. 버드나무, 살구나무, 플라타너스나무의 가지들을 잘라서 껍질을 벗기는데, 줄이 있고 무늬가 있게, 얼룩얼룩하게 만들어 가지고, 양과 염소들이 풀을 뜯다가 목말라 물을 마시러 와서 물을 마시는 구유 안에 펼쳐놓는 것이었다. 그러고 물을 마신 양과 염소들이 얼룩진 무늬를 바라보면서, 교미를 하도록 하는 것이다. 그랬더니 그 후부터는 양과 염소들이 무늬가 있는 것들을 많이 생산했다. 그리고 어린양이나 염소는 따로 떼어놓고, 라반의 양과 염소 가운데 생식력이 있는 양과 염소는 얼룩지거나 아주 검정 색 양과 염소만 바라보게 만들어서, 결국 얼룩진 것들을 많이 생산하도록 했다. 그리고 힘 있는 양이나 염소들에게는 그들이 마시는 물의 구유에 얼룩진 나뭇가지들을 놓아, 강하고 얼룩진 새끼들을 낳게 하고, 약한 양이나 염소가 물의 구유에 올 때는 그냥 물만 마시게 함으로써, 약하고 흰 색깔의 새끼들을 낳게 했다.

이렇게 해서 결국 야곱의 양과 염소는 비록 얼룩졌지만 힘이 있고, 그 수효가 엄청 많아졌다. 반대로 라반의 양이나 염소는 흰 색깔의 것들이지만 힘이 없는 것들이었고, 그 수효는 야곱의 것처럼 많이 늘어나지를 않았다. 이렇게 해서 야곱은 재산이 자꾸만 늘어나서 부자가 되었고, 남종과 여종들을 여러 사람 거느리게 되었으며, 낙타와 나귀 등 짐을 싣는 가축도 많이 가지기에 이르렀다.

교훈

1. 여기서 우리는 라반이라는 사람의 전형적 이기심을 볼 수 있다. 야곱은 자기 두 딸의 남편이고, 자기의 사위이며, 게다가 사랑하는 누이동생의 아들이기도 하고, 야곱의 소생들은 다 자기의 귀여운 손자들이건만, 그들의 이익을 도모하려는 생각보다는 자기의 이익을 먼저 생각하여, 불공정하게 야곱을 대응하는 태도와 처사는 참으로 우리가 배격해야 할 것들이다. 그의 간교함, 물욕과 탐심, 무자비 등은 우리 모두가 타기하고 혐오해야 할 것들이다.

2. 야곱은 그런 환경에서 어쩔 수 없어서이기도 했겠지만, 인내심을 가지고, 그리고 슬기를 가지고 대처함으로써, 성공한 사례가 되었다. 야곱은 라반의 집에서 살면서도, 그리고 많은 어려움을 겪으면서도, 조상들의 야훼 신앙을 견지하고, 사사건건 믿음을 가지고 처리한 것 같다. 즉 벧엘에서 하나님을 만난 경험이 그의 삶에 있어서 언제나 활력소가 되었을 것이다. 그는 하나님께 복 받을 만한 행동, 즉 매사에 성실

하고 부지런하였고 인내심을 가지고 처사한 것 같다. 그것이 라반에게도 영향을 끼쳤고, 어느 정도 감화를 주었던 것 같다. 즉 라반이 야곱의 삶에서 야훼의 간섭을 발견한 것이다. 신앙을 전달하고 남에게 감염시킨다는 것이 얼마나 중요한 일인가!

3. 야곱은 자기가 하는 일마다 야훼께서 복을 주셨다는 것을 깨달았다. 다른 사람들 같으면 자기가 잘해서 성공했다고 생각했을 것이다. 그러나 야곱은 야훼께서 주신 복을 실감하면서, 그것을 남에게 증언하였다. 야곱이 하나님께 복 받을 만한 일을 했기 때문에 하나님이 주신 복을 그 대가로 받은 것이 아니기 때문에, 하나님의 은혜를 깨달았을 것이고, 그래서 더더욱 고마움을 느꼈을 것이다. 하나님은 택하신 자를 사랑하시고, 약속하신 복을 내려주신 것이다. 야곱의 경우에는 하나님께서 그에게 일종의 지혜를 주셔서, 많은 재산을 늘어나게 하는 길을 열어주셨다. 야곱이 취한 조치가 동물학적으로, 생물학적으로 이치에 맞는 것이 아니다. 그럼에도 불구하고 그런 놀라운 결과가 나타났다는 것은, 야곱의 신앙이 작용한 것이며, 결국 하나님의 기적적인 간섭에 기인한 것이라고 보아야 한다. 무에서 유를 내시는 하나님께서 무엇인들 못하시겠는가! 남들이 보기에 야곱이 한 일이 우습고 어리석어 보이기도 했겠지만, 야곱은 신념을 가지고 했고, 결국 하나님께 복을 받은 것이다.

야곱이 가족과 가축을 데리고 도망함(31:1-21)

해설

야곱의 얼룩진 양과 염소가 자꾸만 늘어나고, 재산이 눈에 띄게 많아지자, 후에 애굽 나라가 급격히 증가하는 이스라엘 백성을 미워하듯이, 라반의 식구들이 야곱을 질시(嫉視)하기 시작했다. 라반의 아들들이 투덜대는 소리가 야곱의 귀에 들려왔다. 야곱이 정당하게 일해서, 그리고 야훼의 축복으로 얻은 재산인데도 불구하고, 라반의 아들들은 야곱이 자기들의 아버지 재산을 갈취했다고 떠벌리는 것이었다. 그리고 야곱을 대하는 라반의 태도를 보니 종전과는 완연히 다른 것을 감지할 수 있었다. 이제는 그 둘이 적대자의 관계가 된 셈이다.

그럴 때 야훼 하나님께서 야곱에게 명령을 내리셨다. 고향으로 가라는 것이었다. 그리고 하나님께서 야곱과 같이 계시겠다는 약속까지 주셨다. 야곱은 하나님의 지시를 따르기로 결정하고 즉각 행동을 개시했다. 집에서 멀리 떨어진 목장에서 양과 염소를 치다가 하나님의 음성을 들은 야곱은, 사람을 보내어 라헬과 레아를 불러왔다. 거기서 구수회의(鳩首會議)를 가졌다.

먼저 야곱이 아내들에게 근황을 보고했다. 장인 라반이 자기를 대하는 태도가 전과 같이 우호적이 아니라는 것이었다. 그러나 하나님이 지금까지 자기와 같이 해주셨다는 것이다. 자기는 열심을 다해서 장인을 섬겼는데, 그는 여러 번 자기를 속였고, 임금을 열 번이나 변동하며 애를 먹였다는 것이다. 그런 와중에도 하나님은 장인으로 하여금 자기를 해롭게 하도록 버려두시지 않고, 오히려 자기에게 이익이 돌아오게 하셨다는 것이다. 결국 하나님께서 얼룩진 양과 염소들을 낳게 하여 자기의 것이 되게 하셨다는 것이다. 그러니까 하나님께서 장인 라반의 가축을 떼어 자기에게 주신 것이라고 설명했다. 그러면서 들에서 꿈을 꾼 이야기를 아내들에게 늘어놓았다. 하나님께서 천사로 나타나셔서 자기에게 하신 말씀을 들려주었다. 하나님께서 라반이 야곱에게 하는 못된 행동을 다 보셨다는 것이다. 더 이상 여기 있지 말고 당장 떠나서 출생지로 돌아가라는 지시를 주셨다는 말을 했다.

남편의 말을 들은 라헬과 레아는 남편과 마음이 통했다. 그들도 자기들의 아버지에 대한 불평을 터뜨렸다. 더 있어봤자 자기들에게 돌아올 몫이 없다는 것이었다. 그리고 지금까지 아버지가 자기들을 나그네 취급을 했고, 돈을 받고 자기들을 판 것에 불과하고, 자기들이 받아야 할 돈을 아버지가 다 써버리고 있는 것이라고 투덜댔다. 그리고 결국 알고 보니 아버지의 것을 빼앗은 분은 하나님이시고, 하나님께서 자기들과 자기들의 자녀에게 그 모든 것을 주셨다는 것을 깨달았다. 그러니 하나님께서 하라고 하시는 대로 하라고, 오히려 남편을 격려했다.

이렇게 합의를 보자, 야곱은 서둘러 자식들과 아내들을 낙타에 태우고, 모든 양과 염소를 몰고, 기타 모든 재물을 싸 가지고 여러 나귀에 싣고, 자기를 기다리고 있는 부모님이 사는 가나안 땅을 향하여 길을 떠났다. 그때 라반은 멀리 떨어진 곳에 있는 양 떼의 털을 깎기 위해서 거기에 가 있고, 집에는 있지 않았던 것이다. 그 틈을 타서 야곱 일행이 도망하기 시작한 것이다. 라헬은 집을 떠날 때, 자기 집 수호신(守護神)상을 훔쳐 가지고 떠났다. 야곱이 외삼촌 라반에게 자기의 달아남을 알리지 않고 떠남으로써, 결국 그를 속이는 꼴이 되었다. 야곱 일행은 무사히 유브라데 강을 건너서(하란 지방은 강 상류이기 때문에 강폭이 넓지는 않았을 것이다), 가나안을 향하여 남쪽으로 걸음을 재촉했다. 길르앗 고원을 거쳐서 갈 요량으로 방향을 잡았다.

교훈

1. 세상에서의 인간사는 복잡하게 얽혀 있다. 물고 물리고, 빼앗고 빼앗기고, 오해하고 오해를 당하고, 속이고 속임을 당하고, 미워하고 미움을 받고, 이렇게 혼란에 혼란을 거듭하고 있다. 그와 같은 와중에도 역사의 주인이신 하나님은 당신이 정하신 선한 뜻을 풀어나가신다.

사람의 힘이나 지혜로써는 야곱이 그 얽힌 상황을 벗어날 수 없는 처지였다. 그런 때 하나님이 나타나셔서 야곱을 인도하셨다. 그때까지도 그랬지만 야곱의 현재와 미래를 위해서, 나타나 말씀하시고, 용기를 주시며, 길을 지시해 주셨다. 거기서 야곱은 하나님께 순종하였다. 하나님의 지시대로 하려고 결심을 하고 실천에 옮겼다. 위험한 일이고 어려운 일인 줄 알면서도 하나님의 능력과 그의 약속을 믿고 용감하게 행동을 개시한 것이다.

2. 야곱은 아내들을 불러다가 그들의 의견을 타진했다. 그것은 야곱의 슬기에 속하는 것이고, 가정 공동체 회원들의 의사를 존중하는 민주적인 처사였다. 중의를 들어 종합하고 합의를 얻어서 행동하는 것이 가장 안전하고, 순리라는 것을 여기서 알 수 있다.

3. 사람이란 하나님이 주신 지성과 양심을 가지고 있기 때문에, 기본적으로 흰 것을 희게 보고, 검은 것을 검게 보기 마련이다. 라반이 야곱에게 한 일이 잘못이고 속임이었다는 것은, 누구에게 물어도 공감하였을 것이다. 야곱만이 라반을 나쁘게 본 것이 아니라, 라반의 딸들도, 꼭 같은 판단을 하고, 자기들의 아버지가 한 일들이 거짓이요 사기라는 것을 공감하고, 못마땅하게 여겼다. 팔은 안으로 굽는다고 하지만, 악을 악이라고 판단하는 것이 옳은 일이다.

4. 하나님은 공의의 하나님으로서 라반의 속임수가 아무리 교묘하였어도, 악한 자의 편이 되시지 않고, 오히려 악한 자의 재물을 빼앗아 야곱에게 주셨다. 하나님은 야곱의 편을 들어주셨고, 야곱을 번영케 해 주셨다.

5. 위기에 처했을 때 판단을 옳게 한다는 것이 쉬운 일이 아니다. 야곱도 그 위기에 자기 스스로의 판단만 가지고는 탈출을 결행하지 못했을 것이다. 선택된 자 야곱에 대한 하나님의 확실한 간섭과 지휘가 아니었더라면, 야곱이 머뭇거리다가 라반에게 덜미를 잡히고, 떠나지도 못했을지 모른다. 하나님과 동행하는 야곱의 신앙과, 그에게 베푸신 하나님의 넘치는 은총을 여기서 볼 수 있다.

라반이 야곱을 따라잡다(31:22-42)

해설

야곱이 처자들을 다 데리고, 모든 재산을 챙겨 가지고 달아났다는 소식이 라반에게 들려온 것은 야곱이 떠난 지 사흘 후였다. 그 충격적인 소식을 들은 라반은 인근의 친족들을 다 데리고 야곱을 추격했다. 야곱은 양과 염소를 몰고, 사람과 짐을 잔뜩 실은 낙타와 나귀를 끌고, 몰고 가는 길이니, 마음은 아무리 바빠도, 원하는 만큼 빨리 갈 수는 없었을 것이다. 반대로 라반은 홀가분하게 낙타나 나귀를 타고, 다만 길에서 먹을 것과 노숙에 필요한 것만 싣고 달려가는 것이니, 사람들에게 수소문을 하면서 간다고 해도, 야곱보다는 빨리 갈 수 있었을 것이다. 그런데도 칠 일 만에야 길르앗 고원 지대에서 야곱 일행을 따라잡았다는 것이다. 알고 보면 야곱은 이미 가나안에 다 온 상태였고, 라반은 하란에서 칠 일 길을 달려왔으니, 무척 먼 타향에 온 셈이고, 매우 지쳐 있는 상태에서 야곱을 만난 것이다. 게다가 라반이 야곱을 만나기 전날 밤 꿈에 하나님이 나타나셔서 명령을 하시는 것이었다. “야곱에게 좋든 나쁘든 아무 말도 하지 말라.”는 것이었다.

그런 꿈을 꾼 라반인지라 야곱을 만났을 때, 쓰다 달다 아무 말도 하지 않고, 우선 양편이 다 극도로 지쳤으니 천막을 치고 쉬기로 했다. 그리고는 라반이 야곱더러 왜 몰래 떠났느냐, 왜 제대로 작별 잔치도 가지지 못하게 했느냐, 어리석은 짓을 한 것이 아니냐는 등 아쉬운 말을 할 뿐, 야곱을 물고 늘어지지는 않았다. 그것은 엄밀히 따지고 볼 때 야곱이 라반을 속인 것이 없고, 물질적으로 손해를 준 것이 없기 때문이었다. 그러나 라반은, 자기가 가장 아끼고 귀하게 섬기는 신상(神像)들까지 야곱이 가지고 온 것은, 그냥 넘어갈 수 없다는 것이었다. 그것들만은 내놓고 가라는 것이었다. 라반이 섬기는 우상들, 특히 자기 가정을 보호하고 축복하는 신이라고 믿는 신상들이니, 다른 것은 다 허락하더라도 그것들만은 돌려받아 가지고 돌아가겠다는 것이었다. 야곱은 야훼 하나님을 믿는 사람으로서, 라반의 우상을 탐낼 리가 없는 사람이었다. 자기는 그런 것을 훔쳐 가지고 달아날 생각을 한 적이 없기 때문에, 자신을 가지고, 라반더러 자기들의 짐 속에서 라반의 것이 있다면 찾아내라고 반격을 하고, 그 우상을 가지고 있는 사람이 있으면 살아남지 못할 것이라고 장담을 했다. 라헬이 신상들을 훔쳐 가지고 왔다는 것을 야곱은 알지 못했던 것이다.

라반은 야곱의 숙소, 레아의 숙소 등 신상이 감추어져 있을 만한 곳과 짐을 샅샅이 뒤졌다. 끝으로 라헬에게 다가가서 그의 소지품과 몸 검색을 하려고 할 때, 라헬은 그 신상들을 낙타 안장 밑에 놓고 그 안장을 타고 앉아 있으면서, 월경 중에 있기 때문에 내려갈 수가 없다고 하면서 위기를 면했다.

아무리 찾아도 그 신상들이 나타나지 않자, 야곱은 장인 라반에게 큰 소리를 칠 수 있었다. 즉 자기가 장인의 집에서 20년을 머슴처럼 사는 동안 안 된 일이 무엇이며, 못한 일이 무엇이냐고 하며, 자기가 겪은 고달픔과 억울하던 역사를 털어놓았다. 지금의 이 상황은, 즉 이렇게 처자들과 재산을 끌고 길르앗 고원, 고향 가까운 곳까지 오게 된 것은 하나님의 덕택이라는 것이었다. 하나님이 간섭하시지 않았다면, 빈손으로 여기 있을 뻔했다는 것이다. 즉 하나님이 지금까지 자기의 고난과 수고를 알아 주셨고, 지난밤에 하나님이 라반에게 나타나서 책망을 해 주셨기 때문에, 이렇게 무사히 장인과 사위가 피 흘리는 싸움이 없이, 평화 회담을 가질 수 있다는 것이었다.

교훈

1. 이 이야기에서 우리는 하나님께서 얼마나 세심하게 야곱을 보호하고 옹호하셨는가를 볼 수 있다. 야곱의 일행이 7일 간을 무사히 걸어서 갈릴리 바다 북동쪽에 있는 길르앗까지 오게 하신 것, 따라서 라반은 너무도 먼 길을 추격하여 왔기 때문에, 자연히 기진맥진 전의를 잃을 지경에 이르게 하신 것, 게다가 하나님이 직접 라반의 꿈에 나타나셔서, 엄포를 놓으시고 라반의 기를 죽여 놓으심으로, 야곱을 해치지 않도록 하신 것 등은 놀라운 하나님의 간섭과 옹호 행위라고 보아야 할 것이다.

2. 라반은 아직 우상을 섬기는 사람으로서, 잃어버린 가족 신상들을 꼭 찾아야 하겠다는 생각을 가질 만큼 우상에게 충성스러운 사람이었지만, 야곱의 하나님의 지시를 받고는 그 하나님의 명령을 따르고 복종하고 있다. 그것은 야훼 하나님에 대해서 야곱이 성실한 삶과 언동을 통해서 증언한 일로 인해서, 야훼의 권위와 능력을 어느 정도 실감할 수 있었기 때문일 것이다. 야훼 하나님이 자기가 믿어오던 재래적 신보다 더 무섭고 강한 신이라는 것을 느꼈기 때문이라는 말이다. 야훼 신앙을 아직 바로 가지지 못한 상태이기 때문에 옛날 섬기던 신상을 찾고자 하기는 했지만, 결국 야곱의 하나님의 위엄에 압도된 셈이다. 우리

의 삶을 통하여 참 하나님을 바르게 증언하는 일이 얼마나 귀하다는 것을 알 수 있다. 하나님을 믿는 사람들의 삶을 통해서 하나님의 능력과 영광을 나타내는 것이 하나님이 원하시는 바이다.

3 라헬이 어째서 아버지의 집 신상들을 훔쳐 가지고 나왔을까? 아버지를 골탕 먹이려고 했을까? 즉 자기와 자기 남편을 그렇게도 애를 먹인 아버지가 미워서 복수하는 의미에서 했을까? 아니면 대대로 내려오는 자기 집의 신상을 가보로 알고, 또는 그 신상에 대한 신앙을 가지고 있었기 때문에, 그것을 가지고 있으면, 자기와 자기 집안이 복 받으리라는 신념 때문이었을까? 아니면 20년 동안 야곱과 같이 살면서 남편이 믿는 하나님 야훼 신앙을 가졌기 때문에, 그리고 그것이 너무도 월등하다는 것을 알았기 때문에, 아버지 집에서 그 신상들을 없애버리려는 생각에서 그랬을 수도 있다. 아마도 두 번째 경우가 맞을 것 같다. 전통 신앙에 젖어 있는 사람으로서, 그 신상들을 가지고 있으면, 많은 복을 받을 것이라는 욕심 때문에, 그 신상들을 자기가 지니고 있으려고 한 것이라고 보인다. 겉으로는 남편이나 부모의 종교에 귀의한 것처럼 행동하지만, 속으로는 여전히 재래 신앙을 가지고 있는 경우가 있다. 한국교회도 그런 경우와 유사하다. 예수를 믿으면서도 무속 신앙을 그대로 가지고 있는 사람들이 있다.

4. 야곱의 신념은 본받을 만하다. 야곱은 오늘의 자신의 성공과 행복과 안보가 하나님 덕택이라는 것을 믿고 있다. 아버지 이삭의 하나님, 할아버지 아브라함의 하나님이 자기와 같이 하지 않았더라면, 특히 이삭이 '두려워하시는 분'(<파핫> פַּחַד)[8]이 자기에게 있지 않았더라면, 자기는 빈손으로 거지가 되어 있었을 것이라는 것이다(31:42). 어

8) 개역성경에서는 이 부분을 '이삭의 경외하는 이'라고 옮겼다.

려움을 당할 때, 수고할 때, 하나님이 도와주신다는 것, 하나님께서 일일이 간섭하시고 보호하신다는 것을 실감하면서 살았다. 그런 신앙이 우리에게도 필요하지 않은가.

라반과 야곱이 계약을 맺음(31:43-32:2)

해설

라반은 살기(殺氣)가 등등하여 야곱을 추격해 왔지만, 야곱을 만나기 전날 밤 꿈에 하나님을 만났고, 그에게 책망을 듣고 야곱을 해치지 말하는 명령을 들은데다가, 자기가 의지하는 가족 신상(神像)들을 찾아내지도 못한 처지가 되어 무력감을 가지게 됐을 것이다. 그리고 자기 고향에서 너무 먼 거리에 와 있다는 소외감과, 긴 여행에 심신(心身)이 지쳐있는 터이므로, 이제는 풀이 죽었고, 따라서 무언가 타협(妥協)을 하는 수밖에 없다는 생각이 들었을 것이다. 그는 우선 법적인 권리를 내세우면서 자신이 유리한 고지에 서려고 안간힘을 썼다. 즉 딸들과 그들이 난 아들들이 다 법적으로 자기의 소유라는 것을 내세웠다. 자기가 많이 양보하는 것처럼 하면서 우호조약을 맺자고 제의했다. 눈으로 볼 수 있고 만질 수 있는 표지를 세워서 그것으로 하여금 그 둘 사이에 세운 약속의 증거물을 삼자는 것이었다.

야곱은 그 이상 기쁜 일이 없었을 것이다. 라반에게 따라잡혔으니, 재산을 몽땅 몰수당하고, 다시 하란으로 끌려갈지도 모르는 형편인데, 장인 측에서 우호계약을 맺자고 하니 뜻밖이었고, 내심 안도의 숨을 내쉬었을 것이다. 야곱은 서둘러 큰 돌을 구하여 기둥처럼 세웠다. 야곱이 벧엘에서 하나님을 만난 후에 돌기둥을 세운 것처럼 말이다(28:18). 그리고는 돌을 주워오라고 해서 돌무더기를 같이 쌓았다.

그리고 그 양편 사람들이 돌무더기 옆에 모여 앉아 같이 식사를 했다. 라반은 그 돌무더기를 아람어로 여갈사하두타*(יְגַר שָׂהֲדוּתָא, '증거의 무더기')라 불렀고, 야곱은 히브리어로 갈에드*(גַּלְעֵד, '증거의 무더기')라고 불렀다(31:47). 그리고 라반도 그 무더기를 갈에드라고 불렀고, 돌기둥을 미스바('망대'[望臺], watchpost)라고 했다. 곧 하나님께서 라반과 야곱 사이를 그 돌에서 감시하신다는 것이다. 곧 그 기념물을 경계로 삼고, 서로 침범을 하지 말자는 약속을 한 것이다. 하나님이 그 둘 사이에 증인이 되어주신다는 말이다. 드디어 라반이 자기 삼촌 아브라함의 하나님, 자기 아버지 나홀의 하나님, 그리고 그들의 조상의 하나님께 빌며, 자기와 야곱 사이를 심판해 달라고 청원을 드렸다. 그리고 야곱도 자기 아버지 이삭이 '두려워하시는 분'(<파핫> פַּחַד) 곧 야훼를 걸고 맹세했다. 그리고 높은 곳에서 제사를 드리고, 가족이 모여서 엄숙한 식사를 했다.

다음날 아침 라반은 야곱의 식구들에게 작별의 인사를 하고, 그들에게 축복을 한 다음 집으로 돌아갔다. 야곱과 그의 일행 역시 길을 떠났다. 그런데 야곱이 길을 갈 때 천사들이 그에게 나타났다. 야곱이 거기서 천사들을 보았기 때문에, "여기가 하나님의 진지(陣地)로구나!"하고 말했다. 그래서 야곱은 그곳을 마하나임('쌍둥이 진지')이라고 불렀다. 야곱을 도우려고 나타난 천사들의 무리가, 앞과 뒤에서, 혹은 좌우에서 호위하는 것을 야곱이 본 모양이다. 얼마나 마음 든든함을 느꼈을까!

교훈

1. 법과 전통은 사람들이 만든 것으로서, 형편에 따라서 변했고 또 변할 수 있는 것이다. 라반은 법을 내세워서 야곱과 그의 가족과 재산을 자기의 것이라고 주장할 수 있었다. 그리고 폭력으로 해결하려고 할

수도 있었다. 그러나 야곱을 만나고, 또 꿈에 하나님을 만난 다음에는, 법을 무시하고 화해의 길을 채택했다. 만일 라반이 법을 내 세워서, 그리고 하나님의 지시를 무시하고 강제로 폭력을 써서 야곱과 그의 식구와 가축들을 다 끌고 하란으로 돌아가는 사태가 벌어졌다고 생각해 보라. 모두의 손해일 수밖에 없었을 것이다. 법보다는 사랑과 화해로 평화롭게 사태를 수습한 것이 천만 다행이었다.

2. 그러나 라반이 그렇게 마음을 먹은 데는 하나님의 간섭이 결정적인 원인이 되었다. 하나님의 간섭이 아니었더라면 라반의 태도가 변하지 않았을 것이다.

3. 라반과 야곱이 하나님 앞에서 화해를 하고, 돌기둥을 세우고 돌무더기를 쌓아서 증거물을 삼은 것은 적절한 처사였다. 기념비를 세운다는 것은 당사자들뿐 아니라, 많은 후손들에게 좋은 교육의 자료를 남기는 것이다. 후예들이 기념물을 볼 때마다 과거를 상기하며, 잊었던 것을 다시 기억하고, 조상들이 잘못한 것은 되풀이하지 않으려고 노력하면서, 건전한 방향을 잡아나갈 수 있는 것이다.

4. 돌기둥이나 돌무더기를 쌓아 하나님 앞에서 엄숙히 계약을 맺었지만, 당사자들이 그 약속을 지키지 않는다면 그것들이 소용이 없을 것이다. 인간의 문제는 거기에 있다. 하나님 앞에서 세운 언약을 인간들이 지키지 않는 것이 문제이다. 경계를 표하는 돌비가 있고 푯말이 있어도 그것을 무시하고 국경을 넘어서 남의 나라를 침략하고, 남의 집 담을 넘어가서 도둑질을 하는 것이 문제이다. 보이는 돌기둥보다는 하나님과의 언약을 마음에 새기고 그것을 준수하는 신의(信義)가 더 중요할 것이다.

5. 하나님께서 택하신 자에 대한 하나님의 배려는 상상을 초월하는 놀라운 것이다. 야곱을 인도하시고 보호하셔서 길르앗까지 그 먼 길을 무사히 오게 하셨고, 살기등등하던 라반의 마음을 녹여 순순히 돌아가게 하셨고, 이제 안도의 숨을 쉬면서 전진하는 야곱에게 하나님은 천사들을 한 부대만 아니라 두 부대를 보내셔서 호위하셨다는 것이다. 마하나임이라는 말은 쌍수(雙數) 명사이다. 하나님을 믿는 사람들의 삶에는 이렇게 분에 넘치는 하나님의 축복이 있는 것을 볼 수 있다.

야곱이 에서를 달래려고 선물을 보내다(32:3-21)

해설

야곱은 집을 떠나 타향살이 20년을 하면서 언제나 아버지와 형을 속인 것이 마음에 걸렸을 것이다. 언젠가는 돌아가서 그들을 만나야 할 터인데, 어떻게 해야 하나 하는 궁리를 늘 했을 것이다. 그리고 갖은 방법으로 부모님과 형 에서의 소식을 들으려고 했을 것이다. 특히 형의 태도와 생각을 탐지(探知)하려고 했을 것이다. 그러다가 형이 세일이라는 곳에서 살고 있다는 말을 들었다. 아마도 에서는 애굽 여자 둘과 이스마엘의 딸을 아내로 두고 있으면서, 어머니 리브가와 아버지 이삭의 마음을 괴롭게 했을 것이다. 그리고 마음이 맞지 않아서 부모 곁을 떠나 세일이라는 곳에 떨어져서 산 것 같다. 야곱이 이제는 가나안 외곽에 도달했고, 조만간 형을 만나야 할 운명이기에, 종들을 뽑아서, 에서가 산다고 하는 곳으로 보내어, 그를 만나 우선 제 1단계로 자기의 소식을 전하고, 말로써 화의(和議)를 청구하도록 했다. 즉 야곱이 어디서 어떻게 살고, 어떤 정도로 부자가 됐다는 소식을 전하면서 어여삐 보아 달라고 청원을 드렸다.

야곱의 사신들을 만나서 그의 소식을 들은 에서는, 야곱을 맞으러 가야겠다고 하면서, 사람들을 400명이나 거느리고, 야곱이 오는 방향으로 길을 떠났다. 에서의 마음은 복잡했을 것이다. 아직도 동생을 미워하는 마음이 남아 있었을 것이고, 야곱이 부자가 됐다는 말을 듣고는 질투하는 마음도 있었을 것이고, 야곱이 말로는 용서를 빌지만 어떤 속임수를 쓰고 있는지를 알 수 없는 일이어서 불안하기도 하고, 야곱이 남종 여종들을 거느리고 큰 무리를 이루어 온다고 하니, 혹시 양쪽이 맞서서 싸우는 경우가 생길지도 모른다는 등등을 생각하면서, 든든하게 400명이라는 큰 무리를 데리고 마주나간 것이다. 에서의 무리 400명이면 야곱의 무리와 싸워서 넉넉히 이길만한 것이었다고 본다. 에서는 계산을 하고 그만한 수의 사람을 차출(差出)했을 것이다.

야곱의 사신들은 에서의 무리를 앞질러 야곱에게 돌아와서, 에서가 400명의 사람과 함께 맞으러 오고 있다는 것을 보고했다. 그 보고를 들은 야곱은 겁을 낼 수밖에 없었다. 그래서 둘째 대책을 세웠다. 후퇴가 아니라 정면 돌파를 위한 계획을 세운 것이다. 우선 사람과 가축을 모두 두 부분으로 나누어, 제1대가 앞서고 제2대는 뒤에서 따라가기로 했다. 에서가 제 1대를 만나서 적의를 가지고 그들을 파멸한다면, 제2대는 도망을 가자는 것이었다. 그리하여 전부가 망하는 일은 없도록 하자는 것이었다.

이렇게 인간적인 계획을 세워놓았지만, 불안하기 짝이 없었을 것이다. 야곱은 셋째 단계로 하나님께 매달렸다. 야훼 하나님을 부르면서 애걸을 했다. 하나님이 잘해 주시겠다고 약속하시면서 떠나라고 하셔서 떠났고, 지난날의 자기에게 베푸신 하나님의 사랑과 성실하심에 대해서, 자기는 아무 가치도 없는 사람이지만, 이렇게 부자가 되게 해 주셨는데 그것이 공연한 일이 아닐 터이니, 제발 에서의 손에서 구출해 달라고 간청을 했다.

이렇게 밤을 새어가면서 기도한 야곱은, 그냥 하늘만 쳐다보며 하나님으로부터 도움의 손을 기다린 것이 아니다. 넷째 단계로 에서에게 선물 공세를 취한 것이다. 200마리의 암염소와 20마리의 숫염소, 200마리의 암양과 20마리의 숫양, 30마리의 엄지 낙타와 그 새끼들, 40마리의 암소와 10마리의 황소, 20마리의 암 나귀와 10마리의 숫 나귀를 에서를 위한 선물로 떼어놓았다. 어마어마한 선물이다. 그 선물을 역시 몇 부분으로 나누어서 몇 사람의 종에게 맡겨, 조금씩 거리를 두고 파상(波狀)적으로 몰고 가게 했다. 첫째 무리를 몰고 가는 종이 에서를 만나게 되고, 에서가 "당신들은 누구의 사람들이요? 어디로 갑니까? 몰고 오는 것들이 누구의 것이요?" 하고 물으면, "당신의 종 야곱의 것입니다. 나의 주 에서에게 드리는 선물입니다. 그뿐 아니라 그가 우리 뒤에 오고 있습니다."라고 대답하도록 지시했다. 둘째 대, 셋째 대, 또 그 다음의 여러 대를 몰고 가는 종들에게도 거듭 그렇게 이르고, 특히 야곱도 뒤따르고 있다는 말을 꼭 하라고 당부했다. 이렇게 해서 선물에 담긴 그의 정성을 에서에게 먼저 보인 다음에, 자기 얼굴을 나타내겠다는 것이었다. 그렇게 하면 에서가 자기를 받아 주리라는 생각을 했다. 야곱은 그 선물을 먼저 다 떠나보내고, 자기는 천막에서 그 밤을 지내려고 했다.

교훈

1. 일난거일난래(一難去一難來)라는 말처럼 야곱의 생애는 그야말로 파란이 계속되는 것이었다. 라반과의 문제가 극적으로 해결되었는데, 이제는 또 형 에서와 화해해야 하는 문제가 가로막고 있었다. 여기서 야곱은 생존을 위해서 그리고 형과의 화해를 위해서 모든 꾀를 다 짜내고, 최고의 희생을 각오하고 문제 해결을 도모했다. 사신을 보내

고, 막대한 선물을 떼어놓았다. 에서가 상상도 할 수 없는 많은 양의 선물이었을 것이다. 그는 다각도로 생각하고 궁리하여 묘책을 썼다. 그러나 인간의 고안과 노력은 확신을 주거나 마음의 평안을 줄 수 없었다. 그러한 궁지에 야곱은 도피할 곳이 있었다. 곧 하나님께 매달려 기도할 수 있고, 호소할 수 있었던 것이 다행이고 축복이었다. 대대로 물려받은 신앙이라는 것이 얼마나 중요하다는 것을 여기서 알 수 있다. 야곱은 할아버지와 아버지의 신앙생활을 보았기에, 즉 전통이 있는 신앙을 가졌던 것이 그에게 유리한 작용을 했다고 보아야 할 것이다. 그리고 그가 벧엘에서 하나님을 만난 체험이 매우 중요한 역할을 했다고 본다. 체험적인 신앙이 중요하다. 야곱은 하나님을 의지하는 믿음으로 어려운 고비 고비를 넘고 해결할 수 있었다.

2. 야곱은 하나님을 믿고, 하나님이 모든 것을 해결해 주실 것이라고 생각하고 수수방관한 것이 아니었다. 기도하면서, 자기가 해야 할 일을 꾸준히, 착실히, 정성껏 하는 것이 필요하다. 하나님은 인간이 할 수 없는 것을 해 주시지만, 인간이 해야 할 일은 인간이 해야 한다. 야곱의 경우가 바로 그런 것이었다. 야곱은 자기가 해야 할 일을 최대한으로 한 사람이다. 인간의 지혜를 다 동원해야 한다. 힘쓰는 자에게 하나님은 더욱 큰 도움을 주신다. 있는 자에게 더 주시고, 없는 자에게서는 있는 것까지 빼앗는 하나님이시다. 야고보는 주님의 이름으로 기름도 바르고 기도하라고 했다(약 4:14). 예수께서 보내신 사도들이 많은 귀신을 쫓아내며, 수많은 병자에게 기름을 발라서 병을 고쳐 주었다(막 6:13). 기도하며 우리가 해야 할 일은 해야 한다.

3. 사람은 자기를 높여주면 좋아하게 되어 있다. 야곱은 자기의 사신들더러 에서를 “주”라고 부르게 했고, 야곱을 그의 종이라고 부르게

했다. 사람은 또 선물을 좋아한다. 야곱은 막대한 양의 선물을 형에게 줌으로써 형의 마음을 사려고 했다. 야곱은 이렇게 인간의 통상적인 방법을 다 사용했다. 야곱의 그 방법이 어느 정도 효과를 보았다고 생각된다. 그러나 그런 방법이 반드시 인간관계를 다 해결하는 것은 아니다. 오늘날까지 야곱 후예와 에서 후예의 관계는 계속 적대적인 것이 아닌가? 그래도 자기를 낮추고 상대를 높여준다면, 그리고 융숭한 선물을 주는 마음과 행동이 있다면 인간관계는 매우 호전될 것이다.

브니엘에서 야곱이 씨름을 하다(32:22-32)

해설

야곱은 형 에서에게 보내는 선물을 앞서 보낸 다음에, 자기와 네 아내와 자녀들은 그대로 그의 임시 숙소에 남아서 밤을 맞았다. 그러나 야곱은 자다가 밤중에 갑자기 일어나서, 네 아내와 자녀들을 데리고, 그리고 그의 모든 짐을 가지고 얍복 여울을 건너다 놓았다. 그리고 자기는 다시 얍복 여울을 건너, 북쪽에 혼자 남아 있었다. 사고무친(四顧無親) 자기 혼자 고독한 순간을 가졌다.

그때부터 날이 밝을 때까지 어떤 사람과 씨름을 했다. 그 사람은 다름 아닌 하나님이셨다. 야곱과의 씨름에서 그 사람이 이기지 못하게 되자, 그는 야곱의 대퇴골을 탈골시킴으로써 씨름을 멈추게 했다. 그때 그는 "날이 밝으니, 나는 가겠소." 하고 떠나려는 것이었다. 그러자 야곱은 "나를 축복해 주시기 전에는, 당신을 놔주지 않겠소." 하며 그를 붙들고 늘어졌다. 그러자 그가 물었다. "당신의 이름이 뭐요?" "야곱입니다." 하고 대답하자, "당신은 하나님과 맞서 싸우고 또 인간과 맞서 싸워서 이겼기 때문에, 더 이상 야곱이라 불리지 않고, 이스라엘(יִשְׂרָאֵל,

'하나님이 싸우신다.')이라고 불릴 것이요."라고 말했다. 야곱은 자기가 "하나님과 맞서 싸웠다."는 말에서 정신을 차리고, 그 사람에게, "당신의 이름이 뭐요?" 하고 물었다. 그러나 그는 야곱의 물음에 응답하시지 않고, 단지 야곱의 요구대로 그에게 복을 빌어주고는 사라져버리셨다. 거기서 야곱은 자기가 만나서 밤이 새도록 씨름한 분이 바로 하나님이셨다는 것을 확실히 알게 되었다. 자기가 하나님을 직접 뵈었고, 그리고도 살아남았다니 참으로 송구하고도 놀라운 일이었다.

야곱은 그 곳을 브니엘(פְּנִיאֵל, '하나님의 얼굴')이라고 불렀다. 해가 돋자 야곱은 이제 이스라엘이라는 새 이름을 가지고 얍복 여울을 건넜다. 몸은 상했지만 정신은 승리자의 당당함과 용기와 자신을 가지고, 새 국면을 맞으러 가정과 합세했다.

교훈

1. 형 에서를 만나야 하는 최대의 위기에 직면한 야곱은 가장 후진(後陣)으로 물러가, 정신적으로 가장 연약한 처지에 있었다. 내일이면 자기와 모든 가족이 죽을 것만 같고, 남은 다 죽어도 자기는 살고 싶은 생각도 들고, 자기로서 할 도리는 다 했지만 아무런 자신도 없고 불안한 상태였을 것이다. 그런 때 하나님은 택하신 자를 방치하시지 않으셨다. 야곱에게 승리자의 희열과 담력과 용기와 자신감을 주시려고, 극적인 사건을 연출하셨다. 사람의 모습으로 나타나신 하나님이 야곱과 씨름 대결을 벌였다. 아마도 그 사람이 고독과 불안에 떨고 있는 야곱에게 씨름 대결을 제안하면서, "만일 당신이 나를 이기면 내가 당신을 축복해 주겠소." 하고 말했을 것이다. 야곱은 그야말로 결사적으로 힘을 썼고, 드디어 그 사람은 야곱에게 승리를 양보했다. 하나님이 사람에게 질 리가 없을 것 아닌가. 하나님은 야곱을 승리자로 만들기 위해서 연

극을 한 셈이다. 하나님은 앞으로 야곱을 큰 그릇으로 쓰시기 위해서, 새 이름을 가지게 하셨다.

2. 야곱은 하나님과 모든 인간과 싸워서 이긴 사람의 별명이라고 해도 좋을 것이다. 야곱의 과거 생활을 보면 그가 쓴 방법 여하를 막론하고 승리자였다. 에서와의 싸움, 아내를 얻기 위한 투쟁, 라반과의 싸움에서 당당히 이겨낸 사람이다. 그리고 마지막에는 하나님이 직접 제안한 씨름에서도, 최선을 다 해서 싸웠고, 하나님의 양보를 받아내기까지 한 셈이다. 이런 끈질김과 인내와 노력이 인간에게 필요하다. 그런 사람에게 성공이 있는 법이다. 그러나 그 성공 배후에는 언제나 하나님의 축복이 따라야 한다는 것을 잊어서는 안 될 것이다.

3. 하나님을 사랑하고 의지하는 자들에게는 하나님이 항상 같이 계실 뿐 아니라, 특히 위기에 처했을 때, 브니엘의 체험을 주신다. 하나님의 얼굴을 직접 마주볼 수 있는 체험을 주시며, 용기와 담력과 해결의 길을 보여주신다. 하나님과 씨름하고 난 야곱처럼, 비록 육체적으로나 물질적으로는 상처를 안고 있을지 모르지만, 그의 정신은, 그의 영혼은 용기와 희망과 투지와 승리감으로 가득할 수 있다.

야곱과 에서의 만남(33:1-17)

해설

야곱이 먼 앞을 바라보았다. 전령(傳令)들이 보고한 그대로 400명을 거느린 에서가 자기를 향하여 다가오고 있는 것이 보였다. 그때 야곱은 질파*와 그녀가 낳은 두 아들, 그리고 빌하와 그녀가 낳은 아들 둘을 맨 앞에 세우고, 그 다음에 레아와 그녀가 낳은 아들 여섯을 그 뒤에, 그리고 라헬과 그의 소생 요셉을 세운 다음, 야곱이 그 모든 식구들 앞에 서서 걸었다. 그리고 에서에게 다가가면서 일곱 번을 땅에 엎드려 절을 했다. 야곱은 이제 비겁함이 없다. 형에게 완전히 항복하며 마음대로 하시라는 태도였다.

에서는 거기까지 오면서 별별 생각을 다 했겠지만, 야곱의 그 태도를 보고는 마음이 동했다. 골육에 대한 사랑이 솟아올랐다. 동생을 얼싸 안고 입을 맞추었다. 형제는 같이 울었다. 마음을 진정한 에서는 이제 동생과 대화하기 시작했다. 야곱의 얼굴은 비록 나이가 들어 어느 정도 변했다고 해도, 한 눈에 알아볼 수 있었지만, 야곱 뒤에 서 있는 여자들과 아이들은 전혀 알 수 없는 사람들이었으니, "너와 같이 있는 이 사람들은 누구냐?"고 물을 수밖에 없었다. 야곱은, "하나님께서 형의 종인 나에게 은혜로 베풀어주신 자식들입니다." 하고 대답했다. 그러자 몸종들과 그들의 소생들이 에서 앞에 다가가서 엎드려 절을 했다. 다음에는 레아와 그녀의 소생들, 다음에 라헬과 요셉이 또 엎드려 절을 했다. 에서는 또 물었다. "내가 오면서 여러 사람이 몰고 오는 여러 떼의 가축을 보았는데 그것은 다 뭐냐?" 야곱은 "그것들은 나의 주 곧 형님의 은총을 입기 위해서 드리는 예물입니다."라고 대답했다. 여기서 에서의 마음이 완전히 녹았다. 에서는 야곱더러 "내 동생"이라고 부르며, "나는 넉넉하니, 네 것은 네가 다 가져라."고 하며 사양하였다. 그러나 야곱은 "형이 나를 어여삐 본다면, 제발 내 선물을 받아 주세요. 형이 나에게 총애를 베풀어 이렇게 받아주니, 형의 얼굴을 보는 것이 마치 하나님 얼굴을 뵙는 것 같은걸요. 하나님께서 나에게 은혜를 베풀어주셨고, 내가 원하는 것을 무엇이나 나는 다 가지고 있으니, 제발 내 선물을 받아 줘요." 하며 강권했다. 에서는 야곱의 진심을 알고 그 선물을 받기로 했다.

여기서 에서는 야곱에게 제안했다. “우리가 같이 가자. 내가 너와 나란히 같이 가련다.” 그러나 야곱은 그것을 사양했다. 여전히 형을 “나의 주”라고 깍듯이 높이고 자신을 “종”이라고 부르면서 말했다. “나는 내 어린 것들과 우양들을 거느리고 가야 하니, 빨리 갈 수가 없지 않습니까. 그러니 형이 먼저 가요. 나는 그들을 데리고 천천히 뒤따라서 형의 거처인 세일로 갈게요.”

에서는 야곱의 말이 일리가 있다고 생각하여 야곱의 안을 받아들였다. 에서는 야곱을 도울 생각으로 자기의 사람 몇을 남겨두고 가겠다고 했다. 그러나 야곱이 사양하며 그 제안을 받아들이지 않았고, 이에 에서는 곧 돌이켜 자기 고장으로 향하였다. 그러나 야곱은 세일로 가지 않고 숙곳(סֻכּוֹת, ‘오두막집들’)으로 갔다. 거기서 자기가 거할 집과 축사를 지었다.

교훈

1. 인간은 평화를 갈구한다. 화해를 통한 평화가 필요하다. 화해의 필수 조건은 우선 자신의 잘못을 시인하고 자기를 낮추고 상대를 높여주는 일이다. 야곱이 형과 화해하기 위해서 취한 태도는, 형의 마음을 녹일 만큼 자기를 낮추고, 과거를 반성하는 의미에서, “죽일 터이면 죽이십시오!” 하는 마음으로, 그에게 다가가서, 하나님 앞에 엎드리듯이 엎드렸다. 그것도 일곱 번을. 그리고 형을 상전으로, 자기 목숨을 좌우할 수 있는 주인으로 모셨다. 그리고 그 많은 예물을 받아 달라고 간청을 했다. 그리고 용서를 빌었다. 상대가 어떻게 나오든지, 이쪽에서 진심을 가지고 이렇게 나와야 하는 것이다. 동생을 철천지원수로 여기며 죽이고 싶을 정도로 미워하던 에서의 마음도 야곱의 그 겸손과 투항하는 태도에 녹아지고 말았다.

2. 가장으로서의 야곱의 변화와 결단을 여기서 볼 수 있다. 브니엘에서 하나님을 만나 씨름을 하기 전에는 아직 자기가 제일이고, 자기만은 살아야 한다는 생각을 가졌던 야곱이었다. 그러나 그 경험이 있은 후에는 야곱이 자기를 이긴 자가 되었다. 자기가 책임을 지고, 가장으로서의 기능을 해야 한다는 결단을 가졌다. 그때부터는 앞장을 섰고, 죽으면 죽으리라는 식으로 굳은 마음을 가지고 행동했다.

3. 사람은 목석이 아니기에, 에서 같은 야성(野性)을 가진 남자, 동생에 대해서 극도로 분노를 가졌던 에서도, 야곱의 회개하는 모습과 그의 낮아짐을 보면서, 감동을 받았고, 눈 녹듯이 그 분노가 사라지고, 골육의 정을 토로하게 되었다. 사람이 아무리 악하다 하여도, 잠재하는 인정(人情)이라는 것이 있게 마련이다. 그러나 무디어진 인정을 다시 폭발시키는 데는 상대방의 비상한 노력이 필요하다. 야곱처럼 한다면 녹아나지 않을 사람이 없을 것이다.

4. 야곱은 형의 고장으로 따라가지를 않았다. 그것은 야곱의 현명한 처사였다고 본다. 에서에게 지은 빚을 그만하면 다 갚았다고 생각하는 야곱은 이제부터 형에게 신세를 질 필요도 없고, 그의 덕을 보려고 할 필요도 없고, 더더욱 그의 지배 아래 있을 마음도 없었을 것이다. 이제는 원점으로 돌아간 기분으로, 각자의 길을 가는 것이 피차 유익하다고 판단한 것 같다. 야곱이 세일이라는 곳이 어떤 곳인지를 수소문하여 알아보았을 것이다. 거기는 우선 약속의 땅 가나안 경내(境內)가 아니다. 거기는 여러 모로 보아서 가나안보다도 살기가 어려운 곳이라는 것을 알았을 것이다. 그리고 자기의 조상들의 연고지에서 멀리 떨어진 외진 곳이라는 것을 알았을 것이다. 있을 자리를 잘 잡는다는 것이, 가장으로서 해야 할 매우 중요한 일이다.

야곱이 세겜에 이르다(33:18-20)

해설

야곱과 그의 일행은 숙곳에서 얼마를 지내며 그 동안의 긴장과 여독을 풀었을 것이다. 야곱은 자기 할아버지 아브라함의 이야기를 익히 듣고 기억하고 있었을 것이다. 아브라함이 가나안 땅에 들어오셔서 먼저 세겜에 이르렀고, 거기서 가나안 땅을 아브라함에게 주시겠다는 약속을 하나님께로부터 받았고, 아브라함이 거기에 단을 쌓고 하나님께 제사를 드린 것을 야곱이 알고 있기에, 그의 마음이 세겜으로 향하였다. 야곱은 숙곳을 떠나, 요단강을 건너서, 가나안 땅으로 들어와 세겜에 이르러 성 밖에 우선 천막을 쳤다.

야곱은 이제 돈을 가지고 있었다. 하몰의 아들들에게 100<케시타>(קְשִׂיטָה)를 내고 땅 한 필을 샀다. 그리고 거기에 거처를 정했다. 얼마나 감사하고 감격스러운 일인가. 긴 도피 생활을 끝내고 출생지에 돌아왔고, 이제는 당당히 자기가 산 땅에서 살게 되었으니 말이다. 돌아보면 모두가 하나님의 은혜라는 것을 깨달았을 것이다. 거기에 야곱이 뜻깊은 제단을 쌓았다. 그 이름을 <엘 엘로헤 이스라엘>(אֵל אֱלֹהֵי יִשְׂרָאֵל, '하나님, 이스라엘의 하나님')이라고 했다. 이스라엘의 하나님이신 <엘>(אֵל)이 계시는 제단이라는 말일 것이다.

교훈

1. 야곱이 형 에서의 제안을 따라서 세일로 가지 않고, 독자 노선을 택한 것은 잘한 일이라고 본다. 협력할 일이 있을 때 쾌히 힘을 모두는 것은 좋지만, 개성이 다르고 사명이 다른 두 사람이 같이 산다는 것은

언제나 문제가 생길 소지가 있다. 가능하다면 남의 신세를 지지 않고, 또는 남에게 폐를 끼치지 않고, 또는 남을 의존하지 말고, 독립생활을 하는 것이 피차에 도움이 되고, 자기 발전에도 유익하기 때문이다. 하나님께서 인간을 만드실 때 한 사람도 꼭 같이 만드시지 않은 이유가 바로 저마다의 개성과 특성을 가지고 삶으로써, 보다 더 아름다운 세상을 만드시려는 것이다. 전체주의가 그래서 옳지 않은 것이다. 다양성 속에 있는 아름다움을 찾자는 것이 하나님의 뜻이다. 누구에게도 나와 같이 되라고 강요할 수 없는 것이다.

2. 야곱은 선조의 전통과 꿈을 무시하지 않았다. 아름다운 전통과 꿈은 이어가야 한다. 그가 할아버지 아브라함의 훌륭한 전철을 밟으려고 노력한 것은 잘한 일이다. 특히 조상이 모신 하나님과, 그를 성심으로 섬긴 종교심을 이어받은 일은 매우 아름다운 일이었다. 할아버지가 한 대로 세겜에 제단을 쌓고 예배하며, 그 하나님께 대한 충성을 맹세한 것은 참으로 잘한 일이다.

3. 야곱에게 있어서 가장 잘한 일은, 그리고 가장 다행한 일은, 그가 참 하나님을 하나님으로 모셨다는 일이다. 세상 사람들이 저마다 신을 모시고 있으며, 또한 잡다한 신들이 있지만, 가장 행복한 것은 진짜 하나님을 만나고, 그를 모실 수 있었다는 사실에 있다. 물론 그 하나님을 야곱이 스스로 솔선적으로 발견한 것이 아니라, 그 하나님이 야곱을 만나주시고, 그에게 나타나주셨기 때문에, 그 하나님을 모실 수 있었던 것이다.

디나를 강간한 사건(34:1-31)

해설

야곱이 아직 하란에서 살고 있을 때, 그의 첫째 부인 레아가 아들 여섯을 낳았고 디나라는 딸을 낳았다. 야곱의 식구가 세겜에 이르러 하몰이라는 사람의 아들에게서 땅을 사 가지고, 거기에 천막을 치고 살고 있었는데, 하몰의 아들 중에 세겜이라는 사람이 그 지방 영주로서, 권력을 가지고 있었다. 그가 외지에서 와서 살고 있는 야곱의 식구들 가운데, 디나라는 어여쁜 처녀가 있다는 보고를 받고는, 그녀를 불러들였다. 그녀를 본 그 영주는 한눈에 반하였고, 야욕이 발동하여 당장에 그녀를 겁탈했다. 그리고는 그녀를 사랑하는 마음이 생겨서, 그녀의 마음을 사려고 부드러운 말로 그녀를 회유하였다. 어떻게 해서든지 그녀를 자기 아내로 삼고 싶어서, 자기 아버지 하몰에게, 그 일이 성사되게 해 달라고 졸랐다.

디나가 보이지 않기 때문에 야곱은 수소문했을 것이고, 마침내 진상을 전해 들었다. 디나가 세겜에게 겁탈을 당하고 그 집에 억류되어 있다는 것이었다. 그 말을 들은 야곱은 격분하였지만, 들에서 양을 치고 있는 아들들이 돌아온 다음에 의논하기 위해서 우선 마음을 진정시키고 있었다. 세겜의 아버지 하몰은 아들의 요청대로 혼인 상담을 위해서 야곱을 찾아갔다. 때마침 야곱의 아들들이 들에서 돌아왔다. 하몰이 사건의 전말을 설명하고, 자기의 아들 세겜과 디나를 결혼하게 하자는 제안을 하였다. 그 말을 들은 야곱과 그의 아들들은 극도로 격분하였다. 이스라엘의 전통이나 풍속으로 볼 때 용납할 수 없는 악행이 저질러졌기 때문이었다.

그러나 전통과 풍습이 다른 사회에 속하는 하몰은 그것을 그렇게 악하게 생각하지는 않았을 것이다. 그래서 끈질기게 청혼을 했다. 서로 민족이 다르고 가문이 다르지만 통혼을 하고 사이좋게 살자는 것이었다. 그 자리에는 강간 당사자인 세겜까지 나타나서 디나의 아버지와 오빠들에게 간청을 하는 것이었다. "제발 어여삐 봐주십시오. 뭐든지 달라는 것을 다 드리겠습니다. 결혼 지참금 조로 얼마를 요구하든지 다 드리겠습니다. 제발 디나를 제 아내로 주십시오."

디나의 오빠들은 세겜이 자기 여동생을 욕보인 일에 대한 보복을 하기로 속으로 결심을 하고, 속임수를 썼다. "우리는 할례를 행하는 집안이기 때문에, 할례를 받지 않은 사람에게 우리 집안 여자를 준다는 것은, 우리 자신에게 욕을 돌리는 일입니다. 그러니 여러분이 우리처럼 할례를 받는다는 조건 하에서 디나를 줄 수 있습니다. 그리고 서로 통혼도 하고, 한 백성이 되어 같이 살 수 있습니다." 하고 조건을 내세웠다.

그 말에 하몰과 세겜이 동의했다. 세겜은 그 문중에서 가장 존경을 받고 있던 터이라, 그의 말을 누구나 달게 복종하는 처지였다. 하몰과 세겜이 자기 성읍 성문에 이르러, 성 안에 있는 사람들을 다 불러오게 한 후에, 시민을 향하여 일장 연설을 했다. "야곱의 식구들이 다 좋은 사람들이니, 그리고 우리 동네가 넓고 여유가 있으니, 그들과 같이 살면서 서로 통혼을 하면 좋지 않겠습니까. 단지 조건이 있습니다. 우리의 남자들이 그들처럼 할례를 행하는 일입니다. 그렇게 해서 그들이 우리와 같이 살면 그들의 것이 다 우리의 것이 되지 않겠습니까?" 모든 시민이 이 말에 동의하고 남자라는 남자는 다 할례를 받았다.

할례라는 것은 이를테면 포경수술인데, 의술이나 약이 발달하지 않은 그 옛날, 살을 베어 피를 내는 일종의 수술이, 덧나지 않고 상처가 잘 아문다는 것은 쉬운 일이 아니었다. 상당한 기간 아픔을 느끼고 나서야 차차 그 상처가 아무는 것이었다. 그들이 할례를 받고 삼일 째 되는 날, 곧 그들이 모두 환부에 심한 고통을 느끼며 앓고 있는 시점에, 디나의 오빠 시므온과 레위, 곧 레아를 통해서 낳은 야곱의 둘째 아들과 셋째 아들이 검을 들고 그 성으로 몰래 들어가서, 먼저 그 성안에 있는 남자들을 다 죽였다. 그리고는 하몰과 세겜이 사는 궁궐로 들어가서 하몰과 세겜을 죽이고, 여동생 디나를 구출해 냈다.

뒤늦게 그 소문을 들은 야곱의 다른 아들들이 성안으로 달려와서는, 자기들의 누이를 욕보인 분풀이로, 그 성안에 있는 것들을 닥치는 대로 약탈하는 것이었다. 성안에 있는 것, 들에 있는 것 할 것 없이, 소, 양, 나귀들을 끌어가고, 아녀자(兒女子)들과 모든 재물을 마구 약탈했다. 그러나 야곱은 그 모든 소식을 듣고서 시므온과 레위를 불러서 말했다. "너희가 이 땅에 사는 주민, 곧 가나안 사람들과 브리스 사람들에게 나를 망신시켰으니, 이 일을 어찌하겠냐. 그들은 수가 많고 우리는 열세인데, 그들이 들고일어나면, 나와 내 집안이 다 망하고야 말겠구나." 하며 꾸짖었다. 그러나 그들은 분을 참지 못하고, "우리의 여동생이 창녀 취급을 받아야 하겠습니까?" 하고 오히려 아버지에게 대들었다.

교훈

1. 이 사건에서 우리는 몇 가지 죄악을 발견할 수 있다.

우선 (1) 하나님께서 남성과 여성으로 창조하셨고, 성욕이라는 본능을 주셨기 때문에, 본능적으로 성욕을 채우기 위해서 남녀가 성행위를 한다는 것은 기본적으로 창조자의 뜻을 어기는 것이 아닐 것이다. 그러나 사회 문란과 혼란을 피하기 위해서 일남일녀가 가정을 이루고 성생활을 하도록 한 것이다. 그런데 세겜이라는 영주는 아마도 기혼자였을 터인데, 아리따운 여자를 보자 성욕을 참지 못하고 그녀를 겁탈했으니, 자기 가정을 파괴하는 행동을 한 것이고, 권력 남용의 죄를 지은 것이다. 영주라는 권력을 가지고, 아무나 다 자기 사람을 만들고, 자기 마음대로 하려고 하였기 때문이다. 이성이 만나서 성관계를 가진다는 것은,

쌍방이 동의하고 마음이 통할 때 이루어져야 하는 것인데, 이 경우에는 세겜이 일방적으로 자기 욕심을 채우기 위해서 강제로 겁탈을 했으니, 결국 인권 침해, 인권유린의 죄를 지은 것이기도 하다.

(2) 이 사건에 있어서, 하몰과 세겜은 권력을 가진 자로서 횡포를 하였고, 야곱의 아들들은 폭력을 가지고 분풀이를 하노라고 많은 사람의 목숨을 빼앗는 큰 죄를 범했다. 폭력은 결국 폭력을 낳는 것인데, 비정상적인 수단으로 사건을 해결하려고 했다.

(3) 야곱의 아들들이 디나와 자기 가문의 원수를 갚기 위해서 속임수를 써서 대량학살을 감행했다.

(4) 야곱의 아들들이 이성을 잃고 했는지 아니면 몰지각 때문이었는지 몰라도, 세겜 성에 있는 모든 사람, 아녀자까지, 그리고 모든 재산을 약탈하는 야만적인 행동을 했다. 그것이 인간 전쟁의 거의 공통된 양상이기도 하지만, "이는 이로, 눈은 눈으로"라는 공평성을 완전히 잃은 무법행위를 저지른 것이다. 거의 이성을 잃은 행동을 한 것이다.

2. 하나님의 선민도 치외법권 하에 있는 것이 아니다. 하나님이 선민 편에 계시고, 하나님은 선민을 사랑하시기 때문에, 선민은 어떤 악을 행해도 된다는 법은 없다. 선민이기 때문에 오히려, 하나님의 성품을 닮아서, 하나님의 자비와 사랑의 정신을 따라야 할 것이다. 하나님의 질서와 법을 준행하는 자들이 되어야 할 것이다. 이 사건의 경우, 야곱의 자식들은 이성을 잃었고, 하나님이 자기들 편이라고 하는 편리한 생각을 가지고, 원수들을 과도하게 응징하는 죄를 지었다.

3. 팔은 안으로 굽는다는 말대로, 야곱의 아들들이 자기들의 누이동생의 원수를 갚는데, 일심단결(一心團結), 일사불란(一絲不亂)의 모습을 보인 것은 아름답다 하겠지만, 경솔한 만용은 후환(後患)을 가져온

다는 것을 알았어야 한다. 야곱이 걱정한 것과 같이 말이다. 만용을 부림으로써, 걷잡을 수 없는 결과를 초래하는 경우가 많이 있다. 침착하게, 이성을 잃지 않고, 하나님의 뜻을 찾아나가야 할 것이다. 원수 갚는 것은 하나님이 하실 일이고, 우리는 남의 죄를 되풀이하지 않으려고 노력해야 할 것이다.

4. 창세기 저자(혹은 편집자)가 이 사건을 여기에 기재한 이유가 무엇일까? 이스라엘 역사에 있어서 일종의 치부(恥部)이며 오점일 수 있는 사건인데 말이다. 성경 기록들의 진실성을 말하고 있는 것이 아닐까. 사실을 숨기려 하지 않고, 사실을 사실대로 말하려는 것이라고 본다. 밝은 면만 아니라 어두운 면도 게재함으로써, 독자들로 하여금 판단하게 하고, 양면(兩面)에서 교훈을 받게 하려는 것이다.

야곱이 벧엘로 돌아오다(35:1-15)

해설

디나의 사건으로 말미암아 야곱은 불안하기 짝이 없었을 것이다. 가장(家長)으로서 자기 집안의 장래를 염려하지 않을 수 없었을 것이다. 하몰과 세겜과 그 도시 남자들을 다 죽이고, 그들의 재산을 몽땅 약탈했으니, 앞으로 어떤 일이 야곱 일가에 닥쳐올지 알 수 없는 일이었다. 좋은 일은 없을 것이고, 필시 재난이 닥쳐올 것이 뻔한 일이었다. 이런 고민에 빠져 있는 야곱에게 하나님이 나타나셔서 방향을 제시해 주셨다. "일어나 벧엘로 가서, 거기서 살아라. 에서를 피하여 달아날 때 하나님이 너에게 나타나셨던 곳 벧엘에다 제단을 쌓아라!"고 말씀하시는 것이었다.

어느 명령이라고 야곱이 복종하지 않겠는가. 당장에 가족과 그에게 소속한 모든 사람에게 지시를 내렸다. 우선 그들이 가지고 있는 이방 신상들을 없애라는 것이었다. 거기에는 라헬이 가지고 온 신상까지도 포함됐을 것이다. 목욕재개하고, 옷을 갈아입고, 벧엘로 가자는 것이었다. 거기서 하나님께 제단을 쌓겠다는 것이었다. 야곱이 과거에도 곤경에 빠졌을 때 응답해 주신 하나님, 그가 가는 곳마다 같이 해 주신 그 하나님께 제단을 쌓겠다는 것이었다. 그들은 야곱의 명령대로, 그들이 가지고 있던 신상들과 귀고리들을 야곱에게 가져다 놓았고, 야곱은 세겜 근처의 상수리나무 밑에 그것들을 다 숨겨놓았다.

야곱의 일행이 세겜을 떠나서 벧엘을 향하여 옮아가고 있을 때, 세겜에서 일어난 사건으로 심히 분개하고, 적의를 품고 있던 인근의 모든 도시들은, 동맹을 해서 야곱 일행을 습격하여 응징하려고 했을 것이다. 그러나 하나님께서 역시 발동하셔서, 그들에게 공포심을 일으켜 주셨고, 따라서 야곱을 해코지하는 사람이 없었다는 것이다.

야곱은 목적지에 도달하여 제단을 쌓았고, 그 곳을 <엘 벧엘>(אֵל בֵּית־אֵל, ‘벧엘의 하나님’)이라고 불렀다. 자기가 형을 피하여 도망갈 때 하나님께서 그에게 자신을 보여주신 곳이기 때문이었다.

저자는 벧엘과 관계되는 사건 중의 하나를 여기에 간단히 삽입했다. 즉 야곱의 어머니 리브가의 유모인 드보라가 죽자, 벧엘에 있는 상수리나무 밑에 매장했다는 것이다. 그리고 그 곳 이름을 알론 바쿠트*(אַלּוֹן בָּכוּת, ‘통곡의 상수리나무’)라고 불렀다(35:8). 아마도 그녀는 쌍둥이 형제 야곱과 에서가 태어나는 순간부터, 여주인 리브가를 도와서 그들을 양육한 공로자였을 것이다. 결국 야곱은 자기를 키우기에 수고한 여인을 바로 대접한 셈이다.

저자는 야곱이 하란에서 돌아와 벧엘에 있을 때, 하나님께서 그를 축복하신 내용을 여기에 소개했다. 우선 야곱이라는 이름 대신 이스라엘이라는 이름을 주신 사실을 다짐한다. 그리고 하나님은 자신의 이름을 <엘 샤따이>(אֵל שַׁדַּי, '전능하신 하나님')라고 불러주셨다. 야곱이 생육하고 번성하여, 그에게서 나라와 나라들과 왕들이 생겨날 것과, 아브라함과 이삭에게 주었던 땅을 야곱과 그의 후손에게 주겠다고 약속하셨다. 야곱은 하나님께서 약속을 주시고 사라진 뒤에, 바로 그 곳에 돌기둥을 세우고, 거기에 포도주를 붓고, 올리브 기름을 부어, 하나님께 제사를 드렸다.

교훈

1. 한 가정의 가장은 책임이 크다. 가장의 현명한 판단과 처사가 그의 가정의 운명을 좌우할 수 있다. 야곱은 가장으로서, 당면한 위기를 어떻게 해결할 것인가를 고민한 것 같다. 곧 닥쳐올 역경을 예측하고 서둘러 그 곳을 뜨기로 결심했다. 거액의 돈을 주고 땅을 사서 정착한 정든 고장인데, 그리고 많은 재산을 가지고 있는 사람으로서 그것들을 다 정리하고 그 곳을 떠난다는 것이 결코 쉬운 일이 아니었을 터인데 말이다. 그러나 야곱은 용기 있게 결단하고 그곳을 떠났다. 그것은 현명한 결단이었다.

2. 야곱이 가는 길에 언제나 하나님이 앞장서신 것을 볼 수 있다. 야곱이 세겜에서 떨며 안절부절못하고 있을 때 하나님이 나타나셔서 그의 길을 지시하실 뿐 아니라, 한편, 야곱 일가를 습격하여 몰살하려는 인근 사람들의 마음에 공포심을 잔뜩 안겨주어, 감히 행동을 하지 못하도록 막아주셨다. 이러한 하나님의 도우심이 아니었더라면, 야곱 일가는 일찍이 사라지고 말았을 것이다.

3. 그때는 옛날이어서, 거리 개념이 오늘과는 달랐겠지만, 세겜에서 일어난 야곱 가문의 만행 사건은 주변 도시에 다 알려져서, 그들을 격분시켰을 것이니, 야곱의 가족이 가나안 땅을 멀리 떠나지 않는 이상, 그 주변 어디로 가든지 그들의 분풀이를 받을 가능성은 남아 있는 것이었다. 그러니 야곱은 어디로 가야 하겠는가 하는 것이 고민이었을 것이다. 그 찰나에 하나님이 야곱에게 나타나셔서, 그 고민을 해소해 주신 것이다. 하나님께서 야곱의 방향을 정해 주셨다. 벧엘로 가라는 것이었다. 하나님이 계시는 곳, 하나님을 만난 곳, 하나님이 야곱을 만나주시는 곳으로 가라는 것이었다. 인간이 어디를 가도 거기에 위험이 있고, 역경이 있게 마련이다. 최선의 자리는 인간이 하나님을 만나고, 하나님이 인간을 만나주시는 곳이다.

4. 벧엘이라는 공간적 위치가 중요한 것이 아니라, 그 어디든지 하나님과 같이 있는 곳이 벧엘이다. 그리고 그냥 그 공간과 위치가 중요한 것이 아니라, 하나님과의 예배의 관계 속에 있는 것이 중요하다. 하나님과 참된 관계를 유지하고 사는 것이 중요하다. 하나님을 전능자(<엘 샤따이>)로 믿고 모시고 섬기는 삶이 필요하다. 야곱이 벧엘에 제단을 쌓은 것처럼 말이다.

5. 참된 벧엘의 삶에는 하나님의 축복이 약속되어 있다. 참된 삶이란 하나님만 의지하고 섬기고, 우상이 제외된 생활을 가리킨다. 그리고 도덕적으로 성결한 삶을 의미한다. 즉 하나님의 법도를 따라서 사는 것을 의미한다. 거기에 하나님의 축복이 따르게 되어 있다. 생육하고 번성할 수 있다. 경제적으로 정치적으로 풍요를 누릴 수도 있다.

6. 야곱의 식구들이 야곱의 명령에 복종한 것을 높이 평가할 만하다.

세겜을 떠나자고 할 때, 그리고 우상과 귀고리들을 다 버리고 떠나자고 할 때, 그들이 가장의 말을 잘 따랐다. 야곱은 하나님을 체험한 사람이기에 하나님 신앙이 있었고, 결단이 쉬웠을 것이지만, 다른 가족들은 그렇지 않은 사람들로서, 눈에 보이는 우상이 더 힘이 있어 보이고, 가나안에서 약탈한 보물과 장식품들이 얼마나 매력적이었겠는가 말이다. 그러나 그런 것들의 유혹을 다 뿌리치고 벧엘('하나님의 집')로 가자고 하는 가장의 말을 따랐다는 것은 참으로 복 받을 만한 행동이었다.

벤야민*의 출생과 라헬의 죽음(35:16-26)

해설

야곱의 가정이 벧엘에서 얼마를 머물었는지 모르지만, 역시 그곳은 야곱에게 있어서 낯선 곳이었다. 오매불망 자기를 기다리고 있는 부모님이 그의 마음을 사로잡고 있었을 것이다. 야곱의 아내들과 자식들 역시 그들의 어른들을 보고 싶어 했을 것이 아닌가! 그들은 벧엘을 떠나, 자기들을 기다리고 있는 어른들의 집을 향하여 남쪽으로 여행을 계속했다.

예루살렘을 지나 에브라트*(אֶפְרָת, 베들레헴)가 눈앞에 보이는 지점에 이르렀는데, 라헬이 진통을 시작하였고, 드디어 해산을 했는데, 라헬은 심한 진통 끝에 숨을 거두게 되었다. 그 찰나에 죽어가는 라헬에게, 산파가 아들이 태어났다는 말을 했다. 라헬은 심한 고통을 하면서 낳은 아들이기에 벤오니*(בֶּן־אוֹנִי, '나의 애통의 아들')라고 불렀다(35:18). 그리고 숨을 거두었다. 그러나 야곱은 그 아기의 이름을 빈야민*(בִּנְיָמִין, '오른손의 아들' 혹은 '남쪽의 아들')이라 불렀다(35:18).

어쩔 수 없이 야곱은 라헬을 에브라트*(베들레헴)로 가는 길가에 매장을 하고, 그 무덤에 돌기둥을 기념으로 세웠다. 야곱은 여행을 계속하였고, 마침내 에델(עֵדֶר) 탑(塔) 건너편에 거처를 잡았다. 에델은 예루살렘 근처에 있는 곳으로서, 야곱이 사랑하는 아내 라헬을 묻고서, 발걸음이 떨어지지 않았던 것 같다. 그 무덤 근처에서 얼마를 산 것 같다.

거기서 사는 동안 야곱의 맏아들 르우벤이, 자기 아버지의 첩이며, 라헬의 몸종인 빌하를 범하였다. 야곱이 그 소식을 들었다. 얼마나 상심하였을까!

그러나 하나님은 결국 야곱에게 아들을 열둘이나 주시는 복을 내리셨다.

교훈

1. 라헬은 남편 야곱의 사랑을 제일 많이 받은 아내였지만, 그녀가 당한 고통은 남다른 것이었다. 그의 언니 레아에게 첫사랑을 빼앗긴 아픔을 늘 가지고 있었을 것이다. 아기를 낳지 못하는 까닭에 생긴 여러 가지 심리적 고통도 컸을 것이다. 즉 언니 레아와 다른 여종들이 아들들을 먼저 낳음으로써 오는 심리적 압박과 불안이 이만저만이 아니었을 것이다. 마침내 요셉을 낳음으로써 위안을 받았지만, 자기만 아들이 하나라는 열등감도 가졌을 것이다. 그러나 라헬은 그의 첫 아들을 요셉이라고 명명하면서 믿음과 희망을 잃지 않았던 것 같다. 요셉이라는 이름은, "주께서 나에게 또 다른 아들을 더하여 주소서!"(창 30:24)라는 소망이 담긴 기원(祈願)의 말이다. 그 기원이 이루어져서 둘째 아들 벤야민*을 낳았지만, 그의 성장을 보지 못하고, 또 맏아들 요셉의 출세를 보지 못하고 요절하였으니, 참으로 그녀는 비운의 여자였다.

그러나 야곱은 라헬을 위하여 특별히 기념비를 세워주었고, 오늘까지도 예루살렘에서 베들레헴으로 가는 길가에 있는 라헬의 무덤은 많은 사람들의 동정과 애모(哀慕)의 대상이 되고 있다. 야곱이 사랑하는 아내 라헬을 묻고는 발걸음이 떨어지지 않았던 것 같다. 그래서 예루살렘에서 멀리 떠나가지 못하고 그 근처인 에델에 천막을 쳤다는 것이다. 여기서 우리는 야곱이 그의 첫사랑인 라헬에 대하여 가졌던 지극한 사랑과 슬픔을 엿볼 수 있다.

2. 르우벤이 자기 아버지의 아내인 빌하와 간통했다는 것은 천인공노할 악행이다. 지극히 부끄러운 사건이다. 그러나 성경은 사실을 숨기지 않고 있다. 야곱의 아들들은, 아버지 야곱의 네 아내들 사이의 불화와 그리고 네 아내의 소생들 사이의 알력을 보고 들으면서, 그리고 체험하면서 자랐을 것이다. 결국 그들은 심리적으로 정상적인 성장을 하지 못했을 것이다. 불화와 알력 속에서 자란 아들들의 윤리적 판단은 정상적일 수 없었을 것이다. 르우벤의 사건이 대표적으로 성경에 기록되었을 뿐, 그들 사이에서 벌어진 유사한 악행들이 얼마든지 있었을 것이다. 르우벤의 사건은 결국 비정상적 가정생활이 낳은 전형적인 악행이라고 보아야 할 것이다. 일남 일녀의 정상적 가정이라면 그런 일이 생기지 않았을 것이다. 한 집안의 맏아들의 책임이 중한데, 그가 씻을 수 없는 악행을 범함으로써, 그 집안의 명예와 전통을 구겨놓은 셈이다. 그래서 그는 아버지 야곱에게서 유산을 받을 자격을 박탈당하는 신세가 되었고(창 49:3-4), 두고두고 인류 역사 가운데서 사람들의 입산에 오르내리게 되는 벌을 받고 있다. 돌이켜보건대 르우벤의 범죄는 타락한 우리 인간의 죄악성의 한 면모가 아니겠는가!

3. 야곱이 하나님께 복 받을 만한 의인은 아니었지만, 하나님은 야곱의 조상 때부터 주시기로 약속한 축복을 내리셨다. 많은 재물을 주시

는 동시에, 열둘이라는 완전수의 아들을 가지는 축복을 주셨다. 하나님의 성실하심과 인자하심을 여기서 볼 수 있다.

이삭의 죽음(35:27-29)

해설

사랑하는 아내 라헬이 죽은 후, 야곱은 그 무덤에서 멀지 않은 곳, 예루살렘 근처 에델에서 얼마 동안 살다가, 마침내 그를 애타게 기다리고 계시는 아버지 이삭에게로 갔다. 이삭은 그의 아버지 아브라함의 연고지인 헤브론에서, 사랑하는 야곱과 그의 식구들을 만났고, 그 동안에 쌓였던 모든 걱정과 불안과 슬픔을 다 해소했을 것이다. 오랜만에 아들을 만난 이삭 부부의 기쁨과 감격이 어떠했을까! 이삭의 여생은 여한이 없는 것이었다고 본다. 이삭은 180세를 살았으니 장수한 셈이고, 그의 삶이 평온했었다는 것을 암시한다.

마침내 그는 자기 수명을 다 살고, 두 아들 에서와 야곱과 많은 식구들이 지켜보는 가운데 고이 숨을 거두고, 그들에 의해서 장례가 치러졌으니, 행운아였다고 보아야 할 것이다. 참으로 복 받은 삶이었다는 말이다.

교훈

1. 야곱은 하란으로 도망을 가면서 벧엘에서 하나님을 만났고, 거기서 하나님의 약속을 받았다. 하나님이 야곱이 어디를 가든지 지켜주시고, 마침내 고향으로 돌아오게 하시겠다 하셨는데(창 28:15), 그 약속

대로 고향에 돌아와 아버지 이삭을 만났고, 그 후에도 아버지와 함께 오래 살다가 아버지의 임종을 보고, 조상들의 묘지에 아버지를 안장하는 행운을 가졌다. 결국 그것은 하나님의 축복이 아닐 수 없다. 하나님의 성실하심이 여기서도 나타났다.

2. 하나님의 약속은 아브라함에게서도 이루어졌지만, 대를 이어 이삭과 야곱에게서도 계속 이루어졌다. 대대로 축복하시겠다는 하나님의 약속이 그대로 이루어진 것이다. 하나님을 의지하는 자를 하나님은 의인으로 쳐주시고, 의인의 자손을 대대로 축복하시는 것이다.

에서의 후손들과 에돔의 왕들(36:1-43)

해설

지금까지 하나님의 선택의 계열에 속한 야곱의 사건을 비교적 상세하게 엮어 내려왔는데, 저자는 에서의 족보를 무시하지 않고 여기서 소개한다. 에서는 그의 부모의 의사를 무시하고, 가나안 족속의 여자들과 결혼했다. 단번에 두 아내를 얻었는데 헷 족속의 여자 아다와, 히위 족속의 여자 오홀리바마였다(36:2). 후에 부모의 마음을 사려고 셋째 아내를 얻었는데, 그녀는 이스마엘의 딸 바스마트*(בָּשְׂמַת)였다(36:3). 아다는 엘리파즈*를 낳고, 바스마트*는 르우엘을 낳고(36:4), 오홀리바마는 여우스와 얄람과 코라*(קֹרַח)를 낳았다(36:5). 이렇게 에서는 가나안에서 다섯 아들을 얻었다. 그밖에 딸들도 낳았다.

에서도 가나안에서 사는 동안 가산이 많아졌다. 결국은 에서와 야곱의 식구가 함께 같은 장소에서 살기에는, 땅이 좁고 우양이 너무도 많았다. 그래서 드디어 에서가 가나안을 떠나 세일 산지로 가서 자리를 잡고 에돔 족속의 조상이 되었다. 마치 아브라함과 롯이 분리한 사건과 비슷하다(창 13:6). 에서의 장자 엘리파즈*는 데만, 오말, 제포*, 가탐*, 케나즈*를 낳았다. 그리고 엘리파즈의 첩 팀나*가 아말렉을 낳았다. 르우엘은 나핫, 제라*, 샤마*, 밋자*를 낳았다. 이렇게 에서의 자손들이 늘어났다. 그리고 에서 일가는 세일 지방의 원주민들 곧 호리(חֹרִי) 족속과 섞여서 살았다. 창세기에 에서의 족보가 두 가지로 나타나 있다. 즉 36장에는 에서의 아내가 아다, 오홀리바마, 바스마트*로 나오는데, 26:34; 28:9에는 유디트*, 바스마트*, 마할라트*로 나온다.

교훈

1. 에서와 야곱은 같은 부모에게서 난, 아니 같은 태에서 자라고 태어난 쌍둥이지만, 그들의 삶이 너무도 다른 것을 볼 수 있다. 하나님은 에서와 야곱 둘 다에게 복을 주셔서 가나안 땅에서는 도저히 같이 살 수 없을 정도가 되었다는 것이다(36:6). 그리하여 에서는 얼마 전에 한동안 유목생활을 하던 세일 지방을 택하여 그 지방으로 떠나갔다. 결국 하나님을 모르는 사람들의 세속 사회를 택하여 거기에 합류한 것이다. 하나님을 알고 믿는 사람들이 공동체를 이루어 연합전선을 펴서 악을 이기려고 해야 할 것인데, 에서의 결혼도 그렇고 그의 삶이 모두 세속적이었다. 즉 하나님과는 관계가 없는, 그리고 조상의 경건한 전통을 무시하는 삶이었다. 하나님의 축복을 받기에 합당한 삶을 살려고 노력해야 할 것이 아닌가.

2. 에서의 후손도 하나님의 축복 가운데 번성하였지만, 그들은 성경 역사에서 볼 때, 동생인 야곱의 족속과 계속 대립관계에 있었고, 이스라엘의 원수로서 사사건건 해코지하기를 일삼았다. 특히 에서의 아들 엘

리파즈*의 첩 팀나*의 소생 아말렉은 후에 이스라엘 백성을 정면으로 공격한 족속을 이루었다(출 17:8-16; 신 25:17-19). 에서는 자신도 경건을 잃었지만, 경건치 않은 사회 속에 섞여 살면서 더욱더 악해짐으로써, 동기(同期) 동생을 돕기는커녕 미워하고 해코지하는 비인간성을 보였다. 이런 현상은 부모의 편애가 원인이었다고 볼 수 있다. 이삭과 리브가가 쌍둥이 야곱과 에서를 동등하게 사랑했더라면, 그리고 그들을 좀 더 바르게 교육했더라면 이런 일들이 없었을 수 있었다고 생각된다.

요셉의 이야기(37:1-50:26)

창세기의 마지막 큰 단원이 야곱의 총아(寵兒) 요셉의 사건을 다루고 있다. 이 사건은, 바로 앞에 나온 야곱과 에서의 이야기와 닮은 점들이 있다. 야곱의 경우처럼 요셉이 집을 떠나야만 했지만, 마침내는 형제가 화해하게 된다. 주인공인 요셉이 야곱처럼 어쩔 수 없이 망명생활을 하지만, 드디어 가족을 만나게 된다. 그러나 야곱은 고생 끝에 자기의 고향으로 금의환향했지만, 요셉의 이야기는 가나안 땅 바깥에서 된 일로써 끝나고, 이스라엘 역사의 다음 단계, 즉 그들의 노예 생활과 출애굽 사건 등으로 연결된다.

요셉이 성공할 꿈을 꾸다(37:1-11)

해설

형 에서가 세일로 떠나가고 야곱은 아버지 이삭이 살던 고장을 지키면서 눌러 살았다. 지금까지는 야곱이 망명생활에서 고생한 이야기를 했지만, 이제는 그의 삶의 새 국면을 보여준다. 야곱은 열두 아들을 둔 부자로서, 그 아들들과 더불어 목축을 하면서 단란하게 살았다.

야곱이 총애하는 아들 요셉이 열일곱 살이 되던 때 한 사건이 시작된다. 야곱이 제일 사랑하던 라헬 곧 요셉의 어머니가 죽자, 라헬의 소생인 요셉과 그의 동생 벤야민*은 야곱의 특별한 사랑을 받으며 자랐을 것이다. 따라서 요셉과 벤야민*은 다른 형제들에게서, 그리고 야곱의 다른 아내들에게서 눈총을 받으며 살았을 것이다. 요셉이 열일곱 살이 됐으니까 양을 칠 만한 나이가 된 것이다. 그러나 야곱은 요셉더러 완전한 한 몫을 하도록 하지 않고, 그의 여종 빌하와 질파*를 통해서 난 아들들, 곧 단, 납달리, 갇*, 아셀이 양을 치는 일의 조수의 역할을 하도록 맡겼던 것이다. 그러면서 요셉은 그 형들이 하는 잘못을 아버지 야곱에게 일러바치기도 했다. 그럴 때마다 야곱은 그 아들들을 책망하였을 것이고, 따라서 고자질한 요셉은 형들에게 미움을 받을 수밖에 없었을 것이다. 야곱은 늙어서 요셉을 낳았기 때문에 요셉에게 더 애정이 갔고, 또한 어머니 없이 자란 아들이라 그에게 더 동정이 갔을 것이다. 그래서 그에게는 길다란 채색 옷을 입히는 등 특별대우를 했다. 그 결과 요셉은 모든 형들에게 미움을 받았고, 가시 돋친 말을 들었다.

어떤 날 요셉이 꿈을 꾸고 형들에게 그 꿈 이야기를 했더니, 형들이 그를 더 미워하게 됐다는 것이다. 곧 그 열두 형제가 들에서 곡식 단을 묶고 있었는데, 갑자기 요셉의 곡식 단이 일어나 곧바로 서더라는 것이다. 그리고는 형들의 곡식 단들이 요셉의 단을 둘러서더니, 그의 단에게 절을 하더라는 것이었다. 그 말은 들은 형들은 그 꿈 때문에 요셉을 더욱더 미워하게 됐다.

요셉은 또 꿈을 꾸고, 역시 형들에게 그 꿈 이야기를 했다. 해와 달과 열한 개의 별이 자기에게 절을 하더라는 것이었다. 이 말을 들은 아버지는 꾸지람을 하면서, “도대체 그게 무슨 꿈이냐? 나와 네 어미와 네 형제들이 네게 와서 절을 한다는 말이냐?"고 나무랐다. 결국 요셉의 형들은 요셉을 시기하게 되었다. 그러나 아버지 야곱은 그 사건을 마음에 담아두었다는 것이다.

교훈

1. 하나님은 아브라함을 택하시고 가나안으로 가라고 지시하셨다. 가나안이 메소포타미아보다 살기 좋은 곳이어서가 아니다. 지정학적으로, 정치적으로, 경제적으로 가나안은 사람이 살기에 매우 어려운 곳이다. 그러나 하나님은 인간을 구원하시고 당신의 뜻을 이루시기 위해서 가나안을 가장 전략적인 장소로 여기셨기 때문에, 그 곳을 택하시고, 아브라함을 그리로 보내신 것이다. 가나안은 하나님의 약속의 땅이다. 아무리 살기 어려워도, 아브라함의 족속이 거기에 있어야 하는 것이었다. 가나안 원주민들이 텃세를 부리고, 외래인들을 환영하지 않았기 때문에, 야곱 때까지도 외방인의 자격으로 거류하는 데 지나지 않았다. 그러면서도 하나님의 약속을 믿고 그곳을 고집한 것은 잘한 일이다. 축복은 하나님께로부터 오는 것이고, 하나님의 약속을 믿는 데서 오는 것이다.

2. 야곱이 요셉을 총애한 것은 어쩔 수 없는 인간 상정(常情)의 표현이었다. 요셉은 야곱이 제일 사랑하는 라헬의 아들이고, 오래 기다리던 아들이었고, 게다가 라헬이 죽음으로써, 어미 없는 아들로 자랐기 때문에 더 마음이 가는 아들이었을 것이다. 아마도 요셉은 어려서부터 총명하고 외모도 준수하여, 아버지의 마음을 사로잡고도 남는 아들이었을 것이다. 즉 장차 애굽 나라의 재상이 될 만한 조짐을 어려서부터 보이고 있었을 것이다. 그러나 야곱은 여러 아내와 그들의 소생들을 거느리고

있는 가장으로서, 그들에게 보다 평화로운 삶을 살도록 배려했어야 했다. 심리적으로 갈등을 가지고 불평을 가질 만큼 요셉을 편애한 행동은, 결국 그 가정에 큰 곤경을 몰아오는 원인이 되었다. 부모 된 사람들의 냉정하고도 현명한 처사가 필요하다는 것을 우리는 배워야 할 것이다.

3. 야곱의 총애를 독차지하는 것으로 보이는 요셉을 미워하고 질투한 형들을 우리는 이해할 만하다. 그러나 남이 잘 되는 것을 보고 배 아파하는 심정이 과연 옳은 것일까? 남이 잘 되는 것을 기뻐할 수는 없을까. 더더욱 형제가 잘 되는 것을 보고 기뻐할 수 있는 사람들이 되어야 하지 않을까. 문제의 근본은 일부다처 제도에 있는 것이라고 본다. 즉 하나님의 창조의 질서를 깨버린 데 있다고 본다. 인간 사회가 어느 경우라도 완전할 수는 없지만, 일남일녀의 정상적 가정이라면, 야곱의 가정에서 일어난 복잡한 사건들이 일어나지 않을 수 있을 것이다.

4. 요셉이 꾼 꿈은 하나님의 계획을 꿈으로 미리 보여준 것이라고 보아야 할 것이다. 하나님은 많은 경우 꿈을 통하여 당신의 계획을 계시하신다. 꿈을 꾼 요셉과 그의 형제들이 그 꿈을 개꿈으로 여기고 잊어버렸을 것이다. 그러나 야곱만은 그 이야기를 마음에 간직하고 있었다는 것이다. 후에 그 꿈이 그대로 이루어졌을 때, 야곱은 물론 요셉의 형제들이 그 꿈을 상기하면서, 하나님의 신비한 섭리와 경륜을 새삼 감탄했을 것이다. 역사의 주인이신 하나님의 기묘한 계획과 그 실천을 목도하면서, 야곱의 식구들과 그 후손들이, 그리고 우리들까지도 하나님의 위대하심을 깨닫게 된다.

요셉의 형들이 요셉을 팔다(37:12-36)

해설

야곱의 애처 라헬이 낳은 아들 요셉과 벤야민*은 나이도 적을 뿐 아니라, 야곱이 그들을 편애하기 때문에, 양과 염소들을 몰고 다니면서 풀을 먹이고 물을 마시게 하는 유목(遊牧)의 중노동을 그들에게는 시키지 않은 것 같다. 풀과 물이 풍부한 평지에서의 목축은, 가축들을 그냥 풀어놓고 지켜보면 되는 것이지만, 팔레스타인처럼 목초가 모자라고 물이 귀한 곳에서는 목동들이 쉬지 않고 풀과 물이 있는 곳을 찾아 그들을 인도해야 하는 것이어서, 목자들의 생활은 매우 고달픈 것이었다. 아마도 그래서 야곱의 열 아들은 양과 염소 떼를 먹이기 위해서 헤브론을 떠나서 먼 지방까지 그들을 몰고 가야만 했던 것이다. 그들이 헤브론 지역을 벗어나, 북쪽으로 200리(里)나 떨어진 세겜까지 가야만 했던 것은 그만큼 가나안 땅에 목초가 귀하기 때문이었을 것이다. 야곱의 아들들이 각각 맡은 양(量)의 가축을 이끌고 그것들을 먹이되, 서로 협력하기 위해서 같은 지방으로 몰려갔던 것 같다.

헤브론에 남아 있는 늙은 아버지 야곱은 오랫동안 가축을 먹이려고 집을 떠나 있는 아들들을 염려하지 않을 수 없었고, 그들의 소식을 듣고 싶었을 것이다. 그래서 요셉을 불러서 세겜까지 보내며, 수고하는 형들을 찾아보고, 그들의 소식을 가져오라고 일감을 맡겼다. 세겜은 야곱의 조상 때부터 그의 집안과 밀접한 관계가 있는 연고지였고, 어떤 의미에서는 권리 행사도 할 수 있는 곳이었다. 곧 야곱이 하몰의 아들 세겜에게 거액을 지불하고 사 놓은 땅이 있는 곳이었기 때문이다(창 33:19).

순진하고 유순한 요셉은 아버지의 명령을 준행하려고, 그리고 아버지와 관계가 깊은 그 먼 곳으로 여행하는 기쁨과 호기심과 흥분을 안고 세겜을 찾아갔을 것이다. 세겜에 도착한 요셉은 그 지방에서 만난 사람에게 형들의 거처를 물었다. 그 사람의 대답에 의하면 그들이 도단으로 간다는 말을 들었다는 것이었다. 도단은 세겜에서 훨씬 더 북쪽으로 올라가야 있는 곳이었다. 그래서 요셉은 형들을 찾기 위해서 도단까지 올라갔다.

요셉이 오는 광경을 멀리서 발견한 그의 형들, 르우벤을 제외한 아홉 명은, 그를 죽여버리기로 합의하고 음모를 꾸몄다. 그를 죽여서 구덩이에 처넣어 버리고, 그가 맹수에게 잡혀 먹혔다고 꾸며대기로 한 것이다. 그리하여 요셉의 그 건방진 꿈이 어디 이루어지나 보자는 것이었다. 그러나 그 음모하는 자리에 없었던 르우벤이 돌아와서 다른 동생들의 말을 듣고는 새로운 제안을 했다. “우리 손으로 사람을 죽일 필요가 어디 있느냐? 피를 흘리지 말고, 저 광야에 있는 깊은 구덩이에 던져 넣으면 그만이 아니냐?”라는 것이었다. 그것은 동생들 몰래 요셉을 구출하여 아버지께 돌려보내려는 생각으로 한 말이었다. 르우벤은 다시 볼일이 있어서 그 자리를 떴다.

그 동안에 요셉이 형들에게 당도하였다. 그러자 요셉의 형들은 요셉에게 달려들어 그의 긴 옷을 벗기고, 그를 물이 없는 깊은 빈 구덩이에 던져 넣었다. 그리고는 그들이 앉아서 식사를 하고 있었다. 그때 마침 이스마엘 대상(隊商)이 낙타에 많은 상품을 싣고 길르앗 쪽으로부터 오는 것이었다. 애굽으로 물건을 팔러 가는 상인들이었다. 그때 유다가 다른 안을 제시했다. “요셉은 우리 동생이요 골육인데 그를 죽이고 그의 피를 감추어서 무슨 이익이 있겠는가? 그에게 손을 대지 말고, 저 이스마엘 상인들에게 팔아버리자.”는 것이었다. 유다의 제안에 모두가 동의하였고, 대상이 가까이 오자, 요셉을 구덩이에서 끌어올려, 은 20량을 받고 그 상인들에게 팔아버렸다. 결국 요셉은 그 상인들에 의하여 하나의 상품이 되어 애굽으로 끌려가고 말았다.

얼마 후에 르우벤이 돌아와서 약속된 구덩이를 들여다 보니 요셉은 없었다. 그는 자기 동생들이 요셉을 처치했다는 생각을 하지 않고, 어떤 사람이 그를 꺼내간 것으로 생각하고, 옷을 찢으며 슬퍼했다. 그들은 염소 한 마리를 죽여서 그 피에 요셉의 옷을 적신 후, 아버지에게로 돌아와서, 그 옷을 내 보였다. 야곱은 요셉이 맹수에게 물려 죽은 것으로 단정하고, 자기 옷을 찢으며, 상복을 두르고, 그 죽은 아들을 위하여 여러 날을 애도했다. 아들딸들이 아버지 야곱을 위로했지만, 야곱은 위로 받기를 마다하며, 아들이 있는 스올로 자기도 내려가겠다고 하며 통곡을 했다. 요셉을 산 미디안 사람들 곧 이스마엘 상인들은 요셉을 애굽 왕의 경호대장 보디발에게 팔아 넘겼다.

교훈

1. 아버지 야곱이 보지 못하는 곳에서 요셉의 형들은 동생 요셉을 죽이려고 음모하고, 마침내 그를 종으로 팔아넘기는 죄를 저질렀다. 그리고 동생이 맹수에게 먹혔다고 하며 아버지를 속이는 죄를 지었다. 그들이 하나님의 존재를 깨달았다면 그렇게 하지 못했을 것이다. 아버지의 눈을 속일 수 있지만 하나님을 속이지는 못한다는 것을 알았더라면, 그들이 그런 짓을 하지 못했을 것이라는 말이다.

2. 야곱의 아들들이 그런 끔찍한 죄를 지은 것은, 우선 야곱의 편애(偏愛)에 그 원인이 있었다고 보아야 할 것이다. 동시에 일부다처 제도에서 오는 불화와 갈등에 기인했을 것이다. 르우벤과 유다의 행동에서 약간의 인간미를 볼 수 있지만, 전반적으로 사랑이 절대적으로 결핍되어 있는 인간상을 보여준다. 인간이 그리스도의 사랑에 녹아지고, 성령으로 말미암은 사랑이 생겨나기 전에는, 동족상잔, 골육살상이 다반사로 일어날 것이 확실하다.

3. 요셉을 없애려는 형들의 음모는 그들의 질투에서 온 것이었고, 꿈을 통하여 계시된 하나님의 의도를 무시하고 도전하는 마음에서 온 것이었다. 하나님이 하시는 일을 사람의 꾀나 힘으로 막으려는 행동은 어리석은 것이요, 무모한 짓에 불과하다는 것은, 요셉 사건의 귀결에서 잘 나타나고 있다. 즉 요셉은 성공하고, 그의 꿈이 그대로 이루어져서, 결국 요셉 앞에 야곱의 모든 식구가 절을 하게 된 사실에서 증명된다.

4. 이 요셉의 사건은 인간의 다양한 죄악상을 여실히 보여준다. 온갖 악이 작용하였다. 그러나 요셉을 없애버리고 자기들의 만족을 이루어보려는 그의 형들의 흉악한 행동에도 불구하고, 초월자 하나님은 인간의 음모를 선한 방향으로 변조(變調)하여 당신의 계획을 이루신 것이다. 사랑하는 아들 요셉이 죽었다고 단정하고 자기도 따라서 죽겠다고 할 정도로 야곱은 절망에 빠졌다. 그러나 하나님은 배후에서 선한 방향으로 역사하고 계셨던 것이다.

유다와 그의 며느리 다말(38:1-30)

해설

야곱의 넷째 아들 유다의 생애의 부끄러운 이야기가 여기에 끼어든다. 가나안 이방 땅에서 야곱의 많은 식구가 사는 가운데 희로애락의 많은 사건이 벌어졌을 것이다.

그 중의 한 가지가 유다의 사건이다. 그가 가나안의 아둘람 족속 가운데 히라라는 사람과 가까이 지냈다. 성년이 된 유다가 자기 조상의 전통을 따라 자기 가문의 여자와 결혼을 하고 싶었겠지만, 여의치 않았을 것이다. 결국 가나안 사람 슈아*(שׁוּעַ)의 딸과 결혼하여 크집*(כְּזִיב)이라는 곳에 살면서 에르*와 오난과 셸라*(שֵׁלָה)를 차례로 낳았다(38:1-5).

맏아들 에르*가 혼기가 되자 유다는 다말이라는 여자를 며느리로 맞았다. 그녀 역시 가나안 여자였을 것이다. 야곱의 맏아들 에르*는 야훼께서 보시기에 악하였기 때문에 그의 목숨을 거두어 가셨다. 그래서 그 시대의 풍속을 따라, 둘째 아들 오난더러 형수와 결혼하여 형의 대를 이어 주도록 하라고 말했다. 그래서 외견상 오난은 형수 다말과 결혼을 했지만, 다말과 사이에서 자식을 낳아도 자기 자식이 아니라 형의 자식일 터이니, 공연한 일이라고 생각한 나머지, 잠자리를 가질 때마다 정액을 밖에다 쏟곤 했다. 그리하여 자식을 낳지 않았다. 그런 행동이 하나님을 노엽게 했다. 그래서 하나님은 오난의 목숨을 거두어 가셨다. 그러자 겁을 먹은 유다는 며느리 다말에게 일렀다. "셋째 셸라*가 아직 어려서, 결혼할 연령이 아니니까 그가 성장할 때까지, 네 친정에 가서 과부로 남아 있거라." 그러나 그것은 유다의 속임수였다. 막내아들까지 죽어서는 안 될 터이니, 우선 다말과는 관계를 끊어버리려는 술책에서 나온 임시방편이었다. 다말이 긴 세월을 기다리다가 제풀에 지쳐서 다른 남자와 결혼하게 될 것을 기대했을 것이다. 그러나 다말은 시아버지 유다의 말을 곧이 듣고, 친정으로 가서 때를 기다리고 있었다(38:6-11).

오랜 후에 유다의 아내가 죽고, 아내를 애도하는 기간도 다 지나자, 유다는 팀나*(תִּמְנָה)에서 방목하던 자기 양들의 털을 깎아야 하기 때문에, 친구 히라와 함께 그리로 가고 있었다. 다말이 그 소식을 들었다. 유다의 아들 셸라*가 이미 장성하였고, 결혼할 연령이 되었는데도, 유다가 일부러 다말에게 알리지도 않고, 결혼하게 하지 않는 것을 다말은 분하게 생각하였다. 그래서 다말은 파격적인 일을 꾸몄다. 그녀는 과부 복장을 벗어 던지고, 베일을 쓰고, 창녀 차림으로, 팀나*로 가는 도중에 있는 에나임 동네 초입에 앉아 있었다. 유다는 아내를 여읜지도 상당한 시간이 흐른 시점인지라, 여자 생각이 났던 모양이다. 길가에 베

일을 쓰고 앉아 있는 여인을 보자, 창녀로 알고 그녀에게 다가가서 수작을 걸었다. 그러자 다말은 화대를 얼마나 내겠는가고 흥정을 했다. 화대로 염소 새끼 한 마리를 주겠다고 약속을 했다. 그때 유다가 염소 새끼를 손에 가지고 있는 것이 아니었기 때문에, 단지 구두로 약속하는 것뿐이었다. 다말은 그 약속이 시행되기까지 담보물이 있어야 한다고 했다. 다말은 유다에게 그의 인장과 그것을 목에 매다는 노끈과 지팡이를 요구했다. 그리고는 같이 집으로 들어가서 성교를 하고, 각각 제 갈 길을 갔다. 다말은 집으로 돌아와서 다시 과부의 복장을 하고 지냈다. 공교롭게도 그 한 번의 성교에서 다말은 임신을 하게 됐다(38:12-19).

유다는 창녀로 가장한 다말에게 약속한 염소 새끼 한 마리를 친구 히라 편에 보내며 담보물들을 찾아오도록 했다. 그러나 다말이 앉아 있던 에나임 동네에 가서 찾아보았지만 그녀는 없었다. 그래서 동네 사람들에게, "에나임 길가에 있던 그 신당(神堂) 창녀(娼女)가 어디 갔는가?"라고 물었다. (신당 창녀란 일종의 공창[公娼]으로서, 신당에 예배하러 온 남자들이 그 창녀와 잠자리를 같이하면, 그 해의 농사가 잘 되고 복을 받는다는 신앙이 있었기 때문에, 직업적으로 창녀 노릇을 하는 여자들이 있었다.) 도대체 거기에는 신당 창녀가 없다는 것이었다. 히라는 유다에게 돌아와서 사실을 보고했다. 그래서 유다는 어쩔 수 없이 그 담보물들 찾아오는 일을 포기하고 말았다(38:20-23).

약 석 달 뒤에 다말은 눈에 띌 정도로 배가 불러왔고, 그녀가 창녀질을 해서 임신을 했다는 소문이 유다에게 들려왔다. 그 소문을 들은 유다는 노발대발, "그녀를 데려오시오. 화형에 처해야 하오." 하고 호통을 쳤다. 다말이 끌려오면서 시아버지 유다에게 사람을 보내며, 몇 달 전에 그에게서 받아두었던 담보물들을 가져다 보이게 했다. 그리고 그 물건들의 주인이 나에게 아기를 배게 했다고 말하게 했다. 그 물건들을 받아본 유다는 자기가 바로 자기 며느리와 잔 장본인이라는 것을 알고는 자신을 깨닫게 됐다. 그리고 말했다. "내가 셀라*를 다말에게 신랑으로 주겠다고 약속해 놓고도 약속을 지키지 않았으니, 내가 못된 놈이다. 며느리 다말이 나보다 옳았구나." 유다는 더 이상 다말과 잠자리를 같이 하지 않았다(38:24-26).

때가 되어 다말이 해산을 하는데, 첫째가 먼저 나오려고 하면서 손을 내밀었다. 그래서 산파는, "이놈이 먼저 나왔다."고 하면서 그의 손에 붉은 실을 매었다. 그러나 그 첫째가 손을 당겨 다시 들어가고, 둘째가 먼저 나왔다. 산파는 "너는 평화를 깨뜨렸다."고 하였다. 그래서 그 이름을 베레스라고 하였고, 그 뒤에 난 자를 세라라고 불렀다(38:27-30).

교훈

1. 해괴망측한 근친상간의 사건이 선민의 가정에서 벌어졌다. 인간의 죄악성을 여지없이 보여주는 사건이다. 야곱의 집안이, 그리고 후에 왕국을 이룬 유대 민족이 결코 다른 지파나 민족보다 더 거룩하거나 잘난 자들이 아니었고, 오히려 더 추잡하고 파격적이고, 배신적인(베레스와 같이) 백성이었던 것을 보여준다. 그런데도 그 가문에서 왕들이 나오고, 메시아가 탄생했다. 구원은 하나님의 은혜에서 오는 것이지, 인간의 가문이나, 계급이나, 공로나, 업적 때문이 아니라는 것을 보여준다.

2. 어쩔 수 없이 그때부터 이방 여자들과 결혼을 하게 된다. 유다도 그의 아들들도 가나안 여자와 결혼을 했다. 결국 다말이 다른 몇 이방 여자들과 더불어 그리스도의 족보에 그 이름이 올랐다. 하나님은 유대인들만의 하나님이 아니라는 것, 구원은 모든 사람들에게 공개되어 있다는 것을 알 수 있다.

3. 하나님은 시대적으로 주신 법을 존중하신다. 동생이 후예를 남기지 못하고 죽은 형을 대신하여 형수를 아내로 맞는 법(신 25:5-10)은 그 시대의 법이다. 하나님은 그 시대의 법을 어긴 오난을 죽게 했다는 것이다. 법이란 시대마다 최대 다수의 사람의 최고의 행복을 위해서 정해진 것이기 때문에, 그 법을 존중해야 한다. 구약의 법은 구약 시대의 법이었고, 훌륭한 것이었다. 그러나 그리스도 이후에는 대폭 수정되었다. 우리는 시대 시대의 법을 존중할 줄 알아야 하며, 그것이 하나님의 뜻이라는 것을 명심해야 한다. 오난뿐 아니라 유다 자신도 그 법을 어기는 죄를 범한 셈이다.

4. 다말은 시아버지와 잠자리를 같이한 끔찍한 죄를 지었지만, 한 집안의 후손을 낳아서 대를 이어주어야 하는 책임을 수행한 셈이다. 시아버지가 약속을 어기고, 셋째 아들 셀라*를 주지 않음으로, 그 책임을 수행할 길이 막혔을 때, 비상수단을 써서 자식을 낳았다. 유다는 창피한 일을 저질렀는데, 결국 자기의 행동이 잘못된 것을 깨닫고, 며느리가 자기보다 옳았다고 판단하기에 이르렀다. 인간들은 복잡하고 추하고 판가름하기 어려운 일들을 저지른다. 그래도 하나님은 인간들이 저지른 더러운 일들 가운데서도, 당신의 계획을 이루어나가신다. 혼돈 속에서 질서를 만들어 가시는 하나님을 발견하게 된다.

요셉과 보디발의 아내(39:1-23)

해설

이스마엘 대상(隊商)에게 은 20량에 팔린 요셉은 애굽으로 끌려가서 바로의 경호실장 보디발의 종으로 고가(高價)에 팔렸다. 그러나 야훼 하나님이 요셉과 함께 하셨다. 그는 애굽에서도 고관의 집에 있었고, 하는 일마다 성공적이었다. 요셉을 유심히 지켜본 집 주인 보디발도 마침내 야훼가 요셉과 같이하신다는 사실과 그 때문에 요셉의 손을 통하여 자기 집이 잘 되어간다는 사실을 알았다. 그래서 마침내 그가 요셉을 어여삐 보고, 그 집의 가사 일체를 요셉에게 맡겼다. 요셉이 그 집의 청지기가 되면서부터, 야훼가 요셉으로 인해서 보디발을 축복하시고, 그의 집 안팎의 만사를 형통하게 해 주셨다. 보디발은 전권을 요셉에게 맡기고 아무 걱정도 하지 않았다. 그러나 자기가 먹는 음식만은 간섭했다. 나라마다, 민족마다, 또 개인마다 식성이 다르기 때문이었을 것이다. 아니면 자기 생명만은 자기가 지켜야 한다는 생각을 했기 때문이었을 수도 있다.

요셉은 성실하고 충성스러울 뿐 아니라 외모도 출중하게 잘 생겼다. 보디발의 아내가 그 미남자 요셉을 얼마 동안 눈여겨보고 있다가 색욕이 동하여 요셉더러 같이 자자고. 유혹을 했다. 그러나 요셉은 단호히 거절하며, 주인이 모든 것을 자기 권한에 맡기셨지만, 그의 아내인 그녀만은 그렇지 않다고 하면서, 그녀를 범하는 것은 큰 죄악이며, 하나님께 범죄하는 일이라고 하며 그 유혹을 뿌리쳤다. 그렇게 하기를 여러 날 계속했다. 그러던 어떤 날 요셉이 일을 하러 그 집에 들어갔을 때, 마침 다른 사람이 하나도 없는 틈을 타서, 그 여자가 요셉을 부여잡고 같이 자자고 간청하는 것이었다. 그러나 요셉은 그녀가 부여잡은 옷을 벗어 던진 채, 밖으로 달아났다. 그러자 그녀는 역공을 하여 요셉이 자기를 겁탈하려고 했다가 여의치 않으니까, 옷을 남겨둔 채 달아났다고 하며 거짓말을 했다. 그녀는 요셉의 옷을 가지고 있다가 남편 보디발에게 그런 거짓말을 늘어놓았다. 아내의 말을 곧이들은 보디발은 요셉을, 왕의 특별한 죄수들을 가두는 감옥에 가두었다. 그러나 그 감옥에서도 야훼는 요셉과 같이 계셨고, 그에게 불변하는 사랑(<헤세드> חֶסֶד)을 보이셨다. 마침내 그 감옥 소장이 요셉을 완전히 신임하고, 모든 일을 요셉에게 일임했다. 거기서도 야훼가 요셉과 같이 계셔서, 요셉이 하는 일마다 잘 되게 해 주셨다.

교훈

1. 갑자기 형들의 모함으로 인해서 이국으로 종이 되어 끌려가는 요셉의 마음을 상상해 보라. 기가 막힐 일이 아닌가. 부잣집 귀공자가 한 순간에 종으로 팔려 가는 신세가 됐으니 말이다. 요셉은 그때 나이가 열일곱이었으니, 이미 성년이 다 된 사람이었고, 자기 판단을 할 수 있는 때였다. 그는 별별 생각을 다 해보았겠지만, 오직 할 수 있는 일은 달리 없었고, 자기 조상과 부모님이 믿고 섬기던 야훼 하나님께 부르짖는 일이었을 것이다. 본문에는 요셉이 하나님을 찾았다는 말이 없지만, 2절에서부터 야훼가 요셉과 같이 계셨다는 말이 나온다. 그래서 보디발의 집에서 하는 일마다 성공적이었다는 것이다. 하나님이 같이 하시는데 성공하지 않을 수 없었을 것이다. 보디발이 요셉을 시험하기 위해서 많은 일을 맡겨보았을 것이다. 그때마다 요셉은 야훼 하나님을 부르며, 그에게 기도를 하며, 그를 의지하고 만사를 행하는 것을 보디발이 목격했을 것이다. 즉 요셉의 행동을 지켜보면서, 보디발은 야훼 하나님이 요셉을 돕고 있다는 사실을 의심할 여지가 없었다. 결국 요셉은 이방 땅에서 야훼 신앙의 전도자가 된 셈이다. 그것도 그 나라의 고관에게 전도를 한 셈이다.

2. 하나님은, 보디발이 요셉을 믿고 그에게 청지기 자격을 주었을 때, 보디발을 축복하여 만사형통하게 해 주셨다. 이것은 비록 이방인이지만 하나님을 신뢰하는 사람에게 복을 주신 사례라고 할 수 있다. 하

나님을 믿는 사람들이 충직할 때, 그들이 섬기는 상전과 그 주변도 하나님의 축복을 받는다는 사실을 여기서 알게 된다. 하나님을 믿은 사람들이 신용이 있을 때, 사회는 성도를 믿어주게 마련이고, 다같이 평화와 기쁨을 누릴 수 있다. 그리스도인의 삶이 그래야 하지 않을까. 선민과 그리스도인들 때문에 사회가 복을 받아야 한다. 그것이 하나님께서 아브라함을 택한 목적이었고 또 우리를 택하신 목적이기도 하다.

3. 보디발이 아무 걱정을 하지 않고 만사를 요셉에게 맡기면서도, 그가 먹는 음식만은 그에게 일임하지 않았다는 것이다. 그만큼 요셉의 문화 곧 이스라엘의 문화와 애굽의 문화가 달라서, 서로 음식이 다르고, 또 각자의 식성이 달라서, 요셉이 제공하는 음식이 입맛에 맞지 않았기 때문일 수 있다. 또는 보디발의 식성이 고약해서 자기 고유의 구미를 아무도 맞출 수 없었고, 다만 자기의 전통적 음식을 전문적으로 만드는 요리사만이 그의 구미를 만족시킬 수 있었기 때문일 수도 있다. 아니면 왕의 경호실장이라면 매우 용의주도한 사람이요, 의심이 많은 사람이어서, 자기 목숨을 노리는 사람이 있을 수 있다는 생각이 있어서, 자기가 먹는 음식을, 외방인 요셉에게 맡기지 않았을 수 있다. 그만큼 사람은 사람을 100% 믿는다는 것이 어렵다는 것을 말해준다.

4. 청년 요셉의 결백한 행동은 본받을 만하다. 그는 우선 상전과의 약속을 충성스럽게 지킨 사람이다. 동시에 자기가 자기와 싸워서 승리한 사람이다. 정력이 왕성한 청년으로서, 미모의 여인의 유혹과 간청을 뿌리친다는 것은 매우 어려운 일이었을 터인데, 그것을 이겨냈다. 사람의 눈은 속여도 하나님을 속일 수 없다는 생각, 그리고 간음 행위가 하나님께 대한 범죄라는 의식을 가지고, 그 범죄의 유혹을 물리친 것이다. 그 여주인의 제안을 거절할 때 자기에게 닥칠 위험과 불이익을 예

측하면서도 그 유혹을 거절했다. 매우 용감한 행동이었다. 하나님을 믿는 자가 마땅히 본받아야 할 요셉이다.

5. 보디발의 아내는 자기의 범죄를 음폐(陰蔽)하며 그 죄를 요셉에게 전가하여, 요셉을 감옥에 갇히게 만들었다. 세상의 많은 인간은 자기 이익을 위해서는 수단방법을 가리지 않는다. 음모, 술수, 사기, 횡령, 참소 등 갖은 수단으로 자기 이익을 챙기는 것이 인간이다.

6. 보디발의 아내의 참소에 의해서 보디발은 요셉을 감옥에 처넣었다. 그러나 야훼 하나님은 거기에도 계셨다. 꾸준한 사랑을 요셉에게 보여주셨다. 결국 요셉은 감옥에서도 신용을 얻어, 그 안에서도 제 2인자가 되어 감옥 내의 일을 도맡아보게 되었다. 그리고 하는 일마다 형통하였다. 결국 야훼가 요셉과 같이 계셨고, 요셉이 하는 일마다 축복하셔서, 범사가 순조롭게 진행되었다는 것이다. 결국 야훼 하나님은 무소부재자라는 것, 무소불능자라는 것, 자비와 사랑의 하나님이라는 것을 우리가 여기서도 알 수 있다.

두 죄수의 꿈(40:1-23)

해설

요셉이 억울하게 고급 죄수들만 수용하는 감옥에서 옥살이를 하고 있던 어느 날, 애굽 왕의 음료 맡은 관원과 빵 맡은 관원이 왕의 심기를 건드렸기 때문에, 요셉이 갇힌 감옥에 투옥되었다. 감옥 소장이 그 두 관원을 요셉에게 맡겨서 돌보게 했다. 그래서 며칠 동안 그들이 요셉과 함께 감옥살이를 했다. 그러던 어떤 밤에 그 두 관원이 각각 이해할 수 없는 이상한 꿈을 꾸었고, 그 꿈의 뜻이 궁금하여 어쩔 줄을 모르고 있었다. 아침에 요셉이 그들을 만나서 보니, 둘이 다 수심에 잠겨있는 것이었다. 그 이유를 물었더니, 그들이 이상한 꿈을 꾸었다는 것이고, 그것을 해석해 줄 사람이 없어서라는 것이었다. 그러자 요셉은, 해몽은 하나님이 하실 수 있는 일이 아니냐고 하면서, 어떤 꿈을 꾸었는가를 물었다.

그러자 왕의 음료를 맡은 최고 관원이, 자기가 꾼 꿈을 늘어놓았다. 포도나무가 하나 있는데, 거기에 가지가 셋이 있었다. 포도나무에 움이 트고, 꽃이 피고, 포도송이들이 달리고 익었다. 그 관원이 왕의 술잔을 들고 있었고, 그가 포도를 따서 그 잔에다 짜 가지고, 그 잔을 왕의 손에 들려드렸다는 것이다. 요셉은 서슴지 않고 자신 있게 그 꿈을 풀어주었다. 포도나무의 세 가지는 사흘을 가리킨다는 것이다. 사흘 안에 왕이 그 관원을 원위치로 복직시킬 것이다. 결국 전과 같이 잔을 임금께 드리는 일을 다시 하게 된다는 것이다. 그렇게 해몽을 한 다음에 요셉은 그 관원에게 부탁을 했다. 복직이 되면, 왕에게 자기 이야기를 해서, 억울한 처지에 있는 자기를 구출해 달라는 것이었다. 그러면서 자기의 신분과 그 감옥에 갇히게 된 사연을 설명해 주었다.

빵을 맡은 최고 관원이 이어서 자기가 꾼 꿈 이야기를 했다. 자기 머리에 빵을 담은 광주리 셋이 겹쳐서 놓여 있었는데, 맨 위에 있는 광주리에 임금을 위한 온갖 음식이 담겨 있었다. 그러나 새들이 와서 그 광주리에 있는 것들을 먹고 있었다는 것이다. 요셉은 또 서슴지 않고 명쾌하게 해몽을 했다. 그 세 광주리는 사흘을 가리키는 것으로, 사흘 안에 임금이 그 관원의 목을 매달아 죽일 것이고, 새들이 와서 그의 살을 뜯어먹을 꿈이라는 것이었다.

아니나 다를까 사흘 만에 왕의 생일이 돌아왔고, 모든 신하들을 위하여 생일잔치를 벌였다. 그리고는 음료 맡은 관원과 빵 맡은 관원을 불러내어, 음료 맡은 관원은 복직시키고, 빵 맡은 관원은 교수형으로 죽였다. 요셉이 해몽한 그대로였다. 그러나 복직된 관원은 요셉의 부탁을 까마득히 잊어먹고 말았다. 그래서 요셉은 계속 옥살이를 하고 있었다.

교훈

1. 고대 중동 지방에서는 하나님이 꿈을 통하여 인간과 의사소통을 한다는 생각을 많이 하고 있었다. 곧 하나님께서 꿈을 통해서 사람들에게 지시하기도 하고, 앞으로 될 일에 대한 경고를 하신다고 믿었다. 꿈은 신령하신 하나님이 미래에 될 미지의 사건들을 사람들에게 알리기 위한 좋은 도구였다. 요셉과 같이 하나님과 통하는 신령한 사람은 하나님이 주시는 꿈을 이해할 수 있었던 것이다. 요셉은 그 자신도 꿈을 꾸었지만, 남의 꿈을 해몽하는 일을 통해서 출세의 길이 열리기도 했다. 요셉이 꿈의 사람이었다는 것은, 그가 남달리 많은 역경을 겪으면서 야훼 하나님과 가까워졌고, 깊이 하나님과 교통하는 생활을 하면서, 영계와 통하는 사람이 되었기 때문이었다고 추정된다. 하나님이 택한 사람 요셉에게, 하나님이 특별한 지혜와 영력(靈力)을 주셔서 꿈을 쉽게 풀이할 수 있게 해주셨다고 본다. 요셉 자신도 하나님께서 자기에게 꿈을 해석할 수 있는 힘을 주신다는 것을 믿고 있었다. 그만큼 하나님과 밀접한 관계 속에 있었다.

2. 사필귀정(事必歸正)이라는 말처럼, 역사에 있어서 때로는 모함을 당하고, 오해 때문에, 좌천되고, 옥고를 치르고, 심지어 죽임을 당하는 일까지 있지만, 바로의 음료 맡은 관원처럼 마침내 복직이 된다. 반대로 빵 맡은 관원은 아무리 변명을 하고 복직운동을 해도 결국 교수형으로 죽고 말았다. 결국 인간은 옳게 살고 바르게 살아야 한다. 예외가 없

지는 않지만 바르게 살아야 평안히 살 수 있다는 것이 철칙이다.

3. 인간은 기억력이 완전치 않기 때문에 중대한 약속도 잊어먹을 수 있다. 그리고 사람은 받은 은혜를 오래 기억하지 못하는 경우가 많다. 요셉은 그 음료 맡은 관원의 태만과 망각 때문에 2년이라는 긴 세월 옥살이를 더할 수밖에 없었다. 그러나 하나님은 요셉을 잊지 않으셨고, 적시에 그를 구원해 주셨다. 사람을 믿기가 어렵다는 것, 그러나 하나님은 믿을 만한 분이라는 것을 우리는 기억해야 할 것이다.

요셉이 바로의 꿈을 해석하다(41:1-36)

해설

요셉이 감옥살이를 2년이 넘도록 하고 있던 어떤 날, 애굽 왕이 하룻밤에 이상한 꿈을 둘이나 꾸었다. 나일 강에서 살진 암소 일곱 마리가 나와서 갈대풀을 뜯고 있었다. 그런데 그들의 뒤이어 이번에는 흉하게 말라빠진 또 다른 암소 일곱 마리가 나일 강에서 나오더니, 강가에 있는 그 살찐 암소들 옆에 서서, 그것들을 먹어버리는 것이었다. 바로가 깨어났다가 다시 잠이 들었을 때 둘째 꿈을 꾸었다. 한 줄기에서 빵빵하게 살진 일곱 개의 이삭이 자라고 있었다. 다음에는 동풍에 바짝 말라빠진 이삭 일곱 개가 그 살찐 이삭이 익은 뒤에 따라 나오더니, 그 살찐 이삭 일곱을 삼켜버리는 것이었다. 바로가 깨어나 보니, 그것이 꿈이었다. 아침이 되자 왕의 마음은 뒤숭숭했다. 그래서 애굽의 마술사들과 지혜자들을 다 불러서, 꿈 이야기를 했다. 그러나 그 꿈을 해석해 주는 사람이 하나도 없었다.

왕의 음료를 맡은 최고 책임자가, 바로의 꿈 이야기를 듣자, 그때 비로소 요셉을 상기하고, 그의 부탁이 머리에 떠올랐다. 그래서 자신의 잘못을 느끼면서 임금께 아뢰었다. 자기의 과거사를 왕께 여쭈면서, 자기와 빵 맡은 관원이 같이 감옥에 갇혔을 때 요셉이라는 히브리 청년이 자기와 그 동료의 꿈을 해석했고, 그 해석대로 정확하게 이루어졌다는 이야기를 아뢰었다.

그 말을 들은 바로는 급히 요셉을 불러들였다. 요셉은 몸과 복장을 가다듬고 임금 앞에 나타났다. 바로는 자기의 꿈을 해몽하는 사람이 하나도 없다는 말을 하면서, "네가 꿈을 해석한다는 말을 내가 들었다. 내 꿈을 해석해 보겠느냐?"고 하였다. 요셉은 겸손하였다. "꿈을 해석하는 것은 내가 아닙니다. 하나님께서 폐하께 좋은 대답을 주실 것입니다." 하고 대답했다. 그러자 바로는 자기가 꾼 그 두 가지 꿈을 말했다.

요셉은 당당하게 거침없이 해몽을 했다. 꿈이 둘이지만 사실은 한 가지를 말하는 것이라고 하면서, 앞으로 7년에 걸쳐 풍년이 올 것이고, 이어서 7년의 흉년이 올 것을 보여주는 것이라고 해석했다. 그리고 주를 달았다. 그것은 하나님께서 앞으로 하시려는 것을 임금께 보여주시는 것이니, 거기에 대비하셔야 한다고 의견을 제시했다. 즉 총명하고 슬기로운 사람 하나를 택하여 애굽 전역을 다스리게 하고, 많은 감독관들을 세워서, 풍년 동안에 해마다 생산된 곡식 5분의 하나를 나라에 바치게 하여, 저장해 두었다가, 다가올 흉년 때를 위한 비축 양식을 삼아야 한다는 안을 제시했다. 그래야 흉년으로 인해서 나라가 망하는 일이 없을 것이라고 경고했다.

교훈

1. 사랑하는 부모와 고향을 잃고 졸지에 타국에서 노예 신세가 된 요셉은 그 고난 속에서 야훼 하나님을 더욱 붙들게 되었을 것이고, 특

히 감옥살이 2년 여에 하나님과의 교통이 더욱더 밀접해졌을 것이다. 요셉에게 있어서 그 모든 고통은 고통으로 끝난 것이 아니라, 하나님을 가까이 하고, 하나님을 더욱 더 많이 알고, 하나님의 지혜와 능력을 얻는 축복의 경지에 들어간 것으로 보인다. 바로의 신하들의 꿈을 해몽한 것도 그렇고, 이제 바로의 꿈을 시원스럽게 해몽한 것도, 요셉의 말대로 자기의 능력으로써가 아니라, 그와 같이 계시고 그를 지배하시는 하나님이 가르쳐주시는 것으로 느꼈던 것이다. 하나님을 가까이 하는 자가 받는 축복이 그런 것이다.

2. 하나님은 애굽 왕에게 두 개의 비슷한 꿈을 통해서, 그 나라에 일어날 풍년과 흉년을 확실하게 예고하셨다. 하나님은 이스라엘만 간섭하시는 분이 아니라, 이방 나라 애굽, 아니 모든 인간 사회를 간섭하시는 분이라는 것을 보여준다. 그리고 요셉을 통하여 애굽 나라가 해야 할 일을 알려주시기까지 하신 하나님이시다. 앞으로 애굽에서 선민 이스라엘이 400여 년을 살아야 하기 때문에, 그 서곡(序曲)으로서의 사건에 하나님의 특별 간섭이 있었다고 볼 수도 있지만, 사실 하나님은 만민의 하나님이시고 모든 역사의 주인이신 것이 사실이다.

3. 결국 하나님을 믿는 사람 요셉은 애굽 나라의 운명을 좌우할 수 있는 중대한 지침을 바로에게 줄 수 있었다. 신앙인은 그 자신이 하나님의 축복을 받을 뿐 아니라, 그 주변에 행복을 가져온다. 아니 많은 사람에게 축복을 가져다 주는 사람이 되어야 한다. 그것이 하나님의 선민을 택하시는 목적이다. 하나님은 모든 인간을 사랑하시므로, 택한 사람을 통하여 주변의 다른 사람들에게 축복이 돌아가게 하시는 것이다.

요셉이 애굽의 총리가 되다(41:37-57)

해설

바로의 꿈을 해몽한 사람은 요셉뿐이었기에, 자연히 바로는 요셉에게 마음이 쏠렸다. 바로는 요셉 속에 하나님의 영이 계시다는 사실을 알았기 때문이었다. “하나님이 너에게 이 모든 것을 보여주셨으니, 너만큼 판단력과 슬기가 있는 사람이 어디 또 있겠느냐?”고 하면서, 요셉을 그 나라의 제 2인자로 삼았다. 요셉에게 자기의 옥새(玉璽) 반지를 내어주고, 왕족만 입는 세마포 옷을 입히고, 특별한 총애를 나타내는 금 사슬을 목에 걸어주었다. 요셉에게 전권을 맡기고, 그에게 복종할 것을 온 국민에게 명령했다. 그리고 요셉에게 애굽 이름을 주며 차프나트파네아흐*(צָפְנַת פַּעְנֵחַ)라 불렀다(41:45). 제정(祭政) 일치 시대이기에, 온에 있는 신당(神堂)의 제사장 보디베라는 또 하나의 실세(實勢)였는데, 바로는 그 제사장의 딸 아세나트*(אָסְנַת)를 요셉과 결혼하게 했다. 이렇게 해서 요셉은 일약 온 애굽을 다스리는 총리가 되고, 명예와 권세의 극치를 누리게 됐다. 그때 요셉은 나이가 30의 약관이었다.

요셉은 애굽 총리로서의 업무를 충성스럽게 수행했다. 풍년 시기에 곡식을 거두어들여서 창고에 비축하였다. 비축 양식이 너무도 많아서 그 양을 이루 헤아릴 수가 없을 정도였다.

풍년 시기에 요셉의 가정에는 경사가 있었다. 아들 둘을 연거푸 낳았다. 요셉은 첫째 아들을 낳자, 하나님께서 자기가 당하는 모든 곤경과 자기 아버지 집을 잊게 해주셨다는 뜻으로, 므낫세라고 불렀다. 둘째를 낳자, 이 불행한 땅에서도 자기를 풍족하게 해 주셨다는 뜻으로, 에브라임이라고 불렀다.

풍년이 지나고 7년의 흉년이 닥쳤다. 애굽의 온 국민이 울부짖었다. 요셉은 비축미를 풀어서 애굽인들에게 팔았다. 그뿐 아니라 온 천하에 심한 기근이 퍼져 있었기 때문에, 온 천하가 양식을 사려고 애굽으로 몰려들었다.

교훈

1. 요셉은 자기의 해몽의 능력이 하나님께로부터 왔다는 것을 확실하게 보였기 때문에, 바로는 그 사실을 인정하였고, 하나님의 영이 요셉 안에서 작용하고 있다는 것을 확실히 알았다. 많은 경우 인간은 자기의 힘과 지혜를 나타내려고 하나님을 음폐(陰蔽)하려는 경향이 있는데, 요셉은 자기를 숨기고 하나님을 내세웠다. 그렇지 않았다면 바로가 하나님의 영이 요셉에게 작용하고 있다는 것을 알 리가 없었을 것이다.

2. 하나님은 당신을 높이고 그의 영광을 드러내는 사람을 사랑하시고, 세상에서도 복을 받게 하시고, 권세를 누리게도 하신다. 요셉의 경우가 그 사실을 잘 증명하고 있다. 애굽이라는 큰 나라의 총리가 된다는 것은, 자국인으로서도 지극히 어려운 일이다. 그런데 하물며 외국인이 내국인을 다 물리치고 총리가 된다는 것은 절대로 사람의 힘이나 꾀로 된 것이 아니다. 전능자 하나님께서 그의 놀라운 지혜와 능력으로 이루신 쾌거라고 보아야 한다.

3. 하나님은 바로에게 보이신 꿈을 추호도 어김없이 그대로 실현되게 하셨다. 하나님의 계획이 조금도 빗나가지 않고 잘 실시되었다. 즉 칠 년의 풍년이 생기고, 또 이어서 칠 년의 흉년이 오게 하심으로써, 하나님의 권능과 그의 신빙성을 나타내 주셨다. 그것은 선민 이스라엘을 향한 약속이 아니라, 이방 나라를 향한 하나님의 약속이었다. 즉 하나님은 인류 역사 전체의 주인으로서, 일정한 계획이 있으며, 그 계획에 의하여 모든 나라를 운영하고 계신다는 말이다.

4. 물론 이 사건은 선민 이스라엘 역사의 연장선상에서 해석되어야 할 것이다. 요셉이 애굽에서 출세하고, 애굽에 비축미가 쌓이고, 인근 나라들이 기근이 듦으로써, 야곱의 가정이 애굽으로 이주하는 사건이 일어나게 되고, 거기서 출애굽 사건이 생기는 등, 모두가 이스라엘 역사의 서곡인 동시에 부분들이다. 하나님은 인류 역사를 주관하시는 동시에, 그 중에서도 선민을 기르시고 사용하신다는 하나님의 신비한 사역을 우리가 감지할 수 있다.

5. 하나님의 사람 요셉을 통하여 애굽이 축복을 받았고, 애굽으로 인해서 인근의 많은 나라 백성이 기근을 면할 수 있었다. 하나님의 사람의 존재의 이유와 목적이 여기에 있다. 즉 요셉 자신이 하나님의 축복을 받는 동시에, 애굽 나라 전체가 축복을 받고, 또 나아가서 많은 동료 인간들에게 축복이 돌아가게 하려는 것이다. 크리스천이 존재하는 목적이 바로 그런 것이다. 선한 일을 하여 하나님을 영화롭게 하는 동시에, 주변의 모든 사람에게 기쁨과 평안과 행복을 끼쳐야 하는 것이다.

요셉의 형제들이 애굽으로 가다(42:1-25)

해설

야곱은 한 가정의 가장으로서, 기근으로 굶어 죽을 지경에 이른 자기 가정을 수수방관할 수가 없었다. 애굽에는 곡식이 풍족하고, 많은 나라 사람들이 양식을 구하러 그리로 간다는 소문을 듣자, 자식들을 불러모으고 지시를 내렸다. "우리가 죽지 않고 살아남아야 하니, 애굽으로 가서 양식을 구해 오너라." 열한 아들 가운데 막내인 벤야민*은 떼어놓고 열 형제만을 보냈다. 이미 고인이 된 사랑하는 아내 라헬에게서 얻은 두 아들 가운데 요셉을 잃은 야곱이, 남은 아들 벤야민*까지 잃을 까 염려가 되어서 취한 조치였다. 야곱이 가나안에서 살면서 하나님의 축복으로 부자가 되어 있었지만, 기근을 막아낼 재간은 없었고, 돈이 있어도 먹을 것이 없으니, 결국 굶어 죽어야 할 형편이었다.

요셉은 지혜 있는 총리로서 7년 풍작 때 많은 곡식을 저장하였다가, 자기 나라 백성에게는 물론, 다른 나라에서 곡식을 구하러 온 사람들에게도, 양식을 팔아서 국고를 더욱더 윤택케 하고 있었다. 여러 나라에서 양식을 구하러 온 사람들이 장사진을 이루고 있었는데, 그 중에 야곱의 열 아들도 들어 있었다. 그들의 차례가 되자 요셉 앞에 나와서 이마를 땅에 대고 절을 했다. 필수품을 얻으려는 자들이, 주는 자 앞에서 취할 수밖에 없는 어쩔 수 없는 태도였다. 요셉이 꾼 꿈이 우선 여기서 이루어졌다.

요셉은 일견에 그들이 자기 형들이라는 것을 알아보았다. 그의 형들은 화려하게 차려입은 애굽의 젊은 총리가 자기들의 동생일 것이라는 기대를 전혀 하지 않았었기 때문에, 그리고 요셉이 일부러 음성을 바꾸고, 또 얼굴을 가리고 그들을 대했을 수도 있기 때문에, 요셉을 알아보지 못했다. 요셉은 일부러 사나운 말씨를 가지고 그들을 대하며, 그들을 신문했다. 그들의 신분과 출신을 물었다. 형들이 가나안으로부터 양식을 사러 왔다고 사실대로 말을 했지만, 요셉은 그들을 정탐꾼들이라고 몰아붙였다. 그들은 극구 부인하며, 자기들은 한 아버지의 아들들로서 정직한 사람들이라고 변명을 늘어놓았다. 그래도 요셉은 계속 그들을 정탐꾼으로 낙인을 찍었다. 그러자 형들은 좀 더 자세하게 가정의 역사를 털어놓았다. 즉 열 두 형제가 있었는데, 한 사람은 없어졌고, 막내는 집에 남겨두고 왔다고 실토했다. 요셉은 그 말을 듣고서도, 그냥 그들을 스파이로 몰아세우며, 그 막내를 데려오지 않으면, 그들은 집으로 돌아갈 수 없을 것이라고 하며 바로의 이름을 걸고 맹세하며 협박을 했다. 그들 중의 한 사람이 가서 막내를 데려올 것이고, 나머지는 감옥에 갇혀 있어야 한다는 것이었다. 그들이 스파이가 아니라는 것을 증명할 길은 그것뿐이라고 했다. 그리고는 그들을 사흘 동안 감옥에 가두어 두었다.

사흘째 되는 날 요셉이 형들을 불러서 수정안을 제시했다. 자기는 하나님을 두려워하는 사람이라고 전제하고, 이렇게 하면 살 수 있다고 했다. 즉 그들 중의 하나만 감옥에 갇혀있고, 아홉은 양식을 가지고 돌아가는데, 가서는 반드시 막내 동생을 데리고 와야 한다는 것이었다. 그러면 스파이가 아니라는 것이 증명되고, 그들이 죽지 않을 것이라고 말했다. 형들은 그 제안을 수락했다. 그리고는 자기들이 요셉을 대상(隊商)에게 팔아넘길 때 그 애결복결하는 동생의 아픈 마음을 헤아리지 않은 죄로 자기들이 지금 그런 마음 고통을 당한다고 서로 이야기하면서 뉘우쳤다. 그때 요셉이 통역을 세워서 말을 하고 있었기 때문에, 요셉은 히브리말을 알아듣지 못하는 줄 알고, 르우벤이 동생들에게 말했다. "내가 그 아이에게 해코지하지 말자고 했는데, 너희들이 내 말을 듣지 않아서, 그만 우리가 그의 피 값을 받고 있는 것이다." 그 말을 들은 요셉은 더 이상 참을 수가 없어서, 그들을 떠나 나와서 울었다. 그리고는 그들에게 돌아가서 야곱의 둘째 아들 시므온을 뽑아내어, 모두가 보는 앞에서 그를 묶었다. 그리고는 부하들에게 일러서 그들의 곡식 자루에 곡식을 담게 하고, 그들이 낸 곡식 대금을 다 그 자루에 넣게 한 다음, 그들이 돌아가는 도중에 먹을 양식까지 챙겨 주도록 했다.

교훈

1. 기근으로 말미암아 많은 사람들이 고통을 당하고, 야곱의 가정 역시 예외가 아니었지만, 그 재난은 오히려 야곱과 요셉에게 있어서, 재회

의 기회를 가지게 하는 절묘한 사건이었다. 그 기근이 아니었다면 그들이 다시 만날 수 없었을지 모른다. 하나님의 놀라운 섭리를 여기서 볼 수 있다.

2. 하나님께서 요셉에게 보였던 꿈은 이루어졌다. 우선 열 형제가 요셉 앞에 무릎을 꿇고 절을 했다. 요셉의 형들이 꿈에도 상상하지 못했던 일, 결코 그런 일이 없으리라고 장담한 일이, 일어난 것이다. 사람의 생각이 얼마나 근시안적이라는 것, 그리고 불가능을 가능케 하시는 하나님의 초월적 능력을 여기서 볼 수 있다.

3. 요셉이 형들을 스파이로 몰 때, 형들은 자기들이 정직한 사람들이라고 말했다. 인간은 많은 거짓을 저지르고, 거짓을 말하면서도, 정직하다고 또 거짓말을 한다. 인간의 간사함과 거짓됨을 도처에서, 아니 우리 안에서도 볼 수 있다.

4. 요셉의 형들이 궁지에 몰리자, 드디어 어느 정도 사실을 실토했다. 그러나 사실 전모를 털어놓은 것은 아니었다. 곧 그들이 열두 형제였다는 것, 막내 동생이 집에 남아 있고, 또 하나는 없어졌다는 정도로 대충 설명했다. 곧 자기들의 잘못을 깨닫지 못하고, 뉘우치지도 않는 태도였다. 사람은 자기의 죄와 잘못을 인정하지 않으려고 하며, 할 수만 있으면 숨기려고 한다. 그것이 타락한 인간의 태도이다.

5. 요셉은 형들에 대한 분노를 가지고 있다. 애굽 왕 바로의 이름으로 형들을 징계했다. 스파이라는 명목으로 그들을 삼 일 간 감옥에 가두었다. 그들 중의 한 사람이 가서 막내 동생을 데려오기 전에는 그들의 정직성을 판명할 도리가 없으니, 사흘 간 감옥에서 잘 생각하여, 누

가 가서 동생을 데려올 것인지를 결정하라고 기회를 준 것이다. 죄를 감추고 있는 사람들에 대한 당연한 징계라고 보아도 될 것이다.

6. 사흘 후에 요셉은 보다 후한 조치를 취하기로 결정했다. 요셉도 그 사흘 동안 많은 생각을 하였을 것이다. 더 좋고 현명한 방법을 연구했을 것이다. 하나님을 믿는 사람으로서(42:18), 보다 건설적인 방안을 찾아낸 것이다. 사흘 전에는 보통 인간적인 지혜에서 나온 판단을 했었지만, 이제는 하나님 앞에서 기도하며 생각해 낸 새로운 안을 들고 나온 것이다. 여러 면으로 자비로우며, 건설적인 방안이었다. 아홉 사람을 감금하는 대신 한 사람을 구금함으로써, 자기 형들과 아버지의 걱정을 그만큼 덜 수 있는 길이고, 기근으로 고생하는 아버지와, 또 열 아들을 기다리는 아버지를 생각해서, 하루 빨리 형들이 양식을 가지고 돌아갈 수 있게 하려는 것이었다. 게다가 양식 값을 받지 않고 돌려보냄으로써, 아버지 집을 도우려는 생각도 있었을 것이다. 그렇게 후한 조치를 함으로써, 쌍방이 더 많은 이득을 얻을 수 있었다고 본다. 하나님을 공경하는 사람은 믿음 안에서 보다 현명한 길을 찾아야 하고, 또 찾을 수 있다.

7. 요셉의 새로운 제안은 형들의 걱정을 10분의 하나로 줄인 셈이다. 그러나 그의 형들은 자기들 중의 하나가 인질로 남아야 한다는 생각을 할 때, 각각 마음이 착잡했을 것이다. 누가 인질이 될 것이냐 하는 문제였다. 거기서 그들은 자기들의 잘못을 느끼기 시작했다. 자기들이 범한 죄 값을 스스로 받는다는 생각을 했다. 동생을 괴롭힌 죄 값이 바로 자기들에게 떨어졌다는 것을 느낀 것이다. 사람은 이렇게 자기에게 재난이 닥칠 때 어느 정도 자신의 죄를 깨닫기 시작한다.

8. 지혜로운 요셉은 착잡한 자기의 감정을 억제하고, 냉정한 마음으로 계획을 수행했다. 보다 더 좋고 큰 결과를 위해서, 당장에 느끼는 감정을 억제할 줄 아는 요셉이었다. 자제(自制)의 능력을 가진 요셉의 모습을 볼 수 있다. 자기의 감정을 조절할 줄 아는 것이 지혜로운 자의 한 면모이다.

요셉의 형들이 가나안으로 돌아가다(42:26-38)

해설

요셉의 아홉 형, 곧 시므온을 제외한 아홉 사람은, 요셉의 부하들이 내어주는 양식 자루들을 나귀에 싣고 착잡한 마음으로 가나안을 향하여 길을 떠났다. 시므온을 인질로 남겨놓고 떠나는 심정은 고통스러운 것이었다. 반대로 아홉이 인질로 잡혀 있을 뻔했다가 풀려난 기쁨은 컸을 것이다. 스파이로 몰리던 자들이 양식을 얻어 가지고 돌아가게 된 것을 천만다행으로 생각했을 것이다. 이런 희비(喜悲)가 뒤섞인 감정을 가지고 하룻길을 가서 여인숙에 들었을 때, 나귀에게 여물을 주려고, 그 아홉 중의 하나가 자루를 풀어보았더니, 그 자루 안에 그가 양식값으로 요셉에게 지불했던 돈이 고스란히 들어있는 것이었다. 그 보고를 받은 형제들은 넋을 잃고, 떨면서 서로 말했다. "어쩌자고 하나님이 우리에게 이렇게 하셨단 말인가?" 그들은 안절부절못하였고, 앞으로 될 일이 한심하고 막막하게 느껴졌을 것이다.

마침내 집에 이르러 아버지 야곱에게 자초지종 보고를 드렸다. 애굽의 실권자(요셉)를 만나서 그와 대화한 내용을 소상히 아뢰었다. 한 사람이 인질로 남아야 한다는 것, 남은 사람들은 양식을 가지고 돌아가되, 막내 동생을 데리고 가야만, 자기들이 스파이가 아니고 정직한 사람들이라는 증명이 되리라는 것, 그렇게 되면 계속 거래를 할 수 있다는 조건부라는 것을 말씀드렸다.

아홉 아들들이 그들의 곡식 자루를 풀었더니, 그들이 각기 곡식 대금으로 지불했던 돈 뭉치가 그대로 자루에 들어 있는 것이 아닌가. 그들은 어쩔 줄을 몰랐다. 야곱은 앞이 캄캄해지는 것을 느끼며 한탄했다. 아들 셋을 잃어야 하는 신세타령을 하는 것이었다. 어떻게 이런 일이 자기에게 일어난단 말인가 하며 애통해했다. 그러자 르우벤이 맏아들답게 앞장을 섰다. 벤야민*을 자기에게 맡겨 달라는 것이었다. 꼭 데리고 돌아오겠다고 장담을 하였다. 그렇지 않거든 자기의 두 아들을 죽여도 좋다고까지 맹세를 했다. 야곱은 르우벤의 맹세의 말을 듣고도 선뜻 허락하지 않았다. 벤야민*의 형이 이미 죽었고, 그 홀로 남았는데, 그마저 죽으면, 결국 야곱 자기는 슬퍼서 죽게 될 것이라고 하면서, 벤야민*을 데리고 가는 일을 극력 반대했다.

교훈

1. 시므온이 인질로 붙들려 있고, 남은 아홉 사람이 요행히 풀려서 집으로 돌아올 뿐 아니라, 기근으로 고생하는 가족을 우선 살릴 수 있는 양식을 사 가지고 가게 된 것을 불행 중 다행으로 여기고 있었을 것이다. 그러나 양식 값으로 치른 돈이 고스란히 자기들 자루에 담겨 있는 것을 발견한 그들은, 그것이 어찌 된 영문인지 알 수 없어서 당황해하는 동시에, 아직 요셉의 정체를 알지 못하는 그들로서는, 그것이 자기들에게 재난의 자료가 되면 됐지, 길조라고는 볼 수 없었을 것이다. 즉 자기들이 스파이요, 정직하지 못 한 사람들이라는 누명을 더 확실하게 쓸 수밖에 없는 자료가 된다고 생각했을 것이다. 그래서 그들은 다시 자기들의 죄를 생각하며, 하나님께서 그들의 피할 길을 막으신다고

생각했던 것이다. 사실인즉 요셉이 한 일이지만, 그들은 하나님께서 그들의 죄 값으로 그들을 궁지로 몰아넣은 것으로 느꼈던 것이다(42:28). 곧 죄를 지은 자의 불안감을 말해 주는 것이다.

2. 르우벤의 말은 신빙성이 없는 것이었다. 자기가 사명을 수행하지 못하는 경우 자기 아들 둘을 죽여도 좋다는 말은 끔찍하고도 상식에 어긋나는 말이었다. 자기가 잘못 했다고 남의 생명, 그것도 자기 자식의 생명을, 그것도 하나가 아니라 둘이나 죽일 각오를 한다니 말이 안 되는 것이다. 할아버지가 자기 손자를 죽인다는 것이 말이 되는가? 있을 수 없는 공수표에 불과한 것이다. 허황한 것을 전제로 하고 무슨 참된 해결이 있을 수 있겠는가? 가능하고 전실된 것을 바탕으로 하고도 될까 말까 하는 일인데, 어떻게 불가능한 일을 근거로 하고 일을 추진할 수 있는가 말이다. 여기서 우리는 르우벤의 허풍을 볼 수 있다. 그것이 역시 우리들 인간의 한 면모이다.

3. 기근은 계속될 것이고, 그 기근에서 살아남기 위해서는 애굽으로 가서 요셉을 꼭 만나야 하고, 그에게서 곡식을 사와야만 하는 것인데, 그렇게 되려면 반드시 벤야민*을 데리고 가야 한다. 그러나 야곱은 결사적으로 벤야민* 대동하는 것을 막고 있으니, 해결책이 없었다. 요셉의 형들은 아직 정직하지 못했다. 아버지를 속이고 있으며, 동시에 요셉을 속이고 있다. 아니 하나님을 속이고 있는 셈이다. 거짓과 속임이 있는 동안, 언제나 불안하고, 사건의 해결이 생기지 않는 법이다. 말로는 하나님을 운운하면서도(42:28), 회개는 하지 않고, 행실은 거짓된 대로 있으니, 문제가 해결될 리가 없다. 그래서 야곱의 가족 모두에게 짙은 먹구름이 계속 끼어 있는 것이었다.

요셉의 형들이 벤야민*을 데리고 애굽으로 가다(43:1-34)

해설

기근은 계속되었고, 얼마 전에 애굽에서 사온 양식은 바닥이 났으니 조만간 굶어 죽어야 할 형편이었다. 참고 또 참고, 결단을 내리지 못하고, 차일피일 많은 시간을 보냈다. 아무리 궁리를 해도 그 난국을 타개할 길은 애굽으로 다시 가서 양식을 사오는 길밖에 없었다. 애굽에 인질로 잡혀 있는 시므온을 살려내어야 하고, 양식을 더 사와야만 온 식구가 연명할 수 있기에, 어쩔 수 없이 야곱은 아들들에게 양식을 구하러 다시 애굽으로 가라고 명령을 내렸다. 그때 넷째 아들 유다가 나섰다. 전번에는 르우벤이 터무니없는 제안을 했고, 그 안은 묵살을 당했지만(42:37), 이번에는 유다가 진심으로 그리고 타당한 제안을 했다. 애굽 총리가 벤야민*을 꼭 데리고 오라고 했고, 그를 데리고 오지 않으면 자기 얼굴을 볼 생각을 말라고 했으니, 양식을 사 가지고 오려면 벤야민*을 데리고 가야만 한다고 하였다. 야곱은 답답한 마음으로, “어쩌자고 동생이 또 있다는 말을 해 가지고, 나에게 이 고통을 주느냐?” 고 분통을 터뜨렸다. 그때 유다가 그럴 수밖에 없었던 경위를 말한 다음, 아버지에게 제안을 했다. “벤야민*을 데리고 가게 해 주십시오. 그래야 아버지와 우리와 우리 가족이 죽지 않고 살 수 있습니다. 나 자신이 담보가 되겠습니다. 내가 벤야민*을 데리고 돌아오지 못 한다면, 영원히 나 자신이 그 죄 값을 받겠습니다. 이렇게 망설이고 있는 동안에 시간만 허비했습니다. 두 번이나 갔다 올 수 있는 시간이 흘렀습니다.”

다른 길이 없었다. 야곱은 동의할 수밖에 없었다. 생존을 위하여 더 이상 참을 수가 없었다. 이제 야곱은 최선의 결과를 얻기 위해서 제안을 했다. 우선 좋은 선물을 가져가라는 것, 전번에 산 곡식과 이번에 살 곡식 값을 가지고 갈 것, 그리고 벤야민*을 데리고 가라는 것이었다. 끝으로 '전능자 하나님'(<엘 샤따이> אֵל שַׁדַּי)의 자비에 의탁했다(43:14). 애굽의 총리의 마음을 움직여 벤야민*과 시므온을 돌려보낼 수 있는 것은 하나님의 능력뿐이라고 믿는 야곱이었다. 사람이 할 일을 다 했고 이제는 전능자에게 그 결말을 의탁했다. 야곱의 아들 열 형제가 드디어 애굽으로 내려가서 요셉 앞에 섰다.

요셉은 십여 년 만에 친동생 벤야민*을 보게 됐다. 그리고 자기 집 청지기에게 명하였다. 그 사람들과 함께 집에서 점심 식사를 같이 할 터이니, 그들을 자기 집으로 모셔들이고, 짐승을 잡고 식사를 준비하라는 것이었다. 청지기가 요셉의 명령대로 준비를 하고 그들을 요셉의 집으로 데려갔다. 요셉의 형제들은 총리의 집으로 가면서 생각했다. 결국 전 번에 곡식 자루에 들어 있던 돈 때문에, 총리가 우리에게 죄를 씌우고, 자기들을 노예로 삼으려는 것이라고 생각하여, 총리 집 문 앞에서, 청지기에게 그 돈에 대한 사실을 털어놓았다. 돈이 어째서 자기들의 곡식 자루에 들어 있는지를 전혀 모른다는 것과, 이제 그 갑절을 가지고 곡식을 사러 왔다는 사실을 말했다. 그러자 청지기는 그들더러 안심하고 두려워하지 말라고 하며, "당신들의 하나님, 당신들의 아버지의 하나님이 당신들을 위하여 당신들의 자루에 보화를 넣어주신 것이 틀림없소. 나는 당신들의 돈을 다 받았소." 결국 그들이 낼 것을 다 냈고, 자기가 받을 것을 다 받았으니, 그들의 부채가 없다는 것이었다. 그러고 나서 인질로 잡혀 있던 시므온을 데려 내왔다. 그리고는 그들을 총리 관저로 데리고 들어가서, 물을 마시게 하고, 발 씻을 물을 내주고, 나귀들에게도 여물을 주었다. 총리가 낮에 같이 식사하기 위해서 나온다고 하기에, 그들은 가지고 온 선물을 준비하고 기다렸다.

요셉이 나타나자 그들은 선물을 내놓으며, 그 앞에 엎드려 절을 했다. 그러자 요셉은 그들의 아버지에 대해서 문안을 했다. 그리고 그들은 아버지가 안녕하시다는 대답을 하고 다시 고개를 숙여 인사를 했다.

요셉은 자기의 친동생 벤야민*을 보고는, "당신들이 말한 막내 동생이 바로 이 사람이요? 하나님이 너에게 자비를 베푸실지어다!"라고 말하였다. 그립던 동생을 만난 기쁨과 감격을 주체할 수 없어서, 밖으로 나와 울음을 터뜨렸다. 울다가 멈추고 마음을 진정시킨 후에, 세수를 하고 자제하면서 다시 들어갔다. 그리고 음식을 내오라고 명령을 내렸다. 요셉의 상을 따로 차렸고, 그의 형제들을 위해서 딴 상을 차렸다. 그 밖의 다른 애굽인들은 또 다른 상에서 먹었다. 애굽인들이 히브리인과 같이 식사하는 것이 허용되지 않은 것 때문이었다. 요셉의 형제들의 좌석이 지정되어 있었다. 그들은 자기들의 좌석 순서가 정확하게 연령순으로 되어 있는 것에 놀랐다. 그리고 요셉의 상에서 음식을 가져다가 그의 형들에게 분배하는데, 벤야민*에게는 다른 형들의 다섯 배의 음식을 내려 주는 것이었다. 그들은 요셉과 함께 즐거운 식사를 하였다.

교훈

1. 르우벤의 제안과 유다의 제안은 근본적으로 차이가 있었다. 벤야민*을 애굽으로 데리고 갔다가 안전하게 데리고 오지 못 할 경우에, 르우벤은 자기의 두 아들을 죽여도 좋다는 것이었으니, 자기가 져야 할 책임을 남에게 전가하는 어리석음과, 자기의 아들을 둘이나 죽여도 좋다는 끔찍한 발상은 인륜을 벗어난 것이었다. 그러나 유다는 모든 책임을 자기 스스로가 지겠다는 것이니, 매우 훌륭한 제안이었고, 이치에 맞는 책임감 있는 제안이었다.

2. 야곱은 위기를 타개하기 위해서 인간으로 할 일을 다 했다. 가장 좋은 선물을 애굽 총리에게 보내기로 했고, 꼬인 문제를 풀기 위해서 정당한 해결책을 강구했다. 곧 전번 곡식의 대가를 마땅히 반환하기로

한 것이다. 그리고 어쩔 수 없지만 위험을 무릅쓰고 벤야민*을 딸려 보낸 일이다. 이렇게 사람으로서 할 일을 다 한 후에, 전능자이신 하나님께 최종적인 해결을 위탁했다. 즉 아무리 선물을 바치고, 곡식 값을 돌려주고, 약속대로 벤야민*을 데려다 놓아도, 총리의 마음을 동하게 하는 것은 사람이 할 수 없는 일이라고 본 것이다. 즉 전능자 하나님만이 총리의 닫힌 마음을 열어서 자비를 베풀 수 있다는 신앙이 있었다. 야곱은 그런 신앙으로 용단을 내렸던 것이다.

3. 자기들은 곡식 값을 치른 것이 분명한데, 그 돈 뭉치가 고스란히 자기들의 곡식 자루에 넣어져 있다는 것은 수수께끼가 아닐 수 없었다. 결국 야곱의 아들들은 자기들을 노예로 삼기 위한 애굽인들의 음모와 술수가 아닌가 하는 의심을 가질 수밖에 없었다. 그래서 자기들의 진심을 그 청지기에게 밝히고 변명할 수밖에 없었다. 그러나 청지기의 말에 의하면, 자기가 곡식 값을 받은 것이 사실이고, 깨끗이 청산이 되었기 때문에 채무관계가 전혀 없다는 것이었다. 다만 하나님 곧 야곱의 하나님께서 그들의 곡식 자루에다가 보화(寶貨)를 넣어주신 것이 분명하다는 설명이었다. 그 말을 듣고서야 그 형제들의 마음이 풀렸을 것이다. 즉 그들의 모든 행동 배후에서 하나님이 역사하셨다는 것을 느꼈을 것이다. 요셉 집의 청지기가 하나님의 이름을 들먹이면서 그런 대답을 한 것으로 미루어 볼 때, 요셉의 집의 신앙적 분위기를 짐작할 수 있다. 즉 요셉은 야훼 하나님을 믿는 신앙생활을 유지한 것으로 보이며, 심지어 그의 청지기마저 그런 신앙을 가지게 된 것은, 요셉의 가정의 하나님 신앙이 얼마나 돈독하였는가를 짐작하게 한다.

4. 야곱의 아들들이 애굽 총리의 집에 들어가기 전에, 인질로 잡혀 있던 시므온이 풀려서 형제들을 만났다. 그들의 기쁨이 얼마나 컸을까

생각해 보라. 그리고 그들이 총리의 집으로 들어서자, 목마른 그들에게 물을 마시게 하고, 귀한 손님을 대하듯이 발 씻을 물을 주어 발을 씻게 하고, 심지어 나귀들에게도 먹을 것을 내주는 환대를 하는 것이었으니, 그들은 귀빈의 대접을 받는 영광을 차지하고 있는 것이었다. 한 나라의 총리의 대접을 받는 것이 그렇게도 융숭하고 기쁜 것이라면, 하나님 앞에서 우리가 그의 환영을 받는 영광은 얼마나 크고 기쁘고 놀라운 것이겠는가!

5. 요셉이 집으로 들어서자 그를 기다리던 형제들은 그 앞에 엎드려 절을 했다. 다시금 요셉의 꿈이 이루어지는 순간이었다. 하나님의 계획은 여지없이 그리고 확실히 이루어지는 법이다.

6. 오매불망 그리던 동생 벤야민*을 보는 요셉의 감격이 어떠했을까? 요셉의 입에서 튀어나오는 축복의 말에서 우리는 그의 신앙을 엿볼 수 있다. "하나님이 너에게 자비를 베푸실지어다!"라는 말은 그의 하나님 신앙을 말하는 것이다. 하나님이 자기에게 지금까지 은총과 자비를 베푸신 것처럼, 그 하나님께서 동생 벤야민*에게도 같은 자비를 베푸시기를 기원한 것이다. 그 이상 더 큰 축복이 어디 있겠는가?

7. 편면유리(one way glass)를 통해서 보는 것과 같이 요셉 쪽에서는 모든 사실을 알고 보고 느끼고 있는데, 그의 형제들 쪽에서는 베일에 가려서 요셉의 정체를 보지 못하고 있으며, 요셉이 하는 처사가 모두 이상하기만 하고 불가사의한 것들이었다. 하나님 편에서는 우리의 모든 것을 다 아시고, 만사를 처리하시는데, 우리에게는 수수께끼로 남아 있는 것이 얼마나 많은가 말이다. 베일을 벗기고, 얼굴을 마주보며, 사실을 사실대로 알게 될 때가 오게 될 것이다. 그러나 지금도 형제가

다같이 만나서 잔치하는 기쁨은, 완전한 것은 아니더라도, 기쁜 것은 틀림없다. 요셉이 그리던 열두 형제를 만나서 기쁨을 가졌는데, 우리가 하나님 앞에서 그리던 모든 친척과 친구들을 만나는 기쁨은 얼마나 클 것인가!

요셉이 벤야민*을 볼모로 잡아두다(44:1-17)

해설

요셉은 목표를 가지고 있었다. 그 목표를 이루기 위해서는 목메어오는 격한 감정들을 눌러야만 했다. 자기 집에다 형제들을 불러들여서 잔치를 하면서도, 자기의 정체를 밝히지 않았다. 치밀한 계획을 짰다. 자기가 그토록 사랑하는 아버지와 다른 모든 식구를 무사히 애굽으로 모셔다가 잘 살게 해주려는 것이었다. 그 목표를 이루기 위해서는 아직 몇 고비를 더 넘어야 하는 것이었다. 우선 벤야민*을 볼모로 잡아둘 수 있는 방안을 마련해야만 했다. 그렇게 함으로써 자기 아버지 야곱으로 하여금 애굽으로 올 마음을 먹게 하려는 것이었다. 그런 목표를 세운 요셉은 우선 청지기를 통하여 열한 형제의 곡식 자루에 가득가득 곡식을 담아주고, 각자가 낸 곡식 값을 각자의 곡식 자루 위에 넣게 했다. 그리고 벤야민*의 자루에는 요셉의 은잔(銀盞)까지 넣게 했다. 그리고 이른 아침에 그들을 떠나보냈다. 그들이 떠난 지 얼마 되지 않아서 요셉은 청지기더러 그들을 추격하게 하고, 그들에게 이렇게 말하게 했다. "어째서 당신들이 내 은잔을 훔쳤소? 내가 당신들을 후대했는데, 당신들은 이렇게 악으로 갚는 것입니까? 그것은 내 주인이 쓰는 잔이 아니오? 주인께서는 사실 그 잔으로 점을 치기도 하는데 말이오. 당신들이 그 잔을 훔쳤으니 큰 잘못이오."

청지기가 그들을 따라잡고는, 요셉이 시키는 대로 그들에게 말했다. 그러나 그 말을 들은 형제들은 얼토당토 않은 말을 들었기에, 극구 부인하며 결코 그럴 수가 없다고 잡아떼었다. 그리고 곡식자루를 조사해서, 어느 누구에서든 그 잔이 발견되면, 그 사람을 죽이고, 남은 사람들도 다 총리의 종을 삼아도 좋다고 장담을 했다. 그러자 청지기는, "좋소. 당신들의 말대로, 은잔이 발견되는 사람은 내 종이 될 것입니다. 그러나 남은 사람들은 마음대로 가도 됩니다." 라고 대답했다. 그러자 형제들은 서둘러 곡식 자루를 나귀에게서 내려서 풀었다. 그리고 청지기가 그들의 연령순으로 검색을 시작했다. 마침내 벤야민*의 자루에서 그 은잔이 발견되었다. 그러자 형들은 자기들의 옷을 찢으며 개탄을 했다. 그리고는 허탈을 씹으며 곡식자루들을 다시 나귀에 싣고 요셉의 집으로 되돌아왔다.

그들이 요셉에 집으로 돌아왔는데 그때까지 요셉은 집에 그대로 머물러 있었다. 그들은 또 다시 요셉 앞에 무릎을 꿇고 엎드렸다. 요셉이 열일곱 살 때 꾼 꿈이 또 다시 이루어지는 순간이었다. 요셉은 그들에게 호통을 쳤다. "나만한 사람이면 그 정도의 점은 칠 수 있다는 것을 몰랐소." 하며, 그들이 은잔을 훔친 것을 자기가 점을 쳐서 알 수 있었다는 말을 했다. 그러자 유다가 나섰다. 변명할 길이 없다는 것이었다. 결국 자기들이 죄인이라는 것을 하나님이 잡아내셨다는 것이다. 결국 하나님의 정당한 심판이 자기들에게 떨어졌다는 것을 자백하는 것이었다. 하나님께서 요셉을 통하여 자기들에게 죄 값을 치르게 하신다고 생각한 것 같다. 벤야민*을 비롯하여 모두가 요셉의 종이 되겠다고 나섰다. 그러나 요셉의 대답을 달랐다. 은잔을 훔친 벤야민*만 자기의 종이 되고, 남은 사람들은 다 아버지께 돌아가도 좋다는 것이었다. 이렇게 해서 벤야민*을 볼모로 잡아 두려는 요셉의 계획이 잘 이루어지고 있었다.

교훈

1. 요셉의 형들이 자기들의 동생 요셉을 팔아먹은 죄와, 아버지를 속인 죄는 끈질기게 그들을 괴롭히고 있었다. 죄를 깨닫고 그것을 고백하기 전에는, 그리고 그 죄를 용서받기 전에는 그 죄 값을 언제나 치르면서 살아야 하는 것이다. 그들이 이런 죄를 짓지 않았던들, 요셉을 통해서 오는 위협과 추궁과 추격과 강요 등의 고난을 겪지 않아도 되었을 것이다.

2. 어찌 된 영문인지를 알 수 없지만, 사태는 결국 벤야민*이 도둑으로 몰릴 수밖에 없이 되었다. 야곱의 아들들이 아무리 변명하여도 누명을 벗을 길이 없었다. 그들은 인간의 모든 슬기를 다 짜내어서, 가장 유리하다고 생각되는 길을 걸었지만, 하나님은 그들의 길을 막고 있다는 것을 드디어 느끼기 시작했다. 결국 자기들이 저지른 죄의 대가를 하나님께서 받아내시고 계신다는 것을 느낀 것이다. 결국 자기들의 죄를 아직 솔직히 고백은 하지 않았지만, 그들의 내심에는, 하나님께서 요셉을 통하여 자기들을 응징하고 계시다는 것을 느낀 것이다. 자기들의 죄의 대가로 결국 자기들은 총리의 종이 되는 벌을 받아야 한다는 결론에 이른 것이다(44:16).

3. 만일 유다나 그밖의 형들이 핑계를 대며 자기들의 행동을 합리화하고, 뉘우치는 마음이 없었다면, 요셉의 조치는 달라졌을 수도 있다. 그러나 유다의 말은 요셉에게 어느 정도 감동을 주었던 것 같다. 유다의 신앙적인 사고와 대답이 요셉의 마음을 부드럽게 만든 것 같다. 요셉은 벤야민*만 억류해 두고 다른 형들은 다 자유로 돌아가도록 조치했다. 회개하는 마음은 상대의 마음을 녹이는 힘이 있는 법이다.

벤야민*의 석방을 탄원한 유다(44:18-34)

해설

유다가 열한 형제를 대표하여 총리 요셉에게 탄원을 한다. 전번에 약속한 대로 벤야민*을 데리고 온 경로와, 이번에 벤야민*을 데리고 가지 않을 경우에 아버지 야곱에게 생길 비참한 말로를 감격적으로 묘사하며, 반드시 벤야민*을 데리고 가야만 한다는 내용의 말로써 탄원을 했다. 자기가 대신 남아서 종이 되겠으니, 벤야민*은 다른 형제들과 함께 돌아가게 해 달라고 졸랐다.

교훈

1. 유다는 자기가 책임을 지고 벤야민*을 데리고 오겠다고 아버지에게 약속한 것을 지키기 위해서, 다른 형제들을 대표하여 탄원을 하는 것이었다. 유다는 책임감이 있는 용감한 사나이였다.

2. 유다는 동생 벤야민*을 위해서 자기 자신을 희생하기로 결심을 하고 요셉에게 벤야민*의 석방을 탄원한 것이다. 그만한 희생 정신이 있어야 지도자가 될 수 있으며, 큰 일을 해 낼 수 있을 것이다. 유다의 그 희생 정신이 아니었다면 요셉의 마음이 동하지 않았을 것이다.

(3) 유다는 아버지와의 약속에 충실하려고 한 것뿐 아니라, 아버지를 사랑하는 마음, 곧 그의 효성심을 나타낸 것이다. 늙은 아버지의 애타하는 심정을 잘 읽고 동정하는 효성이 지극한 자식이었다.

요셉이 형제들에게 자신의 정체를 알리다(45:1-28)

해설

형 유다를 통하여 다시 듣는 자기와 자기 가정의 옛 이야기, 그리고 그런 대로 책임감을 가지고 벤야민*의 석방을 탄원하는 형의 모습, 그리고 자기가 죽은 줄 알고 슬퍼하고 있는 아버지, 남은 동생 벤야민*에 대한 특별한 사랑을 가지고 그의 안녕만을 염원하는 아버지를 생각할 때, 요셉은 혈육에 대한 애정의 감정을 더 이상 참고 있을 수가 없었다. 그래서 그의 형제들 외의 다른 시종들을 다 내어보내고, 형제들에게 자기가 바로 요셉이라고 밝히면서 울음을 터뜨렸다. 너무도 큰소리로 울어대기 때문에 궁궐에 있던 사람들이 그 소리를 다 들을 수 있었다는 것이다. 그가 요셉이라는 것을 밝힐 때 그의 형들의 놀람과 당혹은 얼마나 컸을까!

울음을 멈춘 요셉은 형들과 동생을 가까이 불렀다. 그래서 다가선 형들을 향하여 요셉은 자기의 심정을 토로했다. 정체를 알리는 요셉 앞에서, 놀라고 당황해하고 심지어 사색이 되어 있는 형들을 바라보면서 요셉은 차분히 신앙적인 견해를 가지고 그 사건을 해석하며, 오히려 형들을 위로하며 안심시키는 것이었다. 형들이 애굽으로 팔아버린 그들의 동생 요셉이 바로 자기라고 하면서, 그렇다고 이제 와서 그 사건을 생각하며 번민하거나, 자책을 하지 말라는 것이었다. 겉으로 보기에는 형들이 한 일이지만, 사실 하나님께서 생명을 살리기 위해서 미리 자기를 애굽으로 보내신 것이라고 설명했다. 앞으로 기근이 5년이나 더 계속될 것이고, 하나님께서 자기를 통하여 자기 가족과 그밖의 많은 사람을 살리기 위해서, 형들보다 자기를 먼저 이곳에 보낸 것이니, 이것은 하나님이 하신 일이라고 하며, 형들이 번민할 필요가 없다고 위로하였다. 그리고는 어서 빨리 가서 아버지와 다른 가족을 다 데리고 넓은 고센의 곡창지대에 와서, 자기와 가까운 곳에서 살도록 하라고 일렀다. 그가 이런 말을 하고는 친동생 벤야민*의 목을 끌어안고 같이 울었다. 그리고는 형들을 일일이 포옹하고 인사를 나누었다.

총리 요셉의 형제들이 왔다는 소식이 국왕께 보고되었다. 왕과 신하들이 그 사실을 반겼다. 바로는 요셉에게 명을 내렸다. 형들의 나귀에 곡식을 싣고 돌아가서 아버지와 다른 가족을 다 데리고 와서, 애굽의 제일 좋은 땅에서 살도록 하라는 것이었다. 그리고는 별도로 수레들을 가지고 가서 아버지와 다른 식구들을 태워 가지고 오라고 했다.

요셉은 바로의 지시대로 했다. 수레와 곡식을 주었다. 형들에게 옷을 주고, 벤야민*에게는 은 300량과 옷 다섯 벌을 주었다. 그리고 아버지를 위해서는 열 필의 나귀에다가 애굽의 보화들을 싣고, 암나귀 열 필에는 여행에 쓰기 위해서 곡식과 빵과 필수품을 실려서 보냈다. 형들을 돌려보내면서 형들에게 타일렀다. "돌아가는 길에 다투지 마십시오." 여러 가지 다툴 일이 있을 것이 아닌가?

형들이 가나안으로 돌아와서 아버지께 자초지종 보고했다. 요셉이 살아 있다는 것, 게다가 그가 애굽의 총리라는 것을 말했다. 야곱은 믿을 수가 없었다. 그러나 요셉이 한 말을 다 듣고, 애굽에서 가지고 온 그 많은 물건을 보고는 야곱이 생기를 되찾았다. 살아서 요셉을 다시 만날 수 있다는 생각에, 야곱은 마음이 부풀었다. 죽기 전에 어서 가서 요셉을 만나보아야겠다고 하며 그날을 고대했다.

교훈

1. 영의 세계와 하나님은 사람의 눈에 보이지 않기 때문에, 사람들은 5관으로 감지되는 것만을 사실로 알기 쉽다. 그리고 눈에 보이는 물질 세계를 자기들의 계획대로 살아간다. 그러나 현상 세계와 역사 배후

에는 하나님이 계시고, 보다 근본적인 영의 세계가 엄존하며, 사실은 하나님의 장중에서 모든 것이 성사되는 것이다. 아브라함과 그의 자손들이 하나님의 선택을 받고 남달리 살아오고 있었지만, 그 식구들이 누구나 다 하나님의 존재와 그의 섭리를 깨닫고 사는 것은 아니었다. 야곱의 아들들이 산발적으로 하나님을 의식하고 있었지만, 그를 깊이 인식하지는 못하였다. 그러나 요셉은 달랐다. 그가 당하는 많은 역경 속에서, 그는 하나님을 더욱 가까이 하며, 그를 의지하며, 영의 세계와 깊은 교통을 가지고 있었던 것으로 보인다. 요셉에게는 그가 당하는 역경이 오히려 그를 신앙인으로 만들었고, 영의 사람으로 만들었다. 그의 형들은 질투심과 천박한 인간의 감정에 사로잡혀 동생 야곱을 팔아먹고, 아버지를 속이는 죄를 저지르고도, 별로 가책을 받지 않고 사는 것이었다. 그러나 요셉은 그 못된 형들 때문에 그 모진 고초를 당했지만 하나님의 사랑 가운데 크게 출세하였을 때, 영안을 가지고 초월의 세계를 보며, 하나님의 기묘한 섭리와 경륜을 깨달은 것이다. 인간의 생각과는 달리 하나님은 당신의 계획이 있어서, 모든 일을 그 방향으로 선하게 이루어 가신다는 것을 실감하고, 오히려 만족을 느끼고, 자기를 괴롭게 한 형들을 위로할 수 있을 정도로 너그러운 마음을 가지고, 의연한 행동을 할 수 있었던 것이다.

2. 하나님을 사랑하는 자 곧 하나님의 뜻대로 부르심을 받은 사람들에게는, 모든 일이 서로 협력해서 선을 이룬다는 진리가(롬 8:28) 요셉과 그의 가문의 역사에서 잘 드러났다.

3. 하나님의 사람 요셉의 믿음직한 행동과 처사는 자기와 자기 가정은 물론 애굽이라는 큰 나라와 인근의 많은 백성을 살리는 혜택을 끼칠 수 있었다. 믿음의 사람 요셉은 아버지께 큰 효도를 할 수 있었고, 다른

식구들에게도 엄청난 행복을 가져다줄 수 있었다. 하나님을 믿고 그의 자녀가 된 자들의 삶이 요셉처럼 남에게 유익을 주고 평안을 끼치는 것이 되어야 한다는 이치를 여기서 말해 준다.

야곱이 온 가족을 데리고 애굽으로 가다(46:1-27)

해설

야곱은 죽은 줄로만 알고 있던 요셉이 살아 있고, 게다가 애굽의 총리가 되어 있다는 소식을 듣고는 하루 바삐 요셉을 만나보고 싶었을 것이다. 애굽 왕의 특별대우를 받으면서 애굽으로 이주하게 된 야곱과 그의 온 가족은 모든 소유를 이끌고 애굽을 향하여 길을 떠났다. 그러나 야곱은 하나님을 잊지 않았다. 더 빠른 길도 있었지만 브엘셰바*를 거쳐서 가는 길을 택했다. 그리고 거기서 하나님께 제사를 드렸다. 하나님은 밤 환상 가운데 야곱에게 나타나셔서 야곱을 다시 축복하시며 격려하셨다. 옛날 야곱이 하란으로 도망할 때 하나님께서 벧엘에서 나타나 말씀하신 것과 비슷한 내용의 말씀으로(28:13-15), 그리고 아브라함과 이삭에게 주셨던 약속(12:2; 26:24)과 같은 내용으로 축복해 주셨다. 애굽으로 가는 것을 두려워하지 말라는 것, 하나님이 동행해 주시겠다는 것, 다시 그를 가나안으로 데려오시겠다는 것, 요셉이 그의 임종을 지켜보리라는 것을 말씀하시며, 격려하셨다. 야곱은 브엘셰바*를 떠나, 애굽 왕이 보낸 수레를 타고, 그리고 모든 가축과 소유를 다 가지고, 남녀노소 온 가족을 거느리고 애굽으로 이주해갔다.

창세기 저자는 애굽으로 이주한 야곱의 식구 명단을 소개했다. 그 명단의 순서는 먼저 레아가 낳은 아들들과 그 자손 33명, 다음이 레아의 몸종 질바*가 낳은 아들들과 그들의 자손 16명, 다음이 라헬이 낳은 아들들과 자손 14명, 그리고 끝으로 라헬의 몸종 빌하가 낳은 아들들 7명이다. 도합 70명이다. 가나안에서 애굽으로 이주한 사람이 66명, 애굽에서 합류한 요셉의 식구가 4명, 그렇게 해서 도합 70명이었다.

교훈

1. 애굽에서 돌아온 아들들을 통하여 요셉의 소식을 들은 야곱은 우선 놀랐을 것이다. 그러나 다음 순간 하나님의 섭리와 경륜의 손길을 느끼면서 감사하는 마음이 용솟음쳤을 것이다. 어서 요셉을 만나보고 싶은 생각에 정신이 없었겠지만, 그는 하나님과의 올바른 관계를 유지해야 한다는 생각을 잃지 않았다. 지금까지도 하나님의 무한한 축복을 받았지만, 앞으로도 하나님의 축복이 없이는 살 수 없다는 믿음을 가진 야곱이었기에, 유서 깊은 브엘세바*로 내려가서 하나님께 예배드리는 일을 먼저 했다. 하나님께 감사를 드렸을 것이다. 그리고 하나님께 앞날에 대한 간구를 했을 것이다. 그것이 정상적인 삶의 순서가 아니겠는가. 아무리 급하고 바빠도 하나님을 생각하며 그와 관계를 바로 맺는 것이 중요하다.

2. 하나님은 당신을 찾는 자들을 만나주신다. 기도를 들어주신다. 하나님은 야곱의 예배를 받으셨고, 그에게 확신과 격려를 주셨다. 하나님을 믿는 자들과 동행하시는 하나님이시다. 야곱에게 두려워하지 말라고 격려하시며, 같이 계실 것을 약속하셨다. 그 이상 든든한 것이 어디 있겠는가. 하나님이 우리의 편이 되시고, 우리와 같이 계신다면 만사가 그만(Okay)이라는 말이다.

3. 야곱의 식구 70명이 애굽으로 이주했다고 했지만, 그 수에는 여자

들은 들어 있지 않다. 그것은 남존여비(男尊女卑) 풍속을 가진 시대의 계산법이었기에 우리가 이해해야 하지만, 우리가 오늘도 그런 계산법을 사용해서는 안 될 것이다. 하나님의 창조 질서에서는 남자와 여자가 꼭 같은 가치와 존엄성을 가지고 있었기 때문이다. 창세기 저자의 70이라는 수를 사용한 것은 70인이라는 완전 수(7[perfect]x10[complete])를 생각한 것으로 보인다. 즉 하나님의 계획 속에 모든 것이 완전하게 이루어지고 있다는 것을 말하려는 것이었다. 하나님은 모든 것을 완전하게 이루시며, 완성을 향하여 움직이고 계시기 때문이다.

야곱이 고센에 정착함(46:28-47:12)

해설

야곱은 요셉이 일러준 대로 애굽의 고센이라는 지방을 목표로 하고 길을 떠났다. 그러나 고센은 그들에게는 낯선 곳이었기에, 유다를 뽑아 요셉에게 보내어 고센으로 안내해 달라고 했다. 그들이 고센에 안착하자 요셉이 총리 수레를 타고 직접 아버지를 뵈러 갔다. 오랜만에 부자 상봉의 감격스러운 시간을 가졌다. 야곱은 죽은 줄 알았던 아들을 만나보았으니, 이제 죽어도 한이 없다고 하며, 그 동안의 회포를 털어놓았다. 이제 요셉은 바로에게 보고할 일이 남았다. 그래서 형들에게 앞으로의 절차를 지시했다. 앞으로 그들이 바로를 만나게 될 터인데, 바로가 직업을 묻거든 조상 때부터 지금까지 목축을 하는 목자들이라고 대답하라는 것이었다. 그래야 풀이 많은 고센에서 살게 될 것이라고 지시했다. 그리고 애굽 사람들은 목동들을 싫어하기 때문에, 그들과는 거리를 두고 따로 살 수 있을 것이라고 했다.

요셉은 돌아가서 바로에게 보고했다. 자기 아버지와 형제들과 딸린 가족들이 가축들을 다 거느리고 가나안으로부터 와서 고센에 도착했다는 것을 아뢰었다. 그리고 요셉은 형들 중의 다섯 명만을 뽑아서 바로 앞에 내세웠다. 그러자 바로가 그들에게 직업을 물었다. 그들은 요셉이 일러 준 대로, 자기들은 조상 때부터 목축을 하는 사람들이라고 대답했다. 가나안 땅에는 심한 기근 때문에 우양을 먹일 목장이 없어서, 임시로 기류(寄留)하기 위해서 왔으니, 고센에 머물게 해 달라고 요청을 드렸다. 그 말을 들은 바로는 요셉에게 일렀다. 그들에게 가장 좋은 땅을 주어서 살게 하라는 것이었다. 그들이 고센을 원한다면 고센에서 살게 하라는 것이었다. 그리고 형들 중에 목축에 유능한 사람들이 있으면 바로의 가축들을 맡아 기르도록 하라는 것이었다.

요셉은 다음으로 자기 아버지 야곱으로 하여금 바로를 알현(謁見)하게 했다. 그 얼마나 영광스러운 일인가! 야곱은 바로를 만난 자리에서 그 왕을 축복했다. 바로는 야곱의 춘추를 물었다. 우여곡절이 많은 130세를 살았지만, 자기의 선조들에게 비교하면 별로 오래 산 것도 아니라고 대답했다. 그리고 다시 바로를 축복하고 물러 나왔다. 바로의 재가를 받은 요셉은 정식으로 자기 아버지와 형제들에게 가장 좋은 땅을 주어 정착하게 했다. 그 곳이 곧 고센이요 일명 라메세스였다. 주전 13세기에는 그 곳이 라메세스 2세의 수도(首都)가 들어섰다. 요셉은 그의 아버지 일가에게 땅을 얻어 준 것으로 끝난 것이 아니고, 거기서 정착할 수 있도록 만반의 편리를 제공해주었다. 그들은 조금도 부족함이 없는 삶을 살게 됐다. 야훼가 목자이시니 어찌 부족함이 있으랴!

교훈

1. 43:3; 44:18에 뒤이어 여기서도(46:28) 유다가 주도적인 인물로 나타난다. 희생정신과 책임의식을 가진 유다가 지도자가 될 수밖에 없

었다. 후대에 유다 지파가 득세한 데는 그만한 이유가 있다고 보아야 할 것이다.

2. 야곱 일가가 애굽으로 이주하는 과정을 보면, 매우 신중하고 용의주도하였다는 느낌을 가지게 된다. 순서와 절차를 다 밟아서, 할 수 있는 대로 사람들의 눈에 거슬리지 않게, 격식과 예의와 도리를 지키면서 처사하는 지혜를 볼 수 있다. 유다를 요셉에게 앞서 보낸 일, 극도로 흥분해 있었을 것으로 짐작되는 요셉이지만, 결코 서둘지 않고 때를 기다린 것, 침착하게 아버지와 가족을 만나고, 형제들에게 슬기로운 지시를 내린 일, 바로의 재가를 얻어 가지고 자기 친족을 고센에 정착시킨 일 등등은 매우 현명한 처사였다.

3. 야곱의 식구가 애굽이라는 이국에서 살기 위해서는, 그리고 이스라엘의 전통을 유지하면서 살기 위해서는, 본토인들의 감정을 건드리지 않아야 하는 것이었다. 목축업을 좋아하지 않는 애굽인들의 나라에서 야곱의 식구가 살아남기 위해서는, 총리인 요셉의 빽을 믿고 으스대거나 뽐내서는 안 되는 것이었다. 그 땅을 점유하고 소유자가 되려고 하면, 애굽인들의 반감을 살 염려가 있기 때문에, 기류(寄留)자라는 자격으로 있기로 한 것이다. 그리고 전통을 지키며 살기 위해서는, 한 지방에서 모여 살아야 하는 것이었다. 어쨌든 하나님은 야곱을 축복하셔서, 가장 좋은 땅, 풍성한 꼴이 있는 곳에서 목축을 마음껏 하면서 살게 하신 것이다. 가나안은 땅이 좁을 뿐 아니라 목초가 모자라서 우양들이 계속 걸으면서 풀을 찾아서 뜯어야 하는 형편이었는데, 고센은 나일 강 하류의 삼각지대 평야에 있는 곳으로서, 풀이 너무도 많아서, 우양들이 한 자리에 누워서 먹어도 배가 부르고도 남는 지경이다. 시편 시인이 한 말, “푸른 초장에 누이신다”(시 23:1-2)라는 말이 바로 그런 상황을 가리키는 것이다.

4. 야곱의 아들들이 바로의 그 많은 우양을 맡아 기르는 책임자가 되었으니, 그 또한 얼마나 영광스러운 일이며, 축복된 일인가 말이다. 야곱과 그의 조상들에게 약속하셨던 하나님의 축복이 여러 가지로 이루어진 것을 알 수 있다. 상상도 할 수 없는 축복을 주시는 하나님, 약속을 어김없이 이루어 주시는 하나님을 여기서 다시 보게 된다.

애굽에 나타난 기근과 대책(47:13-26)

해설

바로가 꾼 꿈대로 애굽 나라 전반에 7년 간의 풍년이 있은 후 뒤이어 극심한 기근이 연속되었다. 풍년 시기에 많은 곡식을 비축해 놓았기 때문에 애굽은 유비무환(有備無患)의 복을 받게 되었다. 요셉이 기근 시기를 어떻게 대처했는가 보자. 국가 소유의 곡식을 팔아서 애굽에 있는 모든 돈을 국고에 빨아들였다. 기근이 계속되자 양식이 동이 난 백성들은 요셉에게 와서 호소할 수밖에 없었다. 그들에게 남은 것은 가축들이었다. 요셉은 그들의 가축과 양식을 바꾸어가게 했다. 그리하여 애굽의 모든 가축들이 다 바로의 소유가 되었다. 그러나 기근은 계속되었다. 양식이 떨어진 백성은 다시 요셉에게 호소했다. 굶어 죽을 수는 없지 않느냐는 것이었다. 자기들의 몸과 땅을 팔겠으니 양식을 달라는 것이었다. 그래서 결국 애굽 백성은 다 바로의 종이 되고, 온 땅의 소유권이 바로에게 옮아왔다.

그러나 제사장들은 임금이 지급하는 곡식이 있었기 때문에, 그들의 땅을 파는 일은 없었다. 기근이 지나가고 농사를 할 수 있는 때가 되었다. 요셉이 다음 단계에서 한 일은 백성을 종으로 삼아, 온 땅에 씨를 뿌려 농사를 짓게 하고, 소산의 5분의 하나를 세금으로 바치게 한 일이다. 비록 백성이 나라의 종이 되었지만, 국가의 통제 하에서라도 농사를 지어, 넉넉히 먹고 살 길이 생겼다. 제사장들을 제외한 모든 백성이 5분의 하나를 조세로 내는 법이 확립되었다. 결국 요셉의 현명한 행정을 통하여 나라는 부자가 되었고, 백성은 모두 굶지 않고 넉넉히 살 수 있게 되었다.

교훈

1. 믿음의 사람 요셉의 현명한 행정은 애굽 나라를 살렸고, 부강하게 만들었고, 많은 백성을 죽음에서 건졌다. 인간이 하는 일이나 정책이 100% 완전할 수는 없고, 절대적으로 옳을 수 없고, 시대와 환경에 따라서 가치평가를 다르게 받을 것이다. 요셉이 취한 정책이 과연 얼마나 옳은 것이었는가 하는 것은 입장에 따라서 다르게 평가될 것이다. 요셉은 완전 통제, 전체주의, 중앙집권 체제를 가지고 애굽을 위기에서 구출했다. 온 백성이 나라의 노예가 되었다는 것이 우리 맘에 거슬린다. 그러나 그 시대, 그 처지에서 그 이상 더 좋은 정책이 달리 있었을까? 그 나름으로 최선의 정책이었다고 보아야 할 것이다. 통치자 바로만 잘 살고, 요셉과 그 집안만 잘 살려는 정책이 아니라, 그 처지에서는 나라와 국민이 다같이 잘 살 수 있는 길이 그것이라고 판단되었기 때문에 그 길을 택했을 것이다. 최대 다수의 사람이 최대한 잘 살 수 있도록 하는 정책이 최선의 정책일 것이다. 이 땅에는 결코 완전무결한 것이란 있지 않기 때문이다.

2. 소산의 5분의 하나를 징수하는 세제(稅制)는 매우 너그러운 시책이어서, 백성들이 흔쾌히 그 법에 순응할 수 있었을 것이다. 정치하는 사람들이 백성을 위하고, 그들의 안녕과 후생을 먼저 생각한다면, 평화

로운 세상이 될 것이다. 애굽 사람들이 비록 노예 신분으로 전락되었지만, 굶어서 죽는 것보다는 낫다는 생각을 했을 것이고, 비록 자기 땅이 아니더라도, 즉 나라 땅을 일구는 소작인으로 전락했을지라도, 자기 땅을 가지고 있을 때 이상으로 넉넉하게 살 수 있었으니, 불만이 거의 없었을 것이다. 사람의 마음을 평안하게 해주는 정치여야 한다. 정치 체제와 방법은 보다 나은 것을 향해서 발전하고 변해야 할 것이다. 그러나 정치의 목표는 다 같이 잘 살고 평안하게 살 수 있는 사회를 만드는 데 있어야 한다. 하나님이 원하시는 것은 인간을 낙원에 두시는 것이다. 모두가 하나님 안에서 잘 살 수 있게 하는 정치가 훌륭한 정치다. 그것이 하나님이 원하시는 정치이다.

야곱 생애의 마지막 날들(47:27-31)

해설

야곱과 그의 일가는 애굽 땅에서도 가장 비옥한 땅 고센에 정착하였다. 거기서 사는 동안 생육하고 번성하는 축복을 받아 큰 부자가 되었다. 야곱은 애굽에서 17년을 더 살고 147세를 일기로 숨을 거두었다. 그에 대한 하나님의 약속이 다 이루어진 것은 아니지만, 세상적인 복을 거의 다 누리다가 평안한 죽음을 죽었다.

야곱이 죽기 전에 한 일이 있다. 그가 요셉을 불러놓고 맹세를 하게 했다. 그 당시 유대인의 풍속대로, 맹세자가 그 상대의 생식기에 손을 대고 서약하는 것이었다. 본문에는 완곡어법으로 “다리 사이에 손을 넣고”라는 표현을 썼다(24:2). 자기를 애굽 땅에 묻지 말고, 조상들이 묻혀 있는 장지에 같이 묻어 달라는 간절한 요청이었다. 요셉은 그렇게 하겠다고 맹세를 하였다. 그러자 야곱은 침상 머리에서 엎드려 하나님께 예배를 드렸다.

교훈

1. 인간에게 있어서 가나안 땅은 언제나 먼 곳에 있다. 야곱은 조상 아브라함 때부터 하나님께로부터 받은 약속의 땅을 바라볼 뿐, 그것을 얻지 못하고 애굽에서 죽어야만 했다. 그러나 야곱은 여타의 축복을 다 누리고 죽었다. 인간의 진정한 고향은 하늘나라이다. 누구에게나 그 곳은 죽은 후에 얻어지는 곳이다. 세상에 사는 동안 물질적, 정신적 축복을 받는 것으로도 만족을 느껴야 한다. 야곱은 참으로 행복한 죽음을 죽었고, 하나님의 축복을 많이 받은 사람이었다. 고진감래, 많은 어려움도 겪었지만 마침내 행복한 결말(happy ending)을 겪어본 자였다. 여한이 없는 삶을 살았다. 거의 모든 소원을 이룬 사람이다. 마지막 소원인 고향 땅에 묻히는 일도, 자식들을 통하여 이루어졌다. 하나님이 택하신 자에 대한 약속이 충실히 이루어진 것을 볼 수 있다.

2. 야곱이 요셉을 맹세하게 하면서까지 자기 유해를 조상들의 묘지에 묻게 한 것은, 인간적 전통과 선입관에서 오는 감상적인 처사이기도 하지만, 또 한편으로는 그의 믿음에서 나온 발상이라고 본다. 즉 조상들이 가 있는 곳이 바로 하나님이 축복하신 곳이라고 생각하고, 그 곳에 같이 있고 싶어 하는 갈망은 과욕이 아니라고 본다. 훌륭한 조상들의 간 길을 따라가고, 그들이 가 있는 곳에 같이 있고 싶어 하는 것은 당연한 일이다. 꼭 헤브론에 가야 하는 것은 아니다. 우리가 어디서 죽더라도 우리의 믿음의 조상들이 간 길과, 그들이 있는 곳, 하나님의 보좌 앞을 사모하는 것은 당연한 일이다.

3. 야곱은 그의 마지막 소원을 요셉에게 전하고, 요셉이 맹세코 그 소원을 이루겠다는 약속을 받자, 감사의 예배를 하나님께 드렸다. 야곱은 기력이 쇠진하여 더 이상 침상을 떠나, 정식 예배를 드릴 수 없었지

만, 있는 자리에서 하나님께 감사의 예배를 드렸다. 지나온 과거를 돌아보아도 고맙고, 앞으로 될 일을 생각해도 고마웠던 것이다. 야곱은 가는 곳마다 하나님께 제단을 쌓고 예배를 드렸다. 야곱처럼 간사하고 죄 많은 사람이 없을 정도로 허물투성이의 인간이지만, 그는 하나님을 놓지 않았다. 연약하기에, 죄가 많기에, 더욱더 하나님을 가까이 하였다. 그러기에 그에 대한 하나님의 축복이 각별하였다.

야곱이 요셉의 아들들을 축복하다(48:1-22)

해설

야곱이 숨을 거둘 시간이 다가왔다. 그 소식이 요셉에게 전달됐다. 아마도 야곱이 요셉을 불러오라고 일렀을 것이다. 요셉은 자기의 두 아들 므낫세와 에브라임을 데리고 야곱에게 왔다. 요셉은 자기가 왔노라고 아버지께 고하였다. 야곱은 기진(氣盡)한 몸을 일으켜 앉았다. 그리고는 요셉에게 말했다. 자기가 하란으로 도피할 때 벧엘에서 만난 하나님이 축복하신 내용(35:9-12)을 되풀이하였다. 즉 생육하고 번성하여 큰 무리가 될 것이며, 가나안 땅을 영구히 자기 후손에게 주시겠다고 약속하셨다는 것이다. 그러면서 요셉이 애굽에서 난 두 아들 에브라임과 므낫세를 격상(格上)시켜서, 르우벤이나 시므온과 꼭 마찬가지 서열에 올려놓아 자기의 자식을 삼고, 그들과 같이 유산을 받게 하겠다는 것이었다. 그 이유가 매우 감상적인 것이었다. 요셉의 친모요 야곱의 애처였던 라헬이 요절을 하고, 베들레헴으로 가는 길가에 묻혀 버렸기 때문이라는 것이다. 사랑하는 아들 요셉의 영달을 보지 못하고, 그를 통한 혜택을 누리지 못하고 죽은 애처를 생각하여 그런 조치를 한다는 것이었다. 어쨌든 요셉 때문에 받는 야곱 가문의 행운을 생각할 때, 요셉에게 두 몫을 준다는 것은 무리가 아니었다.

야곱은 요셉의 두 아들에게 축복을 했다. 야곱은 눈이 희미하여 사물을 바로 볼 수 없었다. 요셉이 그의 두 아들을 야곱에게 가까이 데려가자, 야곱은 그 손자들에게 입을 맞추며 안아주었다. 그러면서 감격해 했다. 요셉을 다시 보리라고는 생각도 못했었는데 그를 다시 보고, 게다가 하나님께서 그로 하여금 요셉의 아들들까지 보게 해주셨으니 말이다. 요셉은 그의 아들들을 아버지 야곱에게서 떼어놓고는 땅에 엎드렸다. 그것은 그의 지난날들을 회상하면서, 하나님의 놀라운 섭리와 인도와 보호를 다시 느꼈기 때문에 하나님께 감사와 경배를 드리기 위한 것이었을 것이다. 그리고 요셉은 아버지의 운명의 순간이 다가오는 것을 목도하면서, 아버지께로부터 자기 아들들에게 주는 마지막 축복을 받고 싶은 생각이 들었다. 자기 생각은 맏아들 므낫세를 아버지 오른쪽에, 에브라임을 아버지 왼쪽에 세워서 므낫세에게 장자의 축복을 받게 하려는 것이었다. 그러나 야곱은 자기 앞에 다가온 두 손자에게, 손을 엇갈려 그의 오른손을 에브라임에게, 왼손을 므낫세에게 얹는 것이었다. 므낫세가 맏손자라는 것을 알면서 짐짓 그랬다는 것이다.

야곱은 우선 요셉에게 축복을 했다. 자기 조상들의 하나님이시며, 자기의 목자가 되셔서 모든 위험에서 건져주신 하나님께서 요셉의 아들들을 축복해 달라고 기원하는 것이었다. 요셉의 아들들을 축복하는 것이 바로 요셉에 대한 축복이었다.

요셉은 아버지 야곱이 에브라임에게 오른손을 얹은 것이 불쾌했다. 그래서 아버지의 오른손을 에브라임에게서 떼어 므낫세에게 올려놓으며, 므낫세가 자기의 맏아들이니까, 그에게 오른손을 얹으시라고 일러드렸다. 그러나 야곱은 요셉의 말을 거절하였다. 므낫세도 한 백성을 이루고 위대해지겠지만, 에브라임이 더 커진다고 예언을 하며 에브라임을 축복했다. 이스라엘 사람들이 하나님께 간구할 때마다 언제나 에브라임의 이름을 먼저 부르고 다음에 므낫세를 놓고, 그들처럼 되게 해달라고 하게 된다는 것이었다. 이것은 마치 에서와 야곱의 경우와 같이

(27:1-45) 동생이 형을 제치고 축복을 받는 경우이다.

야곱은 다시 요셉에게 축복을 내렸다. 하나님께서 요셉과 같이 하실 것, 그리고 장차 요셉의 유골을 조상의 땅으로 옮겨 갈 것이라고 예언했다. 마지막으로 요셉에게는 다른 아들들과는 달리 두 몫을 준다는 것이었다. 즉 아모리 사람들에게서 쟁취한 땅을 그에게 준다는 것이었다. 원문에 세겜(שְׁכֶם)을 준다고 했는데(48:22), 그것은 "몫"이라는 말이지만, 산 언덕바지(mountain slope)라는 말도 되고, 고유명사 세겜을 가리킬 수도 있다. 어쨌든 야곱의 생애에 있어서 매우 뜻깊은 땅을 특별히 요셉에게 준 셈이다.

교훈

1. 사람의 임종의 자리는 매우 엄숙하고 절박한 순간이다. 야곱은 그 순간에, 가장으로서 하나님께로부터 받은 축복권을 행사하는 것이었다. 그에게 있어서 제일 먼저 그리고 크게 떠오르는 것은 그의 첫사랑 라헬이었고, 다음은 그녀가 남긴 아들 요셉과 벤야민*이었다. 그 중에도 오랫동안 죽은 줄로만 알았다가 되찾은 아들 요셉, 그리고 온 가족을 기근에서 살려낸 아들 요셉이 아닐 수 없었다. 야곱은 하나님의 섭리가 그런 식으로 움직인 것을 깨달았고, 자연히 하나님의 축복이 요셉과 그의 가정에 임해야 할 것을 깨달았다. 그래서 야곱은 요셉을 우선 불러오게 하고 그에게 축복을 하였다. 있는 자에게 더 주는 격이라고나 할까, 요셉은 야곱의 열두 아들 중의 하나이지만, 그의 아들 에브라임과 므낫세가 야곱의 다른 아들들과 동급의 자리를 차지하게 되는 축복을 받았다. 조카가 삼촌으로 둔갑하는 사건이다. 아들이 임금이 되면 그의 아비도 그 임금의 신하가 되지 않는가. 요셉이 받은 이 축복은 하나님의 섭리 속에서 이루어지는 마땅하면서도 파격적인 사건이다.

2. 하나님의 계획을 인간은 이해할 수 없는 경우가 있다. 에서를 제치고 야곱이 뽑히고, 므낫세를 제치고 에브라임이 장자처럼 축복을 받는다는 것은 뜻밖이 아닐 수 없다. 요셉도 이해할 수 없는 일이었다. 인간의 전통과 인습과 인정으로는 납득하기 어려운 일이다. 그러나 하나님이 그렇게 의도하셨다면 어쩔 수 없는 일이다. 결국 야곱은 에브라임을 더 크게 축복하였다. 그것은 야곱의 의도가 아니라 하나님의 지시였을 것이기에, 야곱도 하나님의 뜻을 따른 것뿐이었다고 본다.

3. 야곱이 요셉을 축복한 내용을 보면, 야곱은 철저히 하나님을 믿고 따르는 자로 나타난다. 비록 그가 우리와 다름없는 거짓과 간사함과 죄로 얼룩진 사람이지만, 그럼에도 불구하고 그는 끝까지 하나님을 의지했고, 하나님의 구원의 은총을 깨닫고 있는 사람이었다. 그 믿음의 가정에 하나님의 축복이 임한다는 것은 당연한 일이 아닌가.

4. 하나님 안에서는 세상적인 문벌이나, 장유(長幼)의 순서나, 기타의 어떤 차별도 상관이 없다. 하나님은 택할 자를 택하시고, 쓰실 자를 쓰신다. 그러므로 우리는 인간적인 조건을 내세우지 말고, 하나님의 뜻에 승복하는 법을 배워야 한다. 에브라임이 앞서 있다고 해서 그만 축복을 받는 것이 아니다. 므낫세도 축복하시겠다는 것이 야곱을 통한 하나님의 약속이다(48:19). 우리는 알 수 없는 하나님의 섭리와 계획이 있어서, 우리의 보통 상식을 초월하는 사건들이 일어날지라도, 우리가 하나님께 불평하지 말고 “아버지의 뜻대로 하옵소서!” 하고 승복해야 한다.

아들들에게 대한 야곱의 유언(49:1-28)

해설

야곱은 운명(殞命)하기 전에 그의 열두 아들들을 침상 둘레에 불러 모은 다음, 매 아들에 대한 예언적인 유언의 말을 남겼다.

그의 첫 아들 (1) 르우벤은 원기 왕성한 때 나은 아들로서, 그에 대한 기대가 컸었다. 그의 지위나 권세가 월등하기를 기대했던 아들이다. 그러나 르우벤은 아버지의 첩인 빌하를 겁탈하는 죄를 범한 패륜의 자식으로서 아버지를 실망시켰다. 야곱은 그를 물처럼 고정됨이 없는 사람으로서 성공할 수 없는 사람이라고 낙인을 찍어주었다.

(2) 둘째 아들 시므온과 (3) 셋째 아들 레위는 그들의 여동생 디나 사건에서 칼을 휘둘러 세겜 사람들을 많이 죽인 잔인한 폭행자들이다(34:25-31). 그래서 그들과는 의논의 상대가 되기 싫고, 그들과 동조할 마음이 없다는 것이다. 결국 시므온은 종국에 그 정체성을 잃고, 여러 지파에, 특히 유다 지파에 흡수되는 지경에 이르렀다(수 19:1). 레위는 땅을 기업으로 받지 못하는 족속이 되었다(민 18:20-24; 신 33: 8-11). 그러나 하나님께서 그들을 택하여 제사의 업무를 맡게 하셨다.

(4) 넷째 아들 유다에 대한 유언은 길다. 유다가 한 일들이 아버지 야곱의 마음에 들었던 것이다. 그래서 유다가 우위를 차지하고 성공할 것을 예견했다. 그가 사자와 같이 용맹스럽다는 것을 칭찬한다. 그가 왕의 가문을 이룰 것을 예언한다. 그가 부귀영화를 누리는 복을 받으리라고 예고했다.

(5) 다섯째 아들 즈불룬*에 대해서는, 그가 지중해 연안 지대를 차지하고 살게 될 것을 예견했다.

(6) 여섯째 아들 잇사갈을 힘센 나귀에 비유하였다. 그가 사는 땅은 넉넉하고 좋은 곳이지만, 아마도 본토인 가나안 족속에게 시달리며 강

제노동을 하는 신세가 될 것을 내다보았다. 나귀가 주인을 위하여 짐을 나르는 수고를 하는 것처럼 말이다.

(5) 일곱째 아들 단은 말을 탄 기병으로서 이스라엘 백성을 위하여 싸우는 역할을 하게 될 것이다. 길가의 나타난 독사가 말의 발꿈치를 물어, 말이 놀라는 바람에 그것을 탔던 자가 뒤로 자빠지는 것 모양으로, 단이 용맹스러운 전쟁을 하여 사람들을 놀라게 할 것을 예고한다.

(8) 여덟째 아들 갇*과 (9) 아홉째 아들 아셀과 (10) 열째 아들 납달리에 대한 유언은 아주 짧다. 갇*은 공격을 받지만 반격하는 용맹을 보이겠다는 것이다(신 33:20; 대상 5:18). 아셀은 갈릴리 호수 서쪽의 비옥한 땅을 차지하고 많은 것을 생산할 것이다. 납달리를 암사슴으로 비유하였다. 암사슴처럼 날쌔어서, 전쟁에서 확실한 승리를 거둔다는 것이다(삿 5:18 참조).

(11) 열한째 아들 요셉에 대해서 제일 긴 유언을 했다. 요셉은 샘가에 심은 나뭇가지와 같아서 풍성한 열매를 맺는다. 그를 심하게 공격하는 자들이 있지만, 전능자 하나님, 조상들의 하나님, 이스라엘의 반석이시며 목자이신 하나님의 도우심으로 말미암아 패배하지 않고 승리한다는 것이다. 그리고 많은 축복이 특별히 요셉에게 있기를 기원했다.

(12) 막내인 벤야민*을 전쟁에 능한 용맹한 자로 묘사했다. 그에게서 이스라엘의 첫 왕 사울이 나오고(삼상 9:1), 사사 시대에 용맹을 떨친 족속이 나왔다(삿 5:14).

교훈

1. 하나님과 깊은 교제를 가지고 살아온 야곱은 마침내 예언자의 자격으로 아들들의 미래를 예언해 주었다. 야곱의 긴 경험과 그의 예지를 토대로 한 것이기도 하지만, 그에게 하나님의 영이 임하여 아들들의 미래를 내다볼 수 있었던 것이다. 하나님께서는 당신의 영을 노아에게 주

셔서 자식들에 대한 예언을 하게 하셨고, 여기서는 야곱에게 영을 주셔서 예언자의 역할을 하게 하신 것으로 생각된다.

2. 야곱의 예언도 대개의 경우 인과보응(因果報應)과 상선벌악(償善罰惡)의 법칙이 관철되어 있는 것을 볼 수 있다. 선한 사람이 복을 받게 마련이고 악을 행한 자는 벌을 받고 망하게 되어 있다는 진리를 깨닫게 된다. 유다와 요셉의 경우, 그들은 선하였기에 축복을 받았고, 르우벤, 시므온, 레위 등은 악을 행했기에, 저주를 받았다.

3. 인간이 선을 행하면 얼마나 행하겠는가. 얼마 안 되는 선을 행하지만, 하나님께서 주시는 축복은 너무도 크다. 유다가 한 일은 당연한 일을 한 것에 불과한데, 하나님은 그 집안을 대대로 왕의 가문이 되게 하셨고, 요셉을 애굽에서 성공하게 하신 것은 하나님 자신이고, 사실 요셉 자신이 한 것은 별로 없다고 할 수 있다. 그러나 그에게 내리신 하나님의 축복은 대를 이어가면서 받는 축복이었다. 5병2어는 적은 것이지만, 주님은 그것을 가지고 막대한 기적을 이루셨다. 인간이 선을 행한다는 것은 별것 아닌 것으로 보이지만, 하나님은 큰 관심을 가지시고, 그 선의 열매를 풍성하게 맺게 해 주신다.

4. 우리는 요셉이 받은 축복을 명심해야 한다. 하나님의 섭리 속에서, 야곱의 식구 전체를 구원하시려는 계획을 가지시고, 요셉을 애굽으로 먼저 오게 하셨다는 것이다. 그런 역할을 하기 위해서 요셉이 당한 고통은 이만저만한 것이 아니었다. 결국 요셉의 희생적 수난을 통해서, 하나님의 축복이 야곱 집안 전체에게 임하게 된 것이다. 여기서 우리는 대속의 고통을 당하신 예수 그리스도를 연상하게 된다. 세상에 오셨던 그리스도를 지극히 높이 올리신 것처럼, 요셉에게 지극한 영광과 축복을 주신 것을 볼 수 있다. 부모 친척 고향을 잃고, 육체적 정신적 고통을

당하고, 긴 옥고를 치르기까지 하면서 희생적 고통을 당한 요셉과 그 자손에게 큰 축복을 내리신 것은 마땅한 일이라고 보아야 할 것이다.

야곱의 죽음과 매장(49:29-50:14)

해설

야곱은 아들들에게 주는 유언적 예언을 마치고 나서, 맨 끝으로 자기 시신의 매장에 관한 지시를 내렸다. 아브라함과 사라, 이삭과 리브가, 그리고 자기 아내 레아가 묻힌 막벨라 굴에 자기 시신을 묻으라고 명령을 내렸다. 그러고 나서 숨을 거두었다.

야곱이 숨을 거두자 요셉이 아버지에게 다가가서 울며 입을 맞추었다. 그리고는 시의들을 시켜서, 애굽의 풍속대로, 그 시신이 썩지 않도록 조치하였다. 미라를 만드는 데 40일이 걸렸다. 총리 요셉의 아버지가 죽은 것을 애굽인들이 다같이 애도하였다. 무려 70일의 애도 기간을 가졌다.

그 애도의 기간이 지난 후에 요셉은 바로의 가족을 통하여 바로에게 청원을 드렸다. 자기 아버지가 자기 시신을 가나안에 파 놓은 무덤에 묻어 달라고 명령을 하였고, 맹세코 그렇게 하기를 원하셨으니, 허락해 달라는 청원이었다. 바로는 쾌히 승낙하였다.

요셉은 아버지 장례를 위하여, 바로의 고관대작을 다 대동하고, 자기 집안 어른들과 애굽의 유지들과 자기 형제들과 동행했다. 굉장한 행렬이었다. 가나안 땅 아타드*(אָטָד)에 도착한 다음에 7일 간의 애도 기간을 가졌다(50:10). 그 광경을 본 가나안 사람들은 어떤 애굽 사람이 죽은 줄로 알았다. 요셉은 아버지가 지시한 그대로 그 시신을 막벨라 굴에 안장하고 애굽으로 돌아왔다.

교훈

1. 야곱이 자기 유해(遺骸)를 조상들이 묻혀 있는 가족 묘지에 묻도록 자식들에게 강력히 명령을 내렸다. 그것은 요셉이 권좌에 있기 때문에 가능하다고 믿고서 한 지시일 것이다. 아마도 야곱은 예언자적 영안을 가지고, 요셉 이후에 일어날 일들을 예견했을 것이다. 400년이라는 긴 세월 이스라엘 백성이 애굽에서 종살이를 해야 할 것을 내다보면서, 지금 요셉이 권세를 가지고 있을 때, 자기 시체를 옮기도록 하는 것이 현명하다고 생각했을 것이다.

2. 요셉은 아버지의 명령에 복종하였다. 그가 가지고 있는 권세 안에서, 할 수 있는 효도를 다 하였다. 바로에게 신임을 받고 있는 요셉은, 정식으로 바로의 승낙을 받아 가지고 장례를 치르러 떠났다. 가나안 땅에서는 결코 볼 수 없었던 굉장한 장례 행렬과 장례식의 장관을 가나안 사람들이 볼 수 있었다. 결국 요셉을 통하여, 그리고 야곱을 통하여 하나님의 이름이 알려졌을 것이다. 그 굉장한 장례식을 보는 사람마다, 도대체 죽은 자가 누구냐고 물었을 것이다. 하나님을 믿는 야곱, 하나님을 믿는 요셉의 아버지라고 대답했을 것이다. 하나님이 아니고는 있을 수 없는 광경이 벌어졌고, 따라서 사람들이 그의 영광을 볼 수 있었던 것이다.

3. 야곱의 일생은 그야말로 파란만장한 것이었다. 그러나 그는 누구보다도 복된 죽음을 죽은 사람이다. 그렇게 화려한 장례식을 가진 사람이 쉽지 않을 것이다. 많은 자손을 보았고, 많은 재산을 가졌었고, 아들 요셉으로 인해서 극상의 대우를 받으며, 호화와 영광을 누리다가, 장수를 하고서, 모든 아들들이 지켜보는 가운데, 그리고 할 말을 다 하고 눈을 감았으니, 여한이 하나도 없는 죽음을 죽었다. 그것은 하나님의 은

총으로 말미암은 축복이었다. 야곱이 잘나서가 아니었다. 하나님을 믿는 자에게 주시는 은총적 축복의 본보기를 보여주신 것이다. 죄가 많음에도 불구하고 하나님은 그의 기쁘신 뜻대로 사람을 부르시고, 사용하시고, 축복하시고, 조상들과 함께 잠들게 하시는 분이시다. 하나님과 동행하는 자의 아름답고 축복된 종말을, 우리가 야곱에게서 발견한다.

요셉이 형들을 용서함(50:15-21)

해설

야곱이 죽고 장례까지 치르고 고센으로 돌아온 요셉의 형들에게는 걱정이 있었다. 아버지가 죽었으니 중재해 줄 분이 사라졌고, 자기들이 요셉에게 한 짓이 너무도 고약했다는 것을 스스로 느끼는 자들로서, 요셉이 복수를 하지나 않을까 하는 염려가 생겼다. 그래서 열 명의 형들이 구수(鳩首) 회의를 한 끝에 동생 요셉을 찾아갔다. 아마도 아버지가 죽기 전에, 그가 죽으면 일어나게 될 사태를 상상하며, 아버지에게 자기들의 걱정을 털어놓았을 것이고, 야곱이 해결책을 말 해 주었을 것이다. 효성이 지극한 요셉이니까 아버지의 말씀이라면 들어 줄 것이라는 계산을 했을 것이다. 그들의 모든 죄를 용서해 주라는 아버지의 간절한 청원이 있었다는 말을 요셉에게 전달하면서, 자기들을 아버지 야곱의 하나님의 종들이라고 부르면서, 제발 잘못을 용서해 달라고 간청했다. 형들이 동생에게 살려 달라고 빌어야 하는 비굴한 상황, 반대로 자기가 그들 때문에 겪은 그 많은 고통, 그리고 형들이 자기들의 잘못을 깨닫고, 동생의 종이 되는 운명도 달게 받겠다는 겸손 등이 범벅이 되어 결국 울음바다를 이루어놓고 말았다. 눈물로 회개하고, 눈물로 용서하는 가운데 과거의 모든 먹구름이 가시고 말았다.

요셉은 그들을 안심시켰다. 심판하시는 분은 하나님이시지 자기가 아니라고 하며, 형들이 자기를 해치려고 한 것이 사실이지만, 하나님께서 많은 사람의 생명을 살리는 선한 결과를 가져오셨다고 해석하였다. 그러니 걱정을 말라고 하며, 앞으로 생활도 보장한다고 약속해 주었다.

교훈

1. 45:5-8에서 이미 요셉은 자기 형들을 용서해 준 것으로 되어 있다. 그러나 그의 형들은 아버지 야곱이 죽은 후, 사태가 변했기 때문에, 요셉의 마음이 변하여 자기들에게 앙갚음을 하지 않을까 하는 생각을 한 것이다. 죄를 지은 사람의 심리를 여기서 알 수 있다. 언제나 불안하고 복수를 당할 걱정을 한다. 사람의 마음은 변하는 것이니까, 요셉의 마음도 변할 수 있으리라고 생각했을 것이다. 아버지가 없는 상황에서 요셉이 복수를 한다면 중재할 사람이 없으니, 참으로 난감한 일이었을 것이다. 그 난국을 모면하려고 최선책으로 택한 것이 아버지 이름을 파는 일이었다. 그리고 자기들이 아버지 야곱의 하나님을 섬기는 종들이라고 말하여, 자기들도 종교심이 있는 동질의 사람이라고 자기변호도 해 본다. 이렇게 사람들은 갖은 수단을 다 써서 자기들에게 유리한 상황을 만들려고 노력한다.

2. 요셉은 이미 오래 전에 그들을 용서해 주었던 것이다. 형들의 간청을 듣고서 요셉은 울음을 터뜨렸다. 덩달아 형들도 울었다. 그러나 요셉의 눈물과 형들의 눈물은 성격이 달랐을 것이다. 요셉의 눈물은 죄 지은 형들의 비굴한 태도, 그러면서도 용서를 간절히 요구하는 그들의 참회의 태도에 대한 연민의 눈물이었을 것이다. 형들은 그들의 잘못을 참회하면서, 진심으로 용서를 구하는 자로서의 가련한 눈물을 흘렸을

것이다. 눈물의 참회와 눈물의 용서는 야곱의 집안에 평안과 기쁨을 안겨주었을 것이다. 회개하고 용서하는 일이 있어야 거기에 평안이 있는 법이다.

3. 사람은 하나님 노릇을 하면 안 된다. 요셉은 하나님 대신 형들을 벌하고 복수하는 우를 범하지 않은 현명한 신앙인이었다. 역사에 나타난 많은 영웅들이 하나님의 자리에서, 심판하고 권세를 부렸다. 하나님의 권한을 인간이 찬탈해서는 안 된다.

4. 요셉은 역사 속에 일어나는 일들을 그 표면만 보고 판단하지 않고, 보다 높고 깊은 차원에 존재하시며 일하시는 하나님의 존재를 의식하고, 그의 섭리의 차원에서 사건을 해석하며 판단하는 지혜를 가진 사람이었다. 역사의 의미를 바로 알고 바로 해석할 줄 알아야 한다. 그런 예지는 요셉과 같이 하나님과 통하는 사람만이 가질 수 있는 것이다.

요셉의 말기와 그의 죽음(50:22-26)

해설

요셉과 그의 일가는 그대로 애굽에서 영화를 누리며 살았다. 요셉은 110세의 수를 누리며, 에브라임과 므낫세의 아들딸들, 곧 손자 손녀를 보았다.

요셉의 형들이 요셉보다 먼저 죽은 사람도 있었을 것이고, 더 오래 산 사람도 있었을 것이다. 요셉은 임종시에 그의 형제들에게 부탁했다. 신앙인의 유언이었다. 자기는 죽지만, 장차 하나님께서 자기 백성에게 나타나실 것이며, 약속의 땅으로 그들을 인도하실 것이라고 예언했다.

그리고는 형제들에게 맹세를 시켰다. 즉 하나님께서 자기 백성에게 나타나셔서 인도하실 때, 자기의 뼈를 반드시 가지고 나가 달라는 것이었다. 요셉이 그런 유언을 하고 숨을 거두자, 미라로 만들어져서 애굽식 관에 보존되었다는 것이다.

교훈

1. 부귀와 영화, 권세의 극치를 누리던 요셉도 죽어야만 했다. 애굽 나라와 백성을 살리고, 나아가서는 자기의 동족을 살리는 큰 업적을 남기고 사라졌다. 그는 남달리 어려움과 역경을 다 이겨낸 훌륭한 모범적인 인격자요 신앙인으로서, 보람 있는 삶을 살고 죽었다. 그는 영안을 가지고 역사를 내다보며, 하나님이 장차 이스라엘 백성을 애굽에서 구출하실 것을 예견하였다. 비록 이방 나라에서 재상을 지내며 권세를 휘둘렀지만, 야훼 신앙을 잃지 않은 사람이었다고 본다. 지금은 애굽에서 더부살이 하는 신세지만, 마침내 하나님께서 약속의 땅으로 돌아가게 해 주신다는 신념을 가지고, 자기의 뼈를 반드시 고국으로 옮겨가 달라고 신신당부한 것이다. 믿음이 있기에 하는 말이 아닐 수 없다. 전설에 의하면 요셉의 시신이 세겜에 묻혔다고 한다(33:18-19; 수 24:32).

2. 창세기 저자가 요셉의 죽음으로 그 책을 마감했는데, 결국 하나님께서 아브라함에게 약속한 것이 아직은 이루어지지 않은 상태로 마감을 한 것이다. 인간의 종착점은 하늘나라이기에, 우리는 언제나 미완성 속에 살면서, 참된 가나안을 바라보고, 희망 중에 참으며 달려가야 하는 것이다. 세상에서 다 얻었다고 생각하면, 우리에게는 발전이 없을 것이고, 이상의 세계에 대한 동경과 노력이 사라질 것이다. 하나님은 계속해서 위를 향하여 우리를 부르시고 계신다(빌 3:14).

구약에서 듣는 하나님의 말씀 **1**

창 세 기

2008. 5. 30. 초판 1쇄 발행

저　자 박 창 환

발행인 이 두 경

발행처 비블리카 아카데미아

등록 1997년 8월 8일, 제10-1477호

주소 서울특별시 광진구 광장동 114번지

전화 (02) 456-3123

팩스 (02) 456-3174

홈페이지 www.biblica.net

전자우편 biblica@biblica.net

값은 표지에 기재되어 있음

ISBN : 978-89-88015-12-4 94230 세트

ISBN : 978-89-88015-13-1 94230